Pietro Zuani

Die Kuchen- und Zuckerbäckerei

DOGMA

Pietro Zuani

Die Kuchen- und Zuckerbäckerei

ISBN/EAN: 9783954540402

Auflage: 1

Erscheinungsjahr: 2013

Erscheinungsort: Bremen, Deutschland

Die Kuchen- und Zuckerbäckerei.
(Conditorei.)

Eine Zusammenstellung

durch eigene Versuche erprobter Anweisungen

zur Anfertigung

aller Arten von Torten, Kuchen, Lebkuchen, Aufläufen, Confecten, Marcipan, Biscuits, Kaffee-, Thee- und Chocoladen-Backwerk, Bonbons, Boltjes, Drops, Morsellen, Zuckerbildern rc. rc., Tafelaufsätzen rc.

so wie

zum Candiren und Einmachen der Früchte, der Bereitung der Fruchtsäfte, Gellées, Marmeladen, des Gefrornen rc. rc.

Nebst einem die Chocolade-Fabrikation enthaltenden Anhange.

Von

Pietro Zuani,

Conditor.

Mit 18 Abbildungen.

Leipzig,

R. Henning's'sche Buchhandlung.

Inhalt.

Seite.

Erster Abschnitt. Allgemeine Vorkenntnisse.

Zweiter Abschnitt. Von den Torten.

Dritter Abschnitt. Von den verschiedenen Kuchenbackwerken mit Einschluß der Honig- und Lebkuchen.

Vierter Abschnitt. Von den Aufläufen, Confecten, Marcipan, Biscuits, Chocolade-, Thee- und Kaffeekuchen.

Seite.

Sechster Abschnitt. Von den Kesselarbeiten, Traganthabeiten und Pasten.

Achter Abschnitt. Von dem Gefrornen.

Anhang.

Erster Abschnitt.

Allgemeine Vorkenntnisse.

§. 1. Von dem Windofen des Conditors.

Der Windofen, auf welchem man den Zucker kocht, das Gefrorene abschlägt, röstet und dergl., wird auf folgende ganz einfache Art verfertigt: In den Herd wird ein viereckiges Loch gemauert, welches ein Quadrat von ohngefähr 12 Zoll und eben so tief ist, unten befindet sich ein Rost von eisernen Stäben und unter diesem das Aschenloch, durch welches der nöthige Windzug herbeigeführt wird. Das Aschenloch ist mit einem Thürchen versehen, wodurch es recht gut verschlossen werden kann. Es ist am besten, an dem Thürchen noch einen Schieber anzubringen, damit man den Luftzug nach Belieben stärker oder schwächer machen kann, welches oft nöthig ist. Man bedient sich zur Feuerung gewöhnlich der Kohlen von weichem Holze, doch wenn man viel Zucker auf einmal kocht, so ist es gut, wenn man deren von buchenem Holze nimmt, weil diese länger anhalten und auch stärkere Hitze von sich geben. Kann man es haben, so ist es vortheilhaft, wenn man sich zwei Windöfen von verschiedener Größe auf obige Art machen läßt, damit man, ohne zu viel Kohlen zu verbrauchen, auch in einem kleinen Gefäße kochen kann.

§. 2. Von den Farben, welche in der Conditorei angewandt werden.

a) Schädliche Farben.

Schädliche Farben sind: das sogenannte unächte Schaum- oder Metallgold, das Schaumsilber, der gemeine Malerzinnober, Schmalte, Königsblau, Bergblau, Rauschgelb (Operment, Königsgelb), Mineralgelb (Bleigelb, Casselergelb), Neugelb, Parisergelb, Neapelgelb, destillirter Grünspan, Berggrün, Scheelisches Grün, Braunschweiger Grün, Bremer Grün, Neugrün, Schweinfurter Grün, Papageigrün, Sächsisch Grün, Neuwieder Grün, Pariser Grün, Englisch Grün und alle grüne Mineralfarben, Kremserweiß, Schieferweiß und Berlinerweiß.

Alle diese Farben wolle man sorgfältig vermeiden, um leicht mögliches Unglück zu verhüten.

Dagegen können nachstehende unschädliche Farben bei Anmalung der Traganth-Figuren und anderer Waren angewendet werden.

b) Rothe Farben.

Cochenille, Karmin, Florentiner Lack, Wiener Lack, Drachenblut, Braunroth, Tincturen von Fernambukholz, von Brasilienholz, von Campescheholz, von Essigrosen, von Klatschrosen, frischer Saft von Kirschen, Himbeeren, Heidelbeeren, Johannisbeeren, Berberitzen, durch Essig geröthete Lackmustinktur, armenischer Bolus u. dergl.

Das Auflösen der Cochenille erfolgt in folgender Art:

Ein Loth Cochenille wird in einem Serpentin-Mörser fein gerieben, dann der vierte Theil einer Obertasse voll Wasser hinzugethan und mit Reiben fortgefahren, bis kein Körnchen mehr zu sehen und zu fühlen ist. Es kommen nun noch 2 bis 3 Obertassen voll Wasser hinzu, worauf 1 Loth gebrannter Alaun zugesetzt wird. Ist dieser aufgelöst, so nimmt man 2 Loth Cremor tartari und nach diesem noch 1 Loth Sal tartari, rührt es schnell unter und läßt die Farbe $1/4$ Stunde ruhig stehen, wo man ein schönes Roth erhält. Will man die Farbe lange aufheben, so ist es rathsam, am andern Tage das flüssige Helle abzugießen und letzteres zugleich mit $1\frac{1}{2}$ Pfund Staubzucker in ein Kasserol zu thun und ein Mal auf dem Feuer aufwallen zu lassen.

Eine schöne rothe Farbe, besonders auch zu Hamburger Bildern geeignet, bereitet man in folgender Weise:

$1\frac{1}{2}$ Pfd. Fernambuk wird mit warmem Wasser übergossen dann in ein Sieb geschüttet, damit das mit dem Staube des Fernambuks vermischte Wasser ablaufe. Alsdann setzt man $1\frac{1}{2}$ Quart Milch mit etwas Alaun über Feuer, um sie gerinnen zu lassen, und gießt solche in ein Haarsieb, damit der Käsestoff zurück bleibt. Das abgelaufene Wasser wird über den Fernambuk gegossen, $1/2$ Pfund Alaun hinzugethan, und alles $1/4$ Stunde lang gekocht. Nachdem seihet man das Fluidum durch ein leinen Tuch und löst so viel Gummi arabicum darin auf, daß die Flüssigkeit die Consistenz eines dicken Firnisses erhält.

Oder: Ein Pfund schönes Brasilien- oder Fernambukholz wird mit 4 Kannen Fluß- oder Regenwasser in einen Kessel gethan und über ein starkes Kohlenfeuer gesetzt. Man stößt nun 2 Loth Cochenille fein, thut sie in ein leinenes Säckchen und dieses in den Kessel. Man läßt die Mischung bis zur Hälfte einkochen, rührt $1/2$ Loth gestoßenen römischen Alaun darunter, läßt sie noch einige Male aufwallen und gießt sie durch ein Haarsieb. Man gießt nun eben soviel Wasser auf die Farbe, kocht sie, wie das erste Mal und rührt wieder $1/2$ Loth römischen Alaun darunter. Das Kochen geschieht vier Mal auf dieselbe Weise. Das vierte Mal wird $1/2$ Loth Salmiaksalz mit in die Farbe gethan und der durch das viermalige Kochen gewonnene Absud zusammen gegossen und warm gestellt. Während des Kochens werden 1 Loth Salmiak und 1 Loth Küchensalz in 28 Loth doppeltem Scheidewasser aufgelöst, und wenn dieses zergangen ist, $1/4$ Pfund fein geraspeltes englisches Zinn nach und nach in die Flasche gestreut. Hat sich das eingestreute Zinn aufgelöst, so wird dieses unter die noch warme Farbe gerührt, um diese damit niederzuschlagen. Man läßt nun das Ganze 24 Stunden stehen, und wenn sich Alles gesetzt hat, wird das darüberstehende Wasser ab- und frisches darauf gegossen. Dies wird 8 Tage lang alle 24 Stunden wiederholt, um alle Säure aus der Farbe zu ziehen. Das Abgießen des Wassers wird überhaupt so lange fortgesetzt, bis das Wasser seine gelbliche Farbe und den bittern salzigen Geschmack verloren hat. Bleibt endlich das darauf gegossene Wasser ganz klar, so wird Alles abgegossen und 1 Bogen Löschpapier auf die Farbe gelegt. Auf das Löschpapier legt man einen Schwamm, welcher öfters ausgedrückt wird, um alles Wasser herauszuziehen. Wird der Schwamm nicht mehr so feucht, daß er sich ausdrücken läßt, so nimmt man das Löschpapier hinweg, thut die Farbe in eine Glasbüchse und gießt einen Finger hoch frisches Wasser darüber, um die Farbe feucht und flüssig zu erhalten. Die Farbe wird an einem kühlen Orte verwahrt und alle 3 – 4 Wochen frisches Wasser darauf gegossen. Diese Farbe ist dunkelroth und schöner, als die der Cochenille. Man kann damit Glasur, Traganthmasse, Plätzchen und Conserven färben, auch zum Anstreichen und Bemahlen der Confituren sie gut anwenden. Doch kann man weder Caramel, noch den Zucker zum Ueberziehen damit färben.

Zu einem zarteren Roth nimmt man die Blätter der gewöhnlichen Gartenrose, welche Anfangs Juni blüht. Am liebsten wählt man die Rosen kurz nach dem Aufblühen, weil sie da die lebhafteste Farbe und den stärksten Geruch haben, und sammelt gleich soviel, wie man zum Safte nehmen will. Man entblättert dann die Rose und bringt die Blätter in zinnerne Gefäße, wo sie fest eingedrückt werden. Auf 2 Kannen Blätter preßt man den Saft einer Citrone, gießt $^1/_4$ Kanne kochendes Wasser darauf und läßt es 2 Tage ziehen. Der Saft wird, wie hinsichtlich des

Saftes der Veilchen unten unter c gezeigt werden wird, behandelt und aufbewahrt. Man braucht diesen Saft ebenfalls zu Conserven und Plätzchen, und macht die Farbe mit Cochenille oder flüssigem Carmin etwas lebhaft.

Oder: Man nimmt die Blätter der dunkelrothen Malve oder Althaea rosea, welche in der Mitte Juni zu blühen anfängt. Einige Tage nach dem Aufblühen sammelt man die Blätter, reinigt sie von den äußern grünen Blättern und Staubfäden, und verfährt übrigens damit wie bei den Veilchenblättern, s. u., ohne jedoch Citronensaft darauf zu gießen.

Man gebraucht diesen Saft zu Malvenzucker, Conserven und Plätzchen. Diese Confituren werden ihrer auflösenden Kräfte wegen bei Hals- und Brustübeln angewandt. Die Farbe des Saftes ist dunkelroth.

Oder: Die Alkermesbeeren werden in ihrer völligen Reife abgenommen, welche in die Mitte oder Ende Septembers fällt; die Beeren werden in einer Schüssel zerquetscht und durch ein leinenes Tuch gepreßt. Der Saft wird in einem verzinnten Kasserol bis auf die Hälfte eingekocht, mit etwas Zucker versetzt, mit diesem noch einmal aufgekocht und aufbewahrt. Manche pflegen ihn auch ohne Zucker aufzubewahren. Man braucht diesen Saft, um Crémes und Gelées von Hausenblase zu färben, weil er keine chemische Säure bei sich führt. Auch bestreicht man die Crémes von außen damit. Zu Dragèes und Confituren wird er nicht gebraucht.

c) Violette Farben.

Cochenille mit Soda oder Kalkwasser ausgezogen.

Oder: Veilchen werden Anfangs April gesammelt. Sie müssen jedoch an solchen Orten gepflückt werden, wo sie im Schatten stehen, was an Zäunen und Abhängen der Fall ist. Am Besten dazu sind die Veilchen, die in Gärten wachsen, wenn man sie in Menge haben kann. Ueberhaupt wählt man sie von dunkler Farbe und starkem Geruch, rupft beim Pflücken zugleich die Stiele ab und bringt sie in ein verschlossenes Gefäß. Die Blätter von den Veilchen werden dann abgepflückt und das Grüne weggeworfen. Während des Abpflückens werden sie ebenfalls bedeckt, um das Verflüchtigen der aromatischen Theile zu verhindern. Sind alle Blätter abgezupft, so bringt man sie in eine zinnerne Büchse, welche mit einem doppelten Deckel versehen ist, wovon der eine flach aufgelegt wird und genau paßt. Der andere ist gewölbt und wird aufgeschraubt. Man drückt die Blätter ein und preßt den Saft einer Citrone darauf; dann wird auf 2 Kannen Veilchenblätter 1/4 Kanne kochendes Wasser gegossen. Man bedeckt die Blätter und läßt sie 48 Stunden stehen. Nach 2 Tagen wird der Saft durch ein Haarsieb gegossen und die Blätter werden ausgedrückt. Unter das Sieb stellt man ein kleines verzinntes Kasserol, in welches 1/2 Pfund gestoßener Raffinadzucker kommt. Man läßt den Saft gleich auf den Zucker laufen, rührt ihn mit einer hölzernen Kelle um, bringt ihn auf ein starkes Kohlenfeuer und läßt ihn einmal aufkochen. Man nimmt ihn dann schnell vom Feuer und füllt ihn in kleine, gut verschlossene Glasflaschen. Dieser Saft gibt eine hellblaue Farbe und wird zum Färben von Conserven und Plätzchen gebraucht, welche zugleich den Geschmack davon erhalten.

Oder: Man nimmt große schöne Heidelbeeren, welche völlig reif sind und passirt sie durch ein Haarsieb. Das durchgepreßte Mark wird ins Kasserol gethan und über schwachem Kohlenfeuer so lange geröstet, bis es ganz dick wird. Man füllt diese Marmelade in Töpfe und verwahrt sie an einem kühlen Orte. Diese Marmelade färbt dunkelviolett, und man kann Tragant- und Conservenmassen sehr gut damit färben. Auch bedient man sich ihrer, um Gelées und Liqueurs damit zu färben. Weißen Wein kann man ebenfalls damit roth machen, wenn man einen Theelöffel voll unter eine Kanne rührt.

Oder: Ein viertel Pfund geraspeltes Blauholz wird in einen

Kessel gethan, 1 Kanne Wasser darauf gegossen und bis zu einer reichlichen 1/4 Kanne eingekocht. Alsdann werden 2—3 Quentchen zerstoßener Alaun darunter gerührt, noch einige Male aufwallen gelassen und die Farbe schnell vom Feuer genommen. Diese Farbe gibt ein schönes Violett und kann ebenso wie der Fernambuk angewendet werden.

d) Blaue Farben.

Indigo, Lackmus, reines kupferfreies Berlinerblau, Tincturen von blauen Veilchen oder Kornblumen.

e) Gelbe Farben.

Safran, Saflor, Curcume, Orleans, Tinctur von Grains d'Avignon und von Scharte.

Oder: Zwölf Loth Curcume werden in eine Glasflasche gethan und soviel Spiritus dazu genommen, daß er 3 Finger hoch darüber steht. Die Farbe ist nach einigen Stunden zu gebrauchen und man kann Traganth-Glasuren, ordinäre Dragées und Caramels damit färben.

Oder: Zwei Pfund schönes Gelbholz werden 2 Tage in Flußwasser eingeweicht, dann mit demselben Wasser 1 Stunde gekocht und während des Kochens das verdunstende Wasser wieder ersetzt, dann 12 Loth Alaun hinzugethan, und wenn dieses aufgelöst vom Feuer genommen ist, durch ein Tuch in ein thönernes Gefäß gegossen und, nachdem es verkühlt, allmälig so viel gestoßene Pottasche zugesetzt, als nothwendig ist, den Extract des Gelbholzes niederzuschlagen. Ist dieses geschehen, so wird am andern Tage das Wasser ab- und frisches zugegossen, und dies täglich erneuert, bis es nicht mehr sauer ist. Man gießt dann alles Wasser ab und trocknet den Rückstand in gelinder Wärme. Dieses Gelb ist zu allen Arbeiten brauchbar und eine schöne Farbe.

Oder: Vier Loth Curcume kommen in ein Kasserol, 1/4 Kanne Milch wird darauf gegossen und auf dem Feuer einige Mal aufgekocht. Man gießt noch $^1/_2$ Obertasse voll Milch hinzu und preßt die Farbe durch ein leinenes Tuch. Das davon erhaltene Gelb ist sehr hell und lebhaft, kann jedoch wegen seines Geschmackes nur zu ganz ordinären Artikeln gebraucht werden. Eine noch hellere Farbe erhält man, wenn man die Curcume mit Spiritus aufsetzt.

f) Grüne Farben.

Saftgrün, Schwertliliengrün, Saft von Spinat und Grünkohlblättern, Indigo oder Berlinerblau, oder Lakmus mit Curcume oder Safran versetzt.

Oder: Von dem Gartenspinat werden die jungen, hellgrünen Blätter abgepflückt, in einem steinernen Mörser gestoßen und der Saft durch ein leinenes Tuch gepreßt. Man kann ihn eben so, wie den Saft von Kaffee, verbrauchen und er gibt eine schöne hellgrüne Farbe. Nur muß man den Spinat nicht nehmen, wenn es kurz zuvor geregnet hat; der Saft ist alsdann wässerig und färbt schwach.

Ferner färbt man Grün mit Ultramarin und Schweizergelb; zu Caramels nimmt man Curcume oder Gelbholz-Extract. Bei Dragées und Glasuren kann man schönes Neublau statt des Ultramarins, zuweilen auch Berlinerblau nehmen.

g) Ueber die Darstellung des Saftgrüns. Von R. zum Hagen.

Das Saftgrün wird aus dem Safte der Beeren des gemeinen Wegdorns (Rhamnus catharticus), die unter dem Namen Kreuzdornbeeren bekannt sind, dargestellt; indessen geschieht dieses auf vielfache Art, wodurch denn sehr oft statt einer schönen grünen Farbe, eine grüngelbe, schmutziggelbe, graugelbe Farbe u. s. w. entsteht. Eine grüngelbe oder gelbgrüne rührt gemeiniglich daher, daß zur Bereitung des Saftgrüns die vollkommen reifen Kreuzdornbeeren in Anwendung genommen werden; schmutziggelb und graugelbgrünlich u. s. w. wird dasselbe durch die Anwendung solcher Beeren, die schon ihre vollkommene Reife überlebt haben. Theils fällt das Saftgrün so aus, daß es beim Auftragen mit dem Pinsel als Malerfarbe deckt, welches gemeiniglich durch einen Zusatz von kohlensaurer Magnesia bewirkt wird. Oft aber auch ist es der Fall, daß das Saftgrün beständig feucht und als eine klebrige und schmierige Masse erscheint, welches dadurch entsteht, daß man, um dem Safte eine grüne Farbe zu ertheilen, kohlensaures Kali (Pottasche) angewendet hat. Endlich kommt das sogenannte Saftgrün im Handel von mehr oder weniger brauner oder grünbrauner Farbe vor, die wohl immer durch ein Anbrennen der Masse, wenn man dieselbe bei einem heftigen Feuer eindickt, hervorgebracht wird.

Die hier einzeln aufgeführten Eigenschaften der verschiedenen Arten des Saftgrüns fallen nun öfters in einem höhern oder niedern Grade zusammen, wodurch sodann das Saftgrün immer um so schlechter erscheinen muß, so z. B. kommt oft eine Masse unter dem Namen Saftgrün vor, die gelb und zu gleicher Zeit deckend ist, wenn nämlich bei dem Safte vollkommen reifer Kreuzdornbeeren zum Hervorbringen der grünen Farbe Magnesia angewendet wurde. Wird dem Safte der reifen Kreuzdornbeeren Pottasche zugesetzt, so fällt das Saftgrün beständig feucht und beim Auftragen mit dem Pinsel zugleich gelb aus u. s. w.; außerdem werden die abweichenden Eigenschaften des Saftgrüns häufig durch das quantitative Verhältniß der zu seiner Bereitung erforderlichen Substanzen hervorgebracht.

Der Verf. hat Gelegenheit gehabt, mehrere Zubereitungsmethoden des Saftgrüns kennen zu lernen und Versuche hierüber anzustellen, und theilt die Ergebnisse derselben mit.

Um ein schönes Saftgrün zu bereiten, d. h. wenn dasselbe eine wirklich grüne Farbe haben und auf keine Weise deckend sein soll, wende man immer solche Kreuzdornbeeren an, die noch nicht zu ihrer vollkommenen Reife gelangt sind, deren Saft mithin auch noch nicht völlig blau erscheint, sondern aus dieser Farbe noch immer ins Grüne fällt; zweitens wende man sowohl beim Auskochen der Beeren selbst, als auch beim Eindicken des ausgekochten und ausgepreßten Saftes keine zu starke Wärme, immer aber zuerst Kohlenfeuer, und danach das Wasserbad an; drittens nehme man zum Hervorbringen der grünen Farbe des Saftgrüns immer Alaun, weil gerade hierdurch das schönste Grün entsteht, das Saftgrün eine gute und bleibende Consistenz erhält, und beim Auftragen mit dem Pinsel nicht deckend wird. Dies sind drei Hauptregeln, die bei Bearbeitung des Saftgrüns streng zu beobachten sind. Da es jedoch nöthig ist, auch ein quantitatives Verhältniß zu bestimmen, so mag folgende Vorschrift als Muster dienen. Man nehme eine beliebige Quantität noch nicht völlig reifer Kreuzdornbeeren, koche dieselben mit etwas wenigem Wasser über nicht zu starkem Kohlenfeuer und in einem kupfernen blankgescheuerten Kessel, während man dabei fast beständig umrührt, zu einer breiartigen Masse, worauf man die Flüssigkeit auspreßt und mit dem Rückstande dieselbe Operation wiederholt. Die erhaltenen Flüssigkeiten, welche nunmehr den sämmtlichen Saft der Kreuzdornbeeren enthalten, werden in den von neuem gesäuberten Kessel zurückgegossen und bei gelindem Feuer bis zur starken Extractconsistenz abgedampft; doch gebrauche man die Vorsicht, die Flüssigkeit, bevor sie aufs Feuer gebracht wird, durch ruhiges Stehen und nachheriges Durchseihen durch Flanell erst gehörig zu klären. Hat der Saft die Extractconsistenz erreicht, so mittele man das Gewicht des eingedickten Saftes aus (welches am leichtesten geschehen kann, indem man vor der Arbeit das Gewicht des Kessels, durch alleiniges Wägen desselben, bestimmt hat); ist das Gewicht des eingedickten Saftes gefunden, so nehme man für jedes Pfund desselben 2 Loth Alaun, löse diesen in einer hinreichenden Quantität Wassers auf und füge danach unter beständigem Umrühren die Alaunauflösung der eingedickten Masse zu, mische beide darauf gehörig untereinander und dampfe nun, aber im Wasserbade, von neuem wieder so weit ab, wie sich dieses, ohne den Arbeitsgeräthen zu schaden, thun läßt. Ist dieses geschehen, so fülle man das fertige Saftgrün aus dem Abdampfgeschirre in Kalbsblasen, in welchen man es in trockner Luft völlig austrocknen läßt.

Ein nach dieser Vorschrift dargestelltes Saftgrün sieht in Masse betrachtet schwarz aus, erscheint aber, gegen das Licht gehalten, an den Kanten schön grün; als Malerfarbe mit dem Pinsel aufgetragen, deckt es nicht im mindesten, bleibt beständig durchsichtig, trocknet sehr schnell nach dem Auftragen, und bietet danach ein sehr schönes Laubgrün dar; in Stücken der Luft ausgesetzt, wird es nicht feucht und verhält sich überhaupt so, daß es in keiner Hinsicht Unbequemlichkeiten verursacht und nichts zu wünschen übrig läßt. Durch den Alaunzusatz zum Saftgrün kann dasselbe in den schönsten Schattirungen dargestellt werden, indem man die Menge des Alauns insofern abändert, als dadurch verschiedene grüne Farben erzeugt werden können; soll aber die Schattirung des Saftgrüns bis ins Gelbe hervorgracht werden, so hat man stufenweise die mehr und mehr reiferen Beeren des Wegdorns zur Bereitung desselben anzuwenden.

Da nun der Alaun ein Mittel an die Hand gibt, die schönsten Arten des Saftgrüns darzustellen, so werden alle die übrigen Substanzen, welche man sonst wohl hierzu anzuwenden pflegt, als Magnesia, Pottasche, Kreide u. dergl. mehr, zur Bereitung desselben vollkommen entbehrlich, und es ist von ihrer Anwendung hierbei selbst abzurathen, da das dadurch erzeugte Präparat immer, bald in dieser, bald in jener Hinsicht, nur sehr mangelhaft ausfällt.

(Polytechnisches Notizblatt Nr. 11. S. 161—164.)

h) Braune Farben.

Lakritzensaft, Nußbraun, Kölnische Erde.

i) Orange.

Gelbholz-Extract oder Schweizergelb und Cochenille.

k) Schwarz.

Gebranntes Elfenbein, Tusche, Frankfurter Schwarz, in einem verschlossenen Gefäße ausgeglühter Kienruß, Tinctur von Kamin- oder Glanzruß.

l) Weiß.

Präparirte Eierschalen, oder Kreide, oder Austerschalen.

m) Gold und Silber.

Aechtes Blattgold und Blattsilber.

§. 3. Vom Kochen des Zuckers zu verschiedenen Graden.

Das Kochen des Zuckers hat man nach gewissen Graden abgetheilt, welche nach der verschiedenen Stärke desselben bestimmte Benennungen haben. Um nun nicht alle Mal bei den vorkommenden Arbeiten, wo man Kenntniß davon haben muß, die Beschreibung des Verfahrens dabei zu wiederholen, so merke man sich die Vorschriften, welche ich darüber gebe, recht gut, oder schlage sie nöthigenfalls wieder nach.

Der Zucker, welcher fast bei allen Arbeiten am angemessensten zum Ausläutern und Kochen ist, ist feiner weißer Melis.

Man nimmt die nöthige Quantität Zucker, schlägt ihn in kleine Stückchen, thut ihn in ein Kasserol oder in einen Kessel, und gießt Wasser darüber; auf 6 Pfund rechnet man ungefähr 4 Nösel. In einem Theile von diesem Wasser hat man mit dem Schlagbeschen etwas Eiweiß zerschlagen, und mit über den Zucker gegossen. Hierauf rührt man es untereinander, und setzt den Kessel auf den Windofen über Kohlenfeuer. Der Zucker muß mit dem Schaumlöffel noch mehrere Male umgerührt werden, damit er sich ganz auflöst, ehe er zu kochen anfängt. Sobald dies der Fall ist, so steigt er in die Höhe, und man gießt dann etwas kaltes Wasser nach; hierdurch setzt er sich, und danach setzt man ihn vom Feuer ab. Der Schaum, welcher sich auf dem Zucker gebildet hat, wird nun mit dem Schaumlöffel rein abgenommen, und in ein dazu bestimmtes Gefäß gethan. Der Kessel wird alsdann wieder aufs Feuer gesetzt, und wenn der Zucker wieder zu kochen anfängt, wird er aufs Neue Schaum ausstoßen, welcher auf gleiche Art abgenommen wird; doch braucht man, wenn die Quantität des Zuckers nicht zu groß, ihn nicht wieder vom Feuer abzusetzen. Wenn man so fortfährt abzuschäumen, so wird sich zuletzt das Weißei als ein weißer Schaum auf der Oberfläche des Zuckers zeigen, welches ebenfalls abgenommen wird. Der Zucker ist danach von allem Schmutz befreit, und wird nun zum weitern Verbrauch verwendet.

Der erste Grad, welcher nach dem Ausläutern folgt, ist, wenn man den Zucker noch etwas kochen läßt, das

Breitlaufen. Die Probe davon ist diese: wenn man den Schaumlöffel aus dem Zucker in die Höhe hebt, und dieser in breiten Tropfen davon abfällt. Auf dieses folgt:

die kleine Perle oder der zweite Grad. Läßt man den Zucker, wenn er die Stärke des ersten Grades erreicht, noch einige Mal aufkochen, und man hebt dann den Schaumlöffel heraus, so wird sich der Zucker von demselben in einem Faden herabziehen, an welchem eine kleine Perle hängt; diese wird abfallen, und der Faden sich zurückziehen. Läßt man aber den Zucker nun noch ein Weilchen kochen, so wird die Perle am Faden hängen bleiben, und man hat nun

die große Perle oder den dritten Grad.

Den vierten Grad nennt man den kleinen Flug. Hat der Zucker den dritten Grad, so läßt man ihn noch einige Mal aufkochen, nimmt dann den Schaumlöffel heraus, läßt den Zucker etwas, doch nicht ganz ablaufen, und bläst auf der einen Seite des Löffels dagegen. Setzen sich hinter den Löchern desselben Blasen an, oder fliegen ganz kleine Blasen ab, so ist der Zucker zum vierten Grad. Läßt man ihn danach noch ein Weilchen kochen, und bläst auf die gegebene Art gegen den Schaumlöffel, und es fliegen Blasen ungefähr von der Größe einer großen Erbse ab, so ist es

der fünfte Grad oder große Flug.

Den sechsten Grad nennt man: den Zucker zum Bruch kochen. Die sicherste Probe dabei ist diese: Man nimmt ein Gefäß mit frischem Wasser dabei zur Hand, und stellt ein glattes rundes Stäbchen hinein. Wenn nun der Zucker nach dem fünften Grade noch etwas gekocht hat, so nimmt man das Stäbchen aus dem Wasser, taucht es mit dem Ende etwas in den Zucker, und fährt damit wieder schnell in das frische Wasser; wenn sich, sobald man das Stäbchen in das Wasser thut, ein Geräusch hören läßt, als ob der Zucker knackte, so hat er die gehörige Stärke erreicht. Will man aber noch sicherer gehen, so nimmt man das Stäbchen mit dem daran hängenden Zucker aus dem Wasser, bricht von demselben ein Stückchen ab, und bringt es in den Mund; läßt es sich mit den Zähnen zerbeißen, ohne sich an dieselben anzuhängen, so ist der Zucker gut, hängt er sich aber an, und ist noch zähe, so muß man ihn noch bis zur gehörigen Stärke kochen lassen.

Wenn der Zucker alsdann noch kurze Zeit kocht, so wird er etwas bräunlich und gibt einen Geruch von sich. Dieses ist dann der siebente Grad oder der Caramel.

Es ist allerdings für denjenigen, der keine Uebung darin hat, das Kochen des Zuckers nicht so ganz leicht [1]); doch wenn man richtig die hier gegebenen Anweisungen befolgt, so wird man seine Absicht gewiß erreichen. Man lasse sich nicht verdrießen, die gezeigten Proben mehrmals zu wiederholen, denn es kommt bei allen Arbeiten, wo es nöthig ist, den Zucker zu

---

1) Selbst ältere Conditoren sind nicht immer im Zuckerkochen fest, daher man oft Bonbons findet, die an den Zähnen hängen bleiben.

kochen, viel darauf an, daß er ganz genau die gehörige Stärke hat.

Weiches Wasser, z. B. reines Regen= oder Flußwasser, ist zum Kochen des Zuckers am besten.

Den gekochten Zucker kann man so lange, als man nur will, in kupfernen Gefäßen stehen lassen, es wird sich dennoch nie Grünspan ansetzen.

Andere unterscheiden nur die folgenden sechs Grade:

I. Grad, der kleine Faden, le petit lissé.

Diesen erkennt man, wenn man mit dem Schaumlöffel in den Zucker taucht und etwas davon mit dem Zeigefinger zwischen den Daumen drückt und wieder öffnet. Bildet sich ein kleiner Faden, der zugleich wieder abbricht und einen Tropfen auf dem Finger zurück läßt, so hat man die Zuckerprobe von dem Grade bis zu dem kleinen Faden. Zieht sich aber der Faden länger ohne zu zerreißen, so hat man den eingekochten Zucker bis zu dem Grade des großen Fadens (le grand lissé) gebracht.

II. Grad, der kleine und große Perlenzucker, le petit et le grande perlé.

Man wiederholt mit den Fingern denselben Versuch, entsteht durch die Oeffnung der Finger ein Faden, der nicht reißt, so heißt er der kleine Faden; streckt man aber die Finger so weit man kann von einander, ohne daß der Faden abreißt, oder hat er im Sieden das Ansehen wie erhabene runde Perlen im Kessel, so nennt man ihn zur großen Perle gesotten.

III. Grad, der geblasene Zucker, kleine Faden, kleine Kugel, Soufflé, pétite plume, pétite boulé.

Diese 3 Namen bezeichnen den Siedegrad, welchen man folgendermaßen erkennt. Nachdem der Zucker noch einige Walle gethan, taucht man den Schaumlöffel in denselben, schüttelt ihn ab, und bläst durch die Löcher. Wenn alsdann kleine Blasen aufsteigen, so hat man den Blasen- oder Federsirup. Taucht man nachher ein mit Wasser befeuchtetes Stückchen thönernes Pfeifenrohr oder Holz in den kochenden Zucker, und es läßt sich, wenn das Holz wieder im Wasser abgekühlt ist, ein Kügelchen von dem Zucker drehen, so hat derselbe die oben angegebenen Grade.

IV. Grad, zum Flug, große Kugel, grand plume, grand boulé, oder (mit Obstsaft vermischt) Breitlauf.

Man läßt den Zucker noch einige Mal aufwallen; bläst man dann stark durch den Schaumlöffel und der Zucker fliegt wie Schneeflocken davon, so hat man den großen Federsirup. Taucht man nachher mit dem Finger oder einem Stückchen Holz in kaltes Wasser, dann in den Zucker, und wieder in das Wasser, und es bleibt so viel Zucker daran hängen, daß man eine Kugel davon hullern kann, so hat man den nach dem Grade angegebenen Zucker.

Zwischen der großen und kleinen Kugel ist der Unterschied: daß die kleine Kugel ganz weich bleibt, die große aber fest wird, wenn der Zucker kalt geworden ist.

Ist der Zucker mit Obstsaft vermischt, so erkennt man den Grad des Breitlaufs daran, wenn man den Schaumlöffel eintaucht, in die Höhe hält, und der Saft davon in breiten lappenförmigen Tropfen herabfällt. Dieses ist nämlich der Grad zu allen Gelées und eingemachten Früchten.

V. Grad, der kleine und große Bruch, le petit et le grand cassé.

Man taucht den nassen Finger oder das Hölzchen in den Zucker, und wieder ins Wasser, zieht den Zucker ab und wenn er brüchig ist, und zwischen den Zähnen noch hängen bleibt, indem man darauf beißt, so ist es der kleine Bruch, wiederholt man dagegen etwas später die Probe, und der Zucker macht beim Eintauchen ein kleines Geräusch, bröckelt sich beim Abziehen vom

Holze, und hängt sich nicht mehr an die Zähne an, wenn man darauf beißt, so hat man den großbrüchigen Zucker.

VI. Grad, braun gesottener Zucker, Caramel.

Nachdem der Zucker noch einige Sode gethan und ein schwacher Geruch aufsteigt, wird er schnell vom Feuer genommen, denn er hat alsdann den Grad erreicht, welchen man Caramel nennt. Der Zucker hat eine röthliche Farbe und würde verbrennen, wenn man ihn länger über dem Feuer ließe.

§. 4. Von verschiedenen Geräthschaften.

Die Kessel, welche man zum Einmachen gebraucht, dürfen nicht zu tief sein, weil sich sonst die Früchte drücken würden.

Die Formen, in welchen die Torten gebacken werden, sind von Blech verfertigt, und von verschiedener Façon; doch habe ich gefunden, daß sich die Torten, welche während des Backens steigen, als Biscuit-, Mandel- und Brottorten und dergl. in den Formen, welche die Gestalt eines vierblätterigen Kleeblatts haben, (welches jeder Klempner kennt) am besten backen. Die Hitze kann bei dieser Gestalt der Formen von allen Seiten gleichmäßig wirken.

Haarsiebe braucht man zum Durchschlagen des Mehls, des Zuckers, zum Durchreiben der Marmelade und zu noch mehrern Arbeiten.

Die Geräthschaften, welche zum Bereiten des Gefrornen gebraucht werden, werde ich in dem zehnten Kapitel, welches von letzterem handelt, beschreiben.

Ein Trockenstübchen oder anderes kleines Behältniß zu haben, welches man nach Belieben heizen kann, ist eine angenehme Sache, weil man mancherlei, wie gezeigt werden wird, zu trocknen hat; da, wo es fehlt, muß man sich auf andere Art zu helfen suchen. Im Winter kann man leicht beim Ofen trocknen, außerdem aber in einer gewärmten Röhre, in den Backstuben der Bäcker u. s. w. Es ist vortheilhaft, ein solches Behältniß über oder neben einer Brat- oder Backröhre anzubringen, weil es, wenn jene geheizt, dadurch zugleich mit erwärmt wird.

Es ist am besten, die Mandeln in einem Reibsteine von festem Stein, der sich daher nicht sandig reibt, und in welchem eine hölzerne Keule läuft, zu reiben, weil man sie da am feinsten verarbeiten kann; fehlt dieser, und man stößt die Mandeln im Mörser, so müssen sie recht trocken sein, und nach dem Stoßen durch einen Durchschlag geschlagen werden. Will man sie aber naß stoßen, d. h. wenn man ein wenig Wasser zugießt, oder Ei zuschlägt, so muß dieses in einem messingenen Mörser geschehen; in einem eisernen würden die Mandeln schwarz werden. Im Reibsteine muß man die Mandeln alle Mal naß reiben, sonst werden sie ölicht.

Blecherne Förmchen von verschiedener Gestalt, als Herzchen, Sterne, Urnen u. dergl. braucht man zum Ausstechen der Marcipanfiguren. Die Beschen, womit man Schnee, Biscuit u. dergl. abschlägt, sind von geschältem Birkenreisig, doch kann man sie auch von Drath verfertigen. Letztere müssen aber sehr reinlich gehalten, nach dem Gebrauch im Wasser rein ausgeschlagen, und dann wieder schnell getrocknet werden. Erstere schlägt man auch alle Mal nach dem Gebrauche in Wasser rein aus.

Ein Reibstein ist eine nothwendige Sache; er ist nicht allein deswegen, daß man darin die Mandeln sehr fein reiben kann, und dabei in viel kürzerer Zeit, als man zum Stoßen braucht, sondern er ist auch noch zu vielen andern Dingen recht gut zu benutzen. Ich habe zwar oben schon Einiges darüber gesagt, doch will ich hier die genaue Beschreibung davon beifügen. Es gehört dazu ein fester Stein von feinem Kern, welcher sich nicht sandig reibt, und wie ein halb runder, doch etwas mehr tiefer Kessel ausgearbeitet ist; darin läuft der Größe des Kessels angemessen eine hölzerne Keule, woran eine hölzerne Stange, beides von festem Holze. Die Stange läuft oben an der Decke in einem runden Loche, welches man durch ein Bret oder auf sonst eine Art angebracht hat, wodurch man die Keule in dem Steine mit der nöthigen Gewalt andrücken kann. Wenn man die Mandeln reibt, so darf man nicht zu viel auf einmal nehmen, denn man würde sich dadurch die Arbeit erschweren, und die Mandeln würden nicht fein werden.

Die zu reibenden Mandeln werden, wenn sie in den Reibstein gethan werden, mit der Keule erst etwas zerquetscht, dann schlägt man Ei zu, oder gießt etwas Wasser nach, je nachdem eins oder das andere nöthig, welches allemal bei den Anweisungen angegeben ist. Zuerst darf man die Mandeln nicht zu naß machen, weil sie sich dann nicht gut reiben, man kann lieber, hat man sie etwas gerieben, noch Wasser oder Ei nachgeben; doch darf man auch nicht zu wenig dazu thun, damit sich die Mandeln nicht ölicht reiben, denn in diesem Falle würden sie nicht zusammenhalten, und das Backwerk verderben. Auf diese Art, nämlich naß, kann man sie auch, wenn man keinen Reibstein hat, im Mörser stoßen, freilich muß man da mehr Mühe anwenden, um sie fein zu erhalten; auch darf es, wie schon gesagt, kein eiserner Mörser sein, darin würden die Mandeln schwarz werden.

Will man die Mandeln trocken stoßen, so muß man sie, wenn sie geschält, erst wieder recht trocken werden lassen; hierbei darf man ebenfalls nicht zu viel auf einmal nehmen. Man schlägt sie dann durch einen Durchschlag, der nicht zu große Löcher hat.

Von verschiedenen anderen Geräthschaften wird weiter unten an den betreffenden Orten die Rede sein.

§. 5. Von den Glasuren.

Um den Torten, Kuchen, Marcipanfiguren ein gefälliges Ansehen zu geben, glasirt man sie. Man verfertigt Glasur von verschiedenen Farben, womit man, je nachdem es nöthig, das Backwerk überzieht, z. B. wenn man kleine Hüte von Marcipanmasse (welche im folgenden Kapitel beschrieben) verfertigt, so überzieht man sie mit einer starken Chokolade-Glasur, so auch Stiefelchen, kleine Schinken, Schweinsköpfe u. dergl. Mit gelber Glasur überzieht man Waldhörner, Trompeten u. s. w. Kurz, man sucht allen Sachen, welche von dieser Art verfertigt werden, so viel als möglich das Ansehen zu geben, welches sie in der Wirklichkeit haben. Wenn man die Glasur aufträgt, so wird sie schnell und glatt mit einem Messer aufgestrichen, so dick, daß von dem Backwerk nichts mehr durchschimmert; doch darf man sie auch nicht zu stark auftragen, es dauert sonst zu lange, ehe sie trocken wird. Sobald die Glasur auf die Torten u. s. w. aufgestrichen, so muß man sie gleich in einem erwärmten Ofen oder einer Röhre trocknen lassen; wenn sie an der Luft getrocknet wird, bekömmt sie ein mattes Ansehen, doch darf der Ofen nicht zu heiß sein, sonst wird sie gelb. Sollte es daher nicht angehen, sie im Ofen zu trocknen, so kann man sich damit helfen, daß man das glasirte Backwerk unter ein heiß gemachtes Blech schiebt, welches man auf Steine gelegt hat; auf das Blech thut man dann noch etwas glühende Kohlen. Ein recht hübsches Ansehen kann man auch den Torten, so wie auch den Makaronen, Marcipan u. s. w. geben, wenn man sie mit Zügen von Glasur verziert. Hierzu muß man sich eine Spritze von Blech oder Kupfer machen lassen, welche ohngefähr 8 bis 10 Zoll lang, vorne spitzig zuläuft, und eine Oeffnung ohngefähr von der Stärke eines dünnen Strohhalms hat. In die Spritze geht ein hölzerner Stiel, welcher recht gut hineinpassen muß. Will man nun glasiren, so füllt man Glasur in die Spritze, drückt mit dem Stiele, und führt die Spitze derselben so, daß von der herauslaufenden Glasur geschmackvolle Züge entstehen. Das Backwerk kann man auch vorher mit einer Glasur ganz überziehen, und die Züge dann von einer andern farbigen darauf machen. In

Ermangelung einer solchen Spritze, kann man auch eine kleine Düte von Papier machen, die Glasur hineinfüllen, dann die Spitze der Düte so abschneiden, daß eine Oeffnung wie ein schwacher Strohhalm entsteht, und indem man den oberen weiten Theil der Düte zusammenfaßt, so die Glasur herausdrücken. Das glasirte Backwerk belegt man auch zur Verzierung mit eingemachten Früchten, Dragées, Gelées u. dergl.; auch kann man sie mit Nonpareille oder Streuzucker bestreuen. Die verschiedenen Sorten der Glasur sind:

a) Weiße Glasur.

Man schlage das Weiße von einem oder mehren Eiern, je nachdem man mehr oder weniger Glasur nöthig hat, auf eine Glasurschale, oder in deren Ermangelung auf eine runde Compotschale oder Teller, zerschlage es mit einem kupfernen oder blechernen Löffel, und reibe nach und nach schönen weißen, gestoßenen und durch ein feines Zuckersieb gesiebten Raffinadzucker hinein. Die Masse muß wie ein dicker Brei sein; sie wird immer mit dem Löffel gegen eine halbe Stunde lang gerieben; je länger man reibt, desto schöner wird sie; auch wird sie dadurch stärker, wo dann noch etwas Eiweiß zugethan wird. Während des Reibens drückt man auch etwas Citronensaft hinzu; dadurch wird die Glasur schön weiß. Man verfährt dann damit, wie oben gezeigt.

b) Gelbe Glasur.

Man macht die Glasur ganz so an, wie im vorhergehenden §. gezeigt, doch etwas stärker, läßt aber den Citronensaft weg, und schlägt zuletzt ein oder ein paar Eidottern mit hinzu. Oder man färbt die weiße Glasur, statt mit Eidottern, mit ein wenig aufgelöstem und durch ein feines Läppchen gepreßtem Safran.

c) Rosen- oder rothe Glasur.

Die Glasur wird, wie gezeigt, weiß, doch ohne Citronensaft angerieben; alsdann reibt man einen Löffel voll Rosenwasser oder einige Tropfen Rosenöl mit hinein, und färbt sie mit ein wenig Karmin roth.

d) Blaue Glasur.

Hat man, wie gezeigt, eine weiße Glasur angemacht, so färbt man sie mit etwas ganz fein geriebenem Indigo (besser blauen Karmin) blau.

e) Grüne Glasur.

Wenn man, wie im vorhergehenden §. gezeigt, blaue Glasur anmacht, so thut man ein paar Tropfen aufgelösten und durchgepreßten Safran dazu, und man hat grüne Glasur.

f) Chocolade-Glasur.

Dazu nimmt man zur Hälfte fein gestoßenen Zucker, und zur Hälfte auf dem Reibeisen geriebene Chocolade. Sie wird übrigens ganz so, wie bei der weißen Glasur gezeigt, verfertigt, doch ohne Citronensaft zuzudrücken.

g) Punschglasur.

Man reibe eine Citrone auf Zucker ab, und schabe es auf eine Glasur-Schale, schlage etwas Weißei hinzu und reibe es recht gut; dann drücke man den Saft von der Hälfte der Citrone hinzu, gieße 3—5 Eßlöffel guten Rum dazu und reibe so viel gestoßenen Raffinatzucker hinein, daß die Glasur die gehörige Stärke erhält. Diese Glasur ist sehr beliebt, und wird vorzugsweise zum Ueberziehen gefüllter Torten angewendet.

b) Wasserguß.

Man nehme $^1/_4$ Pfund Zucker, thue ihn in eine kleine Zuckerpfanne oder einen neuen Topf, gieße einen Tassenkopf voll Wasser darüber, lasse es kochen, dann wieder abkühlen, und rühre endlich ganz fein gesiebten Zucker bis zur Sirupsdicke darunter.

§. 6. Von den verschiedenen Grund-Teigen.

a) Süßer oder mürber Teig.

Drei Viertel Pfund Mehl, $^1/_2$ Pfund Butter und 12 Loth Zucker werden mit 3 Eiern zu einem Teige angewirkt und davon der Boden und der Rand zu den Obst- und andern flachen Torten verfertigt.

b) Blätterteig.

Um einen guten Blätterteig zu machen, und dabei bei der Verfertigung sicher zu gehen, nimmt man die dazu bestimmte Butter des Abends vorher, wäscht sie in kaltem Wasser, drückt sie wieder zusammen, schlägt sie in eine Serviette, und hängt sie die Nacht in den Keller. Dieses Verfahren ist besonders im Sommer nöthig, weil da die Verfertigung des Teiges schwieriger ist, als im Winter. Sollte es der Fall sein, daß es nicht gut anginge, die Butter den Abend vorher auszuwaschen, so muß es doch wenigstens eine oder ein paar Stunden vor dem Anmachen des Teiges geschehen, und zwar in so kaltem Wasser, als möglich, und muß die Butter mit den Händen recht durchgearbeitet werden. Alsdann theilt man sie, nachdem es viel oder wenig, in zwei oder mehre Theile, thut sie in frisches Wasser, und läßt sie bis zum Gebrauche darin liegen. Auf 1 Pfd. Butter nimmt man nun 1 Pfd. feines Mehl, thut es in einen Asch und rührt es mit einem Ei und so viel frischem Brunnenwasser zu einem Teige, welcher nicht zu fest ist und ungefähr die Consistenz der Butter hat; man arbeitet, wenn die Butter ganz frei von Salz, eine

Messerspitze voll Salz mit darunter, ist aber die Butter noch etwas salzig, so unterläßt man es; auch rührt man gewöhnlich ein paar Löffel voll Wein, oder statt dessen Franzbranntwein mit hinein. Der Teig wird mit dem Wilgerholze einige Mal ausgetrieben und gut unter einander gearbeitet, dann legt man ihn an einen kühlen Ort, und läßt ihn erstarren. Ist der Teig kühl geworden, so nimmt man ihn auf die Backtafel oder auf das Backbret, welches man fein mit Mehl bestreut haben muß, und treibt ihn fingerstark aus, legt die Butter, welche man zu einer breiten Scheibe gedrückt, darauf, schlägt den Teig von allen Seiten darum, treibt es zusammen wieder fingerstark oder noch dünner aus, schlägt danach den Teig wieder von den vier Seiten zusammen, treibt wieder aus, und wiederholt dieses noch einmal. Um nun recht sicher zu gehen, so legt man den Teig ungefähr eine viertel oder halbe Stunde zum Ausruhen an einen kühlen Ort; dieses ist vorzüglich im Sommer nöthig, weil da die Butter leicht entbrennt, der Teig bricht, und dann beim Backen nicht steigt. Beim Auswilgern hat man zu beobachten, daß man mit dem Wilgerholze immer nach einer Seite hinfährt, und dabei nicht zu sehr aufdrückt. Daß man dabei Mehl unterstreuen muß, versteht sich von selbst, doch darf es nur so wenig wie möglich sein. Wenn der Teig die gehörige Zeit ausgeruht, so wird er noch ein paar Mal ausgetrieben und dann zum Gebrauche bearbeitet. — Die Methode, auf folgende Art die Butter einzuarbeiten, ist auch sehr anwendbar. Der Teig wird auf obige Art zurecht gemacht, dann auf dem Backbret ungefähr klein Finger stark ausgetrieben, dann in vier so viel als möglich gleiche Theile geschnitten; die Butter wird in drei Theile getheilt, einen Theil davon pflückt man in ganz kleine Stückchen, und legt sie neben einander auf eine von den Platten, dann eine andere von diesen auf die Butter, auf diese pflückt man den zweiten Theil der Butter, legt die dritte Platte darauf, hierauf wieder Butter und nun zuletzt die vierte Platte. Die Ecken, welche hervorstehen, biegt man um, und oben darauf. Wenn dieses geschehen, so treibt man es zusammen mit dem Wilgerholze behutsam bis auf Federspulenstärke aus, schneidet wieder vier gleiche Theile, und legt sie auf einander, (unter und zwischen jede Platte wird ein wenig Mehl fein gestreut), treibt den Teig nun Messerrücken stark aus, und wiederholt dieses noch einmal, dann ist er gut. Zu beobachten ist noch dabei, daß man die Butter, wenn sie denselben Tag, wo der Teig gemacht wird, erst ausgewaschen ist, zwischen einem Tuche ausdrücken muß, damit sich die Feuchtigkeit davon in letzteres ziehe. Ist aber die Butter den Abend vorher ausgewaschen, so wird das Wasser so schon alles in die Serviette, in welche man sie geschlagen, gezogen und abgetropft sein. Im Sommer muß man den Teig an einem so kühlen Orte, als man nur haben kann, bereiten. Der Blätterteig muß beim Backen gleich zum Anfang starke Hitze bekommen, weil er sonst sitzen bleibt.

c) Butterteig.

Hierzu nimmt man 1 Pfd. Mehl, $^1/_2$ Pfd. Butter, $^1/_2$ Pfd. gestoßenen Zucker und die abgeriebene Schale einer Citrone, und wirkt es mit einigen Eiern zu einem nicht zu festen Teig, welcher sich gut austreiben läßt. Dieses Teigs bedient man sich des Sommers, wenn die Wärme zu groß, so daß man den Blätterteig nicht gut machen kann.

d) Gebrannter Wasserteig.

Dieser Teig wird zu aufgesetzten Pasteten gebraucht. Man nehme $^1/_2$ Metze ordinäres Weizen- oder Roggenmehl auf die Backtafel, pflücke ein Stück Butter hinein, und wirke es, wobei man nach und nach etwas kochendes Wasser nachgießt, und es recht durcharbeitet, zusammen. Dieser Teig muß ziemlich fest sein, so daß, wenn man etwas mit den Fingern in die Höhe kneipt, es stehen bleibt. Man wirkt nun ein Brot davon, und läßt ihn liegen, bis er kalt ist.

Bei der Zuckerbäckerei muß vor allen Dingen der Zucker trocken und fein gestoßen sein, weil der trockne und kräftige Zucker beim Backen weit höher steigt, als der feuchte und verdorbene. Die Mandeln dazu dürfen nicht zu alt und ölig, sondern müssen frisch und von reinem Geschmacke sein. Sie werden ganz fein gestoßen oder durch ein Drahtsieb gerieben, jedoch ist das Zerreiben der Mandeln auf einem runden Steine mit Eiern dem trocknen Stoßen im metallenen Mörser vorzuziehen, weil das Backwerk dadurch einen feinern Geschmack und mehr Consistenz erhält. Alle Massen müssen gut gerührt und der Schnee fest und schaumig geschlagen werden; die Gefäße dazu müssen rein und durchaus nicht fettig sein. Das Eiweiß wird streng vom Gelben gesondert, weil sonst der Schnee schlecht und wässerig wird und das Backwerk verderben würde.

Ist das Eiweiß sehr alt, so kann man einige Tropfen Weinessig oder Citronensaft hinzugießen; dasselbe ist im Sommer bei ganz frischem der Fall. Alles Gewürze zum Backwerke wird fein gestoßen, die Butter muß von reinem Geschmacke und das Salz ausgewaschen oder in der Wärme abgeklärt sein. Das Mehl muß von Weizen oder Spelz, ganz trocken und von der feinsten Sorte sein, überhaupt werden alle Ingredienzien dazu mit Sorgfalt gewählt, weil die Billigkeit der schlechtern doch bei weitem nicht mit der geringen Ausbeute, die man davon erhält, im Verhältnisse steht.

Die Hitze und Feuerung sind ebenfalls wichtige Punkte bei der Bäckerei und müssen stets dem Backwerke angemessen sein, da sonst alle vorhergegangene Mühe vergeblich ist.

In jedem Geschäfte, wo täglich viel Blätterteig, Obstkuchen, Torten u. dergl. verfertigt werden, ist das Backen im Backofen dem in der Maschine oder Röhre vorzuziehen, weil nächst der Zeit- und Holzersparniß das Backwerk auch weit schöner wird. Bei dem Backen in der Röhre muß die Hitze durch angemessenes Holzanlegen stets gleich erhalten werden und die Thüre derselben stets so heiß sein, daß sie zischt, wenn eine Feuchtigkeit daran gespritzt wird, und an dem schwächern und stärkern Zischen sind die verschiedenen Wärmegrade am Besten zu unterscheiden. Von dieser Probe ist nur das Schaum- oder Schneebackwerk, die Sandtortenmassen und das Makaronenconfect ausgenommen, wozu der Ofen nicht so heiß sein darf; doch vor Allem ist hier Praxis und genaue Kenntniß des Ofens nothwendig.

Zweiter Abschnitt.

Von den Torten.

1) Alexander-Torte.

Man mache einen federspulendicken Boden von Linzerteig (Nr. 39), setze von Makaronenmasse einen Rand darauf und lasse solchen nur ganz schwach backen. Während deß schält man vier Citronen, schneidet solche in dünne Scheibchen und läßt sie in $\frac{1}{2}$ Pfd. zum Flug gekochten Zucker mit $\frac{1}{4}$ Pfd. gewaschenen großen Rosinen einmal aufwallen; man legt dann Beides gleichmäßig auf den Boden, füllt Mandeltorten-Masse darüber und bäckt die Torte bei schwacher Hitze. Damit der Boden nicht zu braun wird, so gibt man der Torte beim zweiten Backen doppelte Unterlage.

2) Alliance-Torte.

Eine mit Butter bestrichene Tortenform fülle man mit fingerdicker Sandtorten-Masse, und bedecke selbige mit einer eben so groß geschnittenen Platte von Oblate. Diese bestreicht man mit irgend einer Sorte Marmelade und füllt einen Finger hoch Mandeltorten-Masse darüber, dann bäckt man sie.

3) Amourtorte.

$^1/_4$ Pfd. süße Mandeln stoße man mit 2 Eiweiß und $^1/_4$ Pfd. Zucker recht fein, streiche die Masse auf einen in beliebiger Größe von Oblaten zusammengesetzten rundgeschnittenen Boden messerrückendick, und backe solche ganz blaßgelb. Nun schlage man von 12 Eiweiß einen guten Schnee, rühre 12 Loth Staubzucker nebst etwas gestoßener Vanille darunter, den Makaronen-Boden bestreiche man mit Aprikosen-Marmelade, streiche sämmtliche Schneemasse egal darüber, bestaube sie nochmals mit Zucker und backe die Torte 5 Minuten lang bei raschem Feuer hellgelb.

4) Apfelsinentorte.

Man formire von Blätterteig einen Boden wie bei Nr. 5., bestreiche denselben messerrückendick mit der Masse von 3 auf einem Reibeisen zerriebenen Aepfeln, welche mit $^1/_4$ Pfund Zucker und 4 Loth fein gestoßenen Mandeln vorher abgekocht wurden. Ferner nehme man 2 bis 3 Apfelsinen, reibe deren Schale auf Zucker ab, die Apfelsinen aber schäle man, schneide sie in dünne Scheiben, lege sie auf das aufgestrichene Aepfelmark, und streue das auf dem Zucker Abgeriebene darüber, lege dann den Deckel darauf, bestreiche ihn mit Ei und backe die Torte bei rascher Hitze.

5) Apfeltorte.

Man mache einen Blätterteig von $^1/_2$ Pfund Butter und $^1/_2$ Pfd. Mehl, theile ihn in zwei Theile, treibe von der einen Hälfte den Boden zur Torte aus, schneide ihn nach beliebiger Größe rund, lege ihn auf ein Backblech, bestreiche den äußeren Rand mit Ei, lege eine fingerbreite Streife auf denselben in die Runde und bestreiche ihn ebenfalls mit Ei. Dann lege man die kleingehackten Aepfel, welche vorher in einer Schüssel mit etwas Zimmt, abgeriebener Citronenschale, kleingehackten Mandeln, Zucker, kleinen Rosinen und Wein vermischt wurden, einen Finger hoch auf den Boden bis an den Rand, lege dann den ebenso groß geschnittenen Deckel darüber, bestreiche ihn ebenfalls mit Ei und schneide mit einem spitzigen Messer einen Stern oder sonstige Verzierung auf den Deckel. Wenn die Torte bei guter Hitze gebacken ist, so wird sie mit Zucker bestreut.

6) Aprikosentorte.

Man mache einen Blätterteig, formire von der einen Hälfte den Boden, welchen man auf ein mit Semmelkrume bestreutes Blech legt, und verfahre wie bei Nr. 5; lege dann die in Viertel geschnittenen Aprikosen neben einander darauf, bestreue sie mit Zucker, geschnittenen Mandeln und Citronenschalen, und lege mit dem übrigen Teige ein Gitter darüber, bestreiche es mit Ei und backe die Torte bei rascher Hitze.

7) Baisers-Torte.

Das Weiße von 8 Eiern wird zu einem recht festen Schnee geschlagen, 1 Pfd. Staubzucker von Raffinad dazu gerührt, davon mehre Kuchen in beliebiger Größe fingerdick auf Papier gestrichen und diese $^3/_4$ Stunden bei ganz schwacher Hitze gebacken. Die Kuchen werden dann über einander gelegt und mit Gelées, Hagebutten- oder Aprikosen-Marmelade bestrichen und der obere Spritzguß garnirt.

8) Weiche Baiserstorte.

Sechzehn Eiweiße werden zu festem Schnee geschlagen, 1 Pfd. durch ein Haarsieb gestoßener Raffinadzucker und etwas Citronengelb oder gestoßene Vanille dazu gemengt. Zuvor wird von der vorhin beschriebenen Linzer Tortenmasse ein runder Boden ausgerollt, messerrückendick und so groß, wie man die Torten haben will. Dieser wird etwas ausgebacken, mit eingemachten Johannis- oder Himbeeren $^1/_4$ Zoll dick bestrichen und dann die Baisersmasse $2\frac{1}{3}$—3 Zoll hoch aufgetragen. Die Masse wird oben glatt und vom Boden aus etwas schräg aufgestrichen, so daß die Torte nach oben um 1 Zoll kleiner im Umfange wird, mit feinem Zucker bestiebt und in einem sehr heißen Ofen 4—5 Minuten gebacken.

9) Baiserstorte mit Schlagrahm.

Von der oben beschriebenen festen Baisersmasse wird ein runder Boden so groß als die Torte sein soll, fingerdick auf Papier gestrichen, mit der Spritze ein Rand darauf gesetzt, und auf einem andern Bogen ein Gitter von derselben Größe dressirt und beides langsam gebacken. Soll die Torte servirt werden, so schlägt man $\frac{1}{2}$ Kanne dicken Rahm schaumig, streicht Letztern auf dem Tortenboden glatt, nachdem man zuvor etwas Staubzucker und gestoßene Vanille darunter gethan und legt das Gitter darauf.

10) Bandtorte.

Man schmelzt 1 Pfd. frische Butter, gießt sie von dem Salze in eine tiefe Schüssel, setzt, wenn sie erkaltet und zu Schaum gerührt ist, 1 Pfund Zucker, das Gelbe von 16 Eiern, die abgeriebene Schale von 2 Citronen und $\frac{1}{4}$ Loth Muskatblüthe zu, rührt alles gut schaumig, schlägt das Weiße von den Eiern zu Schnee, rührt es nebst 1 Pfd. Mehl unter die Masse, so lange, bis sie Blasen wirft. Nun bestreicht man eine Tortenform mit Butter, und legt auf deren Boden ein ebenfalls mit Butter bestrichenes Papier und streicht den Teig federspulendick auf dasselbe. Ist es gebacken, so streicht man wieder so hoch von der Masse auf, stellt aber die Form auf einem Brete in den Ofen zum Backen, und so fährt man fort, bis die ganze Masse aufgetragen ist; doch darf man nicht vergessen, immer ein kaltes Bret unter die Form zu setzen, sonst würde der untere Theil der Torte verbrennen. Dieser Torte gibt man einen Wasserguß und garnirt sie nach Belieben.

11) Baumkuchen.

Ein Pfund Zucker wird mit dem Gelben von 30 Eiern schaumig gerührt, oder auch mit Besen über Kohlenfeuer geschlagen und das Gelbe von 2 Citronen, 1 ½ Loth Zimmt, 1 Loth Nelken und ½ Loth Cardamomen dazu gethan. Ein Pfund Butter wird nun abgeklärt, warm gestellt und das Weiße von den 30 Eiern zu Schnee geschlagen. Wenn der Schnee gut ist, so wird die abgeklärte Butter zu dem Zucker und Eigelb gegossen und so lange gerührt, bis sich Beides vereinigt hat; hierauf wird der Schnee und ¾ Pfund Mehl darunter gemengt. Das Baumkuchenholz wird nun mit Papier glatt umwickelt, das Papier mit Bindfaden fest angeschnürt und über und über mit Butter bestrichen, an das Feuer gelegt und so lange gedreht, bis das Holz heiß ist und das Papier anfängt gelb zu werden, eine flache Pfanne darunter gesetzt und mit einem großen Löffel das Holz mit der Masse begossen, daß es überall damit bedeckt wird Während des Begießens wird das Holz ganz langsam gedreht, nachher recht schnell, daß sich viele Zacken ansetzen können; auch muß das Feuer beim Auftragen stark brennen und wenn die Masse etwas gebacken ist, wieder schwächer sein. Ist das Aufgegossene gelbbraun geworden, so wird ein zweiter Guß aufgetragen, ebenso behandelt und die ganze Masse mit 6—7 Mal Aufgießen darauf gebracht. Bei den 2 letzten Güssen wird die Masse mit etwas gutem Rahm verdünnt, damit sie besser verdeckt, und wenn der letzte aufgetragen ist, das helle Feuer weggenommen und die Torte bei den Kohlen schön gelbbraun und überall gleich gebacken. Ist die Farbe gleich, so nimmt man auch die Kohlen weg und bestreicht den Kuchen mit einem schwachen Borstenpinsel mit Wasserguß, läßt ihn gut abtrocknen und einige Stunden verkühlen, wo er dann vom Holze genommen und das Papier mit Bindfaden behutsam herausgezogen wird.

12) Baumkuchen auf andere Art.

Ein Pfund Butter und 1 Pfund Zucker werden zusammen schaumig gerührt, dann 24 Eidotter, 2 Loth Zimmt, 1 Loth Nelken und einige Cubeben nach und nach hinzugethan und gut gerührt. Das Weiße von den 24 Eiern wird zu festem Schnee geschlagen, 1 Pfd. Mehl zugleich mit dem Schnee darunter gemengt und übrigens wie die vorherbeschriebene Art behandelt. Zum Backen der Baumkuchen muß man hartes Holz von Buchen, Birken oder Eichen nehmen, weil das weiche Holz Kohlen von sich wirft und die Masse verunreinigt.

13) Baumtorte.

Man rühre 1/2 Pfd. ausgewaschene Butter zu Schaum, schlage nach und nach 10 Eigelb dazu, ferner 1/2 Pfund Zucker und die abgeriebene Schale einer Citrone, 1/2 Loth Zimmt, 1/4 Loth Nelken, 1/4 Loth Cardamomen. Dann schlage man das Eiweiß zu Schnee, rühre es langsam darunter, so wie auch 1/2 Pfd. Mehl, fülle die Masse in eine runde flache, mit Butter bestrichene Blechform und backe sie bei mittlerer Temperatur. Wenn die Torte gebacken ist, gibt man ihr einen weißen Zuckerguß, streut mit farbigem Zucker einen schönen Baum in die Mitte, und den äußern Rand garnirt man mit eingemachten Früchten.

14) Bergamitorte.

1/2 Pfd. Zucker siede man mit 1/2 Tasse Milch; wenn sie abgekühlt ist, setze man die abgeriebene Schale einer Citrone, etwas aufgelöste Potasche und 2 Eigelb hinzu, mache solche mit Mehl zu einem Teige, treibe selbigen in zwei messerrückendicke Theile aus, lege den einen in eine mit Butter bestrichene Tortenform, und fülle sie mit irgend einer beliebigen eingemachten Frucht, lege dann den Deckel (die andere Hälfte des ausgerollten

Teiges) darüber, und backe sie bei mittelmäßiger Hitze. Dann gibt man ihr einen Wasserguß.

15) Bienenkorb.

$^1/_2$ Pfund geschälte süße Mandeln werden mit 4 Eiweiß ganz fein gestoßen, dann die abgeriebene Schale einer Citrone und $1^1/_2$ Pfund Zucker darunter gestoßen. Aus dieser Masse formirt man Ringe von egaler Größe und Dicke, legt sie auf ein mit Butter bestrichenes und mit Zucker bestreutes Blech und bäckt sie bei schwacher Hitze. Den Deckel des Bienenkorbes erhält man am besten, wenn man ein langes Stück von der Masse etwas dünner ausrollt, dasselbe schneckenförmig eben so groß wie die andern Ringe macht, und auf einem dazu gewölbten Bleche oder Durchschlage bäckt. Beim Zusammensetzen des Bienenkorbes wird vom untersten Ringe ein Zoll breites Stück ausgeschnitten, welches den Eingang vorstellt; die Ringe werden mit Zuckerguß übereinander befestigt. Alsdann reibt man die gelbe Schale von 2 Citronen auf 1 Pfund Zucker ab, läßt diesen mit einer Tasse Wasser aufkochen, und wenn er etwas abgekühlt ist, bestreicht man vermittelst eines Pinsels den Bienenkorb damit und läßt ihn trocknen. Zur Garnirung setzt man die von Traganth gefertigten Bienen (deren Flügel am täuschendsten von Papier der Goldschaum-Büchelchen gemacht werden, welche an dünnem Drathe stecken müssen) umher und der Bienenkorb ist fertig. Eine andere Anleitung findet sich im Anhange B, von den Tafelaufsätzen.

16) Biscuitbund.

Man schlägt eine Biscuitmasse von 16 Eiern, 1 Pfd. Zucker, 28 Loth fein gesiebtem Mehle, 4 Loth Kartoffelmehl und der abgeriebenen Schale einer Citrone, füllt sie in eine dünn mit Flößbutter ausgestrichene kupferne Aschkuchenform und bäckt sie langsam gar. Alsdann werden die Streifen des Bundes abwechselnd, die eine Streife roth und die nachfolgende weiß glasirt und getrocknet.

17) Biscuitmasse, kalte.

Man schlage von 20 Eiweiß einen recht steifen Schnee, dann gieße man während des Schlagens das Eigelb langsam dazu, nach diesem 1 Pfund sehr fein gesiebten Zucker (Staubzucker), und rühre mit einem hölzernen Löffel $^3/_4$ Pfd. fein gesiebtes Weizen- und $^1/_4$ Pfund Kartoffelmehl nach und nach darunter.

18) Biscuit-Torte.

Man schlage 18 Eier und 1 Pfd. Zucker mit einer Drathruthe in einem Kessel über Kohlenfeuer so lange, bis es ganz dick geworden ist. Dann nimmt man den Kessel vom Feuer und setzt das Schlagen noch so lange fort, bis die Masse erkaltet ist. Nun schlägt man die Ruthe am Rande des Kessels ab, reibt die abgeriebene Schale einer Citrone nebst einem Pfunde fein gesiebten Mehls mit einem hölzernen Löffel darunter, füllt die Masse in eine mit Butter ausgestrichene Form und bäckt sie bei mäßiger Hitze.

19) Blätter-Torte.

Man macht einen Blätterteig nach §. 6 des ersten Abschnitts. Will man denselben mit frischem Obste füllen, so macht man einen Boden, belegt ihn mit einem Rande und verfährt ganz so, wie bei Nr. 5. dieser Abtheilung angegeben ist; nur vergesse man nicht, die frischen, zu verbrauchenden Früchte mit Zucker und Gewürz zu bestreuen, je nachdem es die Frucht erfordert.

20) Brot-Torte.

Man stoße $^1/_2$ Pfd. rohe, gut ausgelesene Mandeln in einem Mörser, siebe sie vermittelst eines Durchschlages in einen Reibasch, schlage 12 Eier und setze $^3/_4$ Pfd. Zucker hinzu, und rühre die Masse mit einer Rührkeule immer nach einer Seite so lange, bis sie schaumig wird. Dann füge man hinzu: $^1/_4$ Pfund geröstetes fein gestoßenes Brot, 1 Loth Zimmt, $^1/_2$ Loth Nelken, $^1/_4$ Loth Cardamomen, 2 Loth Orangenschalen, 2 Loth Citronat, welches Beides ganz kleingeschnitten wird, und noch 8 Eigelb nebst einem Liqueurglas voll Punschessenz, rühre es noch eine Zeit lang, dann rühre man den von 8 Eiweißen geschlagenen Schnee langsam darunter, fülle die Masse in eine mit Butter ausgestrichene und mit Papier belegte Form, und backe sie bei mittelmäßiger Hitze. Dieser Torte gibt man einen Wasser- oder Chokoladenguß.

21) Chokoladen-Torte.

Man schlägt 16 Eier mit 1 Pfund Zucker in einem Kessel über Kohlenfeuer zu Biscuitmasse, siebt 28 Loth Mehl durch das Drathsieb, vermischt es mit 12 Loth auf dem Reibeisen geriebener Chokolade, rührt es unter die Masse und füllt dieselbe in die mit Butter ausgestrichene Form. Wenn die Torte gebacken ist, gibt man ihr einen Chokoladenguß.

22) Chokoladen-Torte anderer Art.

Man rühre in einem Reibasche 1 Pfd. gestoßene Mandeln, 1 Pfd. Zucker, 12 Loth auf dem Reibeisen geriebene Chokolade mit 16 Eigelb und 4 ganzen Eiern schaumig, setze dann 1 Loth Zimmt, 4 Loth Kartoffelmehl und das zu Schnee geschlagene Eiweiß hinzu, fülle die Masse in die mit Butter bestrichene Form und backe sie bei gelindem Feuer. Der Torte gibt man ebenfalls einen Chokoladenguß.

23) Citronenmark-Torte.

Man koche das von 3 Aepfeln auf einem Reibeisen geriebene Mark mit 12 Loth Zucker und 8 Loth gestoßenen Mandeln auf, drücke dann den Saft von 3 Citronen dazu, nebst etwas abgeriebener Citronenschale. Fülle dies Mark auf den schon vorher gebackenen Boden von Blätterteig, und bestreue ihn mit auf Zucker abgeriebener Citronenschale.

24) Citronen-Torte.

Man reibe von 8 Citronen die Schale ab, schäle dann die weiße Haut sauber ab und schneide dann die Citronen in dünne Scheiben in einen Suppenteller, streue $^1/_2$ Pfd. gestoßenen Zucker dazwischen, und lasse diese Mischung über Nacht stehen, damit der Zucker sich auflöse. Nun mache man von $^3/_4$ Pfund Butter, $^3/_4$ Pfd. Zucker, 1 $^1/_2$ Pfd. Mehl und 3 Eiern nach Nr. 45 einen Linzerteig, lege von der Hälfte desselben einen Boden mit aufgelegtem Rande in eine mit Butter bestrichene und mit Krumen bestreute Form, streue auf selbigen, aber etwas dick, klein gehackte Mandeln, lege darauf die von dem Saft abgelaufenen Citronenscheiben, bestreue sie mit der abgeriebenen, mit Zucker vermischten, und noch feiner gehackten, auf dem Reibeisen abgeriebenen Citronenschale, lege den Deckel von der zweiten Hälfte des Teiges, welcher mit einem kleinen Ausstecher 6 bis 7 Oeffnungen nach der Runde erhalten hat, darüber, und backe die Torte bei mittelmäßiger Temperatur. Nachdem sie gebacken und aus der Form genommen ist, wird der sich gebildete Saft von den Citronenscheiben durch die Oeffnung des Deckels in die Torte gefüllt, mit den ausgestochenen Blättchen desselben geschlossen, und mit weißem Zuckerguß glasirt.

25) Crème-Torte.

Man lege eine Form mit Blätterteig aus und fülle sie mit folgendem Crème. Man setze 1 Quart Milch zum Sieden über Feuer, einen Tassenkopf voll lasse man kalt in einem Topfe zurück. In selbiger löse man 2 Loth Kartoffelmehl auf, schlage dazu 8 Eigelb und vier ganze Eier, und zerquirle dieselben mit der Milch und dem Kartoffelmehl auf das innigste. Die Milch auf dem Feuer versüße man mit $^1/_2$ Pfd. Zucker, auf welchem das Gelbe einer Citrone abgerieben wurde, und wenn die Milch kocht, so schütte man das zerquirlte Ei unter beständigem Rühren der Milch unter dieselbe und fahre damit so lange fort, bis der Crême wieder im Kochen ist. Alsdann hebt man ihn vom Feuer, rührt ihn noch so lange, bis er ein wenig abgekühlt ist, damit er sich nicht schütte, rührt ihn dann durch ein Haarsieb in eine Schüssel, und wenn er gänzlich abgekühlt, füllt man ihn auf den Teig in die Form und bäckt die Torte bei raschem Feuer. Gebacken garnirt man sie mit Vanille-Wind.

26) Croquant-Torte.

Man zerhacke mit dem Wiegemesser 1 Pfd. geschälte Mandeln ganz klein, thue sie nebst 1 Pfd. Zucker und 1 Loth Zimmt in eine Kasserole, setze sie auf Kohlenfeuer und rühre sie mit einem hölzernen Löffel so lange, bis die Mandeln braun sind und der Zucker daran geschmolzen ist. Dann schüttet man die Masse in eine mit Butter bestrichene gewölbte Form oder Kasserole, drückt sie mit einer Citrone gleichförmig auseinander, und wenn sie erkaltet ist, stürzt man sie auf eine Schüssel und garnirt sie mit Traganth-Blumen. Von dieser Masse macht man auch Pyramiden.

27) Eiertorten-Masse.

12 Eier, etwas Orangewasser und $^1/_2$ Pfd. Zucker schlage man in einem Kessel über Kohlenfeuer ganz schaumig, fülle dies in eine mit Blätterteig ausgelegte Form, und backe sie bei mittelmäßiger Hitze.

28) Eistorte.

Es werden von Baisersmasse zwei runde Boden auf Papier gestrichen und bei schwacher Hitze so lange gebacken, bis sie sich vom Papier gut ablösen. Man läßt sie an einem kühlen Orte kalt werden, bestreicht dann den einen Boden 2 Finger dick mit Erdbeer-, Himbeer- oder Pommesinen-Gefrornen, und legt den andern darauf. Dies darf aber nicht eher geschehen, als bis die Torte gegossen wird, weil sonst das Eis zerlaufen würde.

29) Französische Torte.

Man nimmt 2 Pfd. Mehl mit ½ Pfd. Zucker, gießt dann ½ Pfd. zerlassene Butter und 3 Löffel voll Orangeblüthenwasser dazu und macht einen Teig daraus, welchen man in zwei Theile theilt und erkalten läßt, dann formirt man den Boden der Torte, legt einen Rand darum und füllt sie mit einer beliebigen Obstmarmelade, welche mit gestoßenen Mandeln, in Milch eingeweichter Semmel und etwas Gewürz vermischt ist, legt dann den Deckel darüber, bestreicht ihn mit Ei und bäckt sie langsam gahr.

30) Genever Torte.

Rühre 1 Pfund abgeklärte Butter zu Schaum, schlage nach und nach 10 Eigelb dazu, so wie auch 1 Pfd. gestoßenen Zucker, ½ Pfd. gestoßene und gesiebte süße Mandeln, ferner den von 10 Eiweiß geschlagenen Schnee, die abgeriebene Schale von einer Citrone, 12 Loth Mehl, 12 Loth Kartoffelmehl und von 8 hartgesottenen Eiern die fein gehackten Dottern. Wenn Alles gut unter einander gerührt ist, füllt man die Masse in eine mit Butter bestrichene Form und bäckt sie bei mittlerer Temperatur.

31) Genueser Torte.

Man rühre ½ Pfd. Butter zu Schaum, schlage 18 Eigelb hinzu, ferner ½ Pfd. gestoßenen Zucker, etwas fein geschnittene Pommeranzenschale, so wie auch etwas gestoßenen Zimmt, Nelken, Cardamomen und Coriander; dann setze man den Schnee von obigen Eiern nebst ½ Pfd. Mehl dazu, fülle die Masse in zwei egale viereckige Papierkapseln und backe selbige. Hierauf füllt man solche mit Marmelade und gibt der Torte einen rothen Zuckerguß.

32) Glasur zu Torten.

Sie besteht aus Eiweiß und Staubzucker, einigen Tropfen Citronensaft oder Essig, wenn sie schön weiß sein soll. Farbiger Glasur aber setzt man Cochenille, Safran oder Indigo bei. Wasserguß besteht blos aus Staubzucker und Wasser. Chokoladenguß bekömmt einen Zusatz von geriebener Chokolade. S. §. 5. des Ersten Abschnitts.

33) Griestorte.

Man kocht $^1/_2$ Pfund Gries in Milch ganz dick, rührt dann $^1/_2$ Pfd. Butter mit 8 Eiern zu Schaum, thut den Gries, wenn er erkaltet ist, dazu, und rührt ihn noch mit $^1/_2$ Pfd. Zucker, der abgeriebenen Schale einer Citrone und $^1/_4$ Pfd. Korinthen eine halbe Stunde lang nach einer Seite. Nun bestreicht man eine blecherne Tortenform mit Butter, füllt die Masse hinein, und läßt sie anfangs bei einem starken, nachher aber gemäßigten Feuer backen.

34) Hagebuttentorte.

Zur Füllung dieser Torte kocht man $^1/_2$ Pfund Hagebutten in Wein weich, vermischt sie dann mit 5 Loth gehackten Mandeln, 2 Loth Orangeschalen, etwas abgeriebener Citronenschale, Zimmt, Cardamomen und 8 Loth Zucker. Dann macht man von Blätterteig einen Boden mit Rand, streicht die Masse darauf, legt einen Deckel von Blätterteig darüber, bestreicht ihn mit Ei, und bäckt die Torte bei schneller Hitze.

35) Harlequintorte.

Man mache einen Teig von $^1/_2$ Pfd. Mehl, $^1/_4$ Pfd. Butter, 4 Loth Zucker und 4 Eigelb, rolle denselben $^1/_2$ Finger dick aus und lege ihn über ein mit Butter bestrichenes und mit Zucker bestreutes Becken oder einen Kessel, und backe ihn langsam gahr. Alsdann besetze man die Kuppel mit Mandelbögen, aus Makaronenmasse gefertigt, von verschiedener Farbe und Geschmack, als: Citronenbögen, roth gefärbte und rosa, Chokoladenbögen und Bögen mit Pistazien oder grün gefärbten Mandeln, bunt durch einander und befestige sie mit Caramel. Von dem übrigen Caramel macht man ein Gespinnst über die ausgesetzten Bögen.

36) Himbeertorte.

Man macht von Blätterteig einen runden Kuchen, legt von diesem Teige ein Gitter und einen Rand darauf, bestreicht ihn mit Ei, und wenn er gebacken ist, füllt man die Gitter mit eingemachten Himbeeren.

37) Johannisbeertorte.

Diese wird eben so verfertigt, wie die Himbeertorte Nr. 36, nur daß man sie mit Johannisbeeren füllt.

38) Italienische Torte.

Man stößt 2 Stück klein geschnittenen Citronat, die abgeriebene Schale von zwei Citronen nebst 1/2 Pfd. abgebrühten und abgeschälten Pistazien in einem Mörser mit 1/2 Pfd. Rindermark recht fein. Während dem Stoßen schlägt man 6 Eier und 10 Dottern nach und nach dazu. Dann thut man die Masse in ein Kasserol, setzt einen Löffel voll Fleischbrühe hinzu und rührt sie über dem Feuer so lange, bis sie kochen will. Nun wird diese Masse mit 12 Loth Zucker versüßt. Man legt hierauf eine Tortenform mit Blätterteig aus, füllt die Masse hinein und bäckt sie gahr.

39) Käsetorte.

Rolle ein Stück Linzerteig gut messerrückendick aus, schneide eine runde Platte davon und lege von demselben Teige ringsum einen Rand darauf; alsdann nehme man 2 Kugeln Sauermilch (Käsematz) in eine tiefe Schüssel und rühre denselben unter Zusetzung von 5 Eidottern, 1/4 Pfd. Zucker, der abgeriebenen Schale einer Citrone, etwas Zimmt und 4 Loth kleinen Rosinen recht zart, fülle die Platte mit diesem Käse dem Rande gleich an, ziehe eine Biscuitmasse darüber und lasse die Torte langsam backen.

40) Karmelitertorte.

Man schlägt 8 Eiweiß und 1 Dotter mit 1 Pfd. Zucker zur Biscuitmasse, thut die abgeriebene Schale von einer Citrone und 1/4 Pfd. fein und lang geschnittene Mandeln dazu, rührt dann 1/4 Pfund gesiebtes Mehl darunter, füllt die Masse in eine mit Butter ausgestrichene Form und bäckt sie langsam.

41) Kartoffeltorte.

2 1/2 Pfund abgesottene, auf einem Reibeisen geriebene Kartoffeln, 3/4 Pfd. Butter, 3/4 Pfd. Zucker, 12 Eier, 2 Citronen. Die Butter wird zu Schaum gerührt, dann der Zucker, der Saft und die abgeriebene Schale der Citronen, sowie das Eigelb nach und nach hinzu geschlagen, zuletzt die geriebenen Kartoffeln und das zu Schnee geschlagene Eiweiß, welches Alles noch recht wohl unter einander gerührt wird, hinzu gethan; dann in eine stark mit Butter bestrichene Form gefüllt, und bei mäßiger Hitze gebacken.

42) Kirschtorte.

Diese wird, wenn sie mit eingemachten Kirschen gefüllt werden soll, wie Nr. 36. gemacht; soll sie aber mit frischen Kirschen gefüllt werden, so müssen dieselben ausgekernt, mit Zucker und Zimmt vermischt in die Torte gefüllt und dann ein Gitter oder Deckel darüber gelegt und mit gebacken werden. Diese Regel ist bei allen Torten, welche mit frischem Obste gefüllt werden sollen, als Norm anzunehmen.

43) Königstorte.

Man legt eine Tortenform mit Blätterteig aus, füllt sie mit irgend einer beliebigen, der Jahreszeit angemessenen, mit Zucker und Gewürz vermischten Frucht (in deren Ermangelung mit Eingemachtem), schüttet dann nachstehenden Wein-Crême darüber, und bäckt solche bei nicht zu großer Hitze.

Anfertigung des Crêmes.

Man setze ein Nösel weißen Wein auf das Feuer, schlage in einen Topf 6 Eigelb, 2 ganze Eier, füge 2 Loth Kartoffelmehl dazu, so wie in den Wein $1/2$ Pfund Zucker, auf welchem das Gelbe von einer Citrone abgerieben wurde. Man zerquirle die Eier wohl, und wenn der Wein kocht, schütte man die Eier unter stetem Quirlen in denselben und fahre damit so lange fort, bis der Crême wieder am Kochen ist. Wenn derselbe abgekühlt ist, wird er in die Torte gegossen.

44) Krafttorte.

Man schlägt von 16 Eiern, 1 Pfund Zucker eine Biscuitmasse, thut zu derselben 1 Loth Zimmt, $1/2$ Loth Nelken, $1/4$ Loth Cardamomen, das Abgeriebene einer Citrone, 2 Loth Orangeschale, 2 Loth Citronat klein geschnitten, und 1 Pfd. Kraftmehl (Puder). Wenn Alles wohl untereinander gerührt ist, so wird die Masse in eine mit Butter bestrichene Form gefüllt und bei nicht zu starker Hitze gebacken. Dieser Torte gibt man einen Chokoladenguß.

45) Linzertorte.

Man nehme 1 Pfund Mehl, $1/2$ Pfd. Zucker, $1/2$ Pfd. Butter und 3 Eier. Das Mehl und der Zucker wird auf das Backbret geschüttet, in dessen Mitte die Eier geschlagen, und mit einem Rührlöffel verrührt, dann die ausgewaschene Butter dazu gebrockt und Alles zu einem Teige gearbeitet, welchen man in zwei Theile schneidet. Von der ersten Hälfte formirt man den Boden, welchen man in eine mit Butter bestrichene und mit Semmelkrumen bestreute Form legt, und auf denselben einen halben Finger dicken Rand anschließt, welcher mit Ei bestrichen wird. Nun füllt man die Torte mit einer beliebigen Sorte von eingemachten Früchten, legt den von der andern Hälfte des Teiges geformten Deckel, in welchen mit einem Ausstecher von der Größe eines Viergroschenstücks 6 Oeffnungen gestoßen sind, darüber, und bäckt die Torte bei nicht zu großer Hitze.

46) Gerührte Linzertorte.

Man reibt vier Loth abgezogene Mandeln mit 2 Eiern und $^1/_4$ Pfd. Zucker und rührt es schaumig; dann wird $^1/_4$ Pfd. abgeklärte Butter ebenfalls schaumig gerührt, noch 3 Eier dazu gethan und die andere gerührte Masse zu der Butter gegossen, einige Mal umgerührt und $^1/_4$ Pfd. Mehl darunter gemengt. Drei Viertheile davon werden auf ein Papier in runder Form aufgestrichen, mit eingemachten Johannis- oder Himbeeren etwas gefüllt und die übrige Masse davon gestrichen, dann ein blecherner Reifen darum gelegt und bei schneller Hitze gebacken.

47) Makaronentorte.

Man macht erst einen Linzerteig von $^1/_2$ Pfd. Mehl, $^1/_4$ Pfd. Zucker, $^1/_4$ Pfd. Butter und einem Ei, welchen man rund austreibt, und nur blaßgelb bäckt. Während der Zeit macht man eine Makaronenmasse von $^1/_4$ Pfund fein gestoßenen Mandeln, 2 Eiweiß und $^1/_2$ Pfd. Zucker, thut die Masse in eine Spritze, in deren Kapsel man eine Dölle, etwas stärker als eine Federkiele, oder eine Scheibe mit einem kleinen Stern gelegt hat, drückt die Masse nun gitterförmig oder sonst nach beliebigem Muster, z. B. in Form eines Sterns u. s. f. auf dieselbe und bäckt sie schön hellgelb. Dann füllt man die Gitter mit verschiedenen Sorten von eingemachten Früchten oder Gelées, damit ein mannichfaltiges Farbenspiel hervorgebracht werde. Bevor die Torte zerschnitten wird, ist es durchaus nothwendig, daß man sie in dem Ofen wieder heiß werden läßt, wodurch sie aufs Neue weich wird und sich in kleine Stücken schneiden läßt, ohne zu zerbrechen, oder man schneidet dieselbe in beliebige Größe, so wie sie aus dem Ofen kömmt, bevor sie mit Eingemachtem gefüllt ist.

48) Mandeltorte.

Ein Pfd. gestoßene süße und 2 Loth bittere Mandeln rühre man in einem Reibasche nebst 1 Pfd. 2 Loth Zucker, 16 ganzen Eiern, 12 Eigelb und der abgeriebenen Schale einer Citrone eine Stunde lang immer nach einer Seite, setze dann den von 8 Eiweiß geschlagenen Schnee, ein Glas Rum oder Punschessenz und 4 Loth Kartoffelmehl zu, rühre alles behutsam darunter, fülle die Masse in eine mit Butter ausgestrichene Form und backe sie eine Stunde lang ganz langsam. Dieser Torte gibt man einen Zuckerguß mit Weiß garnirt.

49) Gefüllte Mandeltorte.

Man bäckt 2 runde Boden von Mandeltortenmasse wie bei der Punschtorte gezeigt werden wird, bestreicht den einen mit eingemachten Johannis- oder Himbeeren, legt den andern darauf, bestreicht ihn mit Wasserguß und trocknet es im warmen Ofen.

50) Maraschinotorte.

Man rühre in einem Reibasche 1 Pfd. Zucker mit 18 Eigelb so lange nach einer Seite, bis die Masse schaumig ist, dann rühre man den von dem Eiweiß geschlagenen Schnee, 1/4 Nösel Maraschino-Liqueur, 1/2 Pfd. Weizen- und 1/2 Pfd. Kartoffelmehl langsam darunter, fülle die Masse in eine mit Butter ausgestrichene Form und backe sie bei gelinder Hitze. Dieser Torte gibt man einen Wasserguß, worunter etwas von obigem Liqueure geschüttet ist.

51) Marktorte.

Man nehme $^1/_2$ Pfd. von den kleinen Knochen gereinigtes Rindermark und stoße es in einem Mörser zart. Dann rühre man es in einem Reibasche mit $^1/_4$ Pfd. Butter, 4 ganzen Eiern, 8 Eidottern, $^1/_2$ Pfd. mit Wein angefeuchtetem Biscuit, $^1/_4$ Pfd. gestoßenen Mandeln, $^1/_4$ Pfd. Zucker und der abgeriebenen Schale einer Citrone nebst dem ausgepreßten Safte derselben, eine halbe Stunde lang, fülle die Masse in eine mit Blätterteig ausgelegte Form und backe sie langsam gahr.

52) Marmortorte.

In einem Reibasche rührt man $^1/_2$ Pfd. Zucker mit 18 Eigelben nebst dem Abgeriebenen einer Citrone zu Schaum und setzt den geschlagenen Schnee nebst $^1/_2$ Pfd. Mehl hinzu. In einem andern Reibasche macht man dieselbe Masse an und setzt $^1/_4$ Pfund geriebene Chokolade nebst $^1/_2$ Loth Zimmt dazu. Nun füllt man beide Massen in eine mit Butter bestrichene Form löffelweise bunt nebeneinander, und bäckt sie langsam gahr. Dann gibt man der Torte einen Wasserguß.

53) Maulbeertorte.

Man macht einen Blätterteigboden mit aufgelegtem Rande. Die Maulbeeren kocht man mit etwas Orangewasser und Wein, treibt sie durch ein Haarsieb, setzt etwas gerösteten und kleingestoßenen Zwieback, Zucker und Zimmt nach Belieben, $^1/_4$ Pfund gestoßene Mandeln und 4 bis 5 ganze Eier hinzu, und kocht alles allermals zu einem Crême, welchen man, wenn er erkaltet ist, in die Form füllt und bei raschem Feuer bäckt.

54) Mohntorte.

Man lege eine Form mit Linzer- oder Blätterteig aus, und bestreue den Boden mit geschnittenen Mandeln, großen Rosinen, alsdann rühre man $^1/_2$ Pfd. in einem Mörser gestoßenen Mohnsamen mit einer großen Tasse voll kochender Milch, 8 Loth zerschmolzener Butter, 6 Loth Zucker, 4 ganzen Eiern und 6 Dottern recht zart, fülle diese Masse ein und backe die Torte bei raschem Feuer.

55) Nelsontorte.

Man lege eine flache Tortenform mit Blätterteig aus, fülle dieselbe mit ausgekernten Kirschen, Pflaumen, Johannisbeeren oder Weinbeeren, versüße das beliebige Obst mit Zucker und Zimmt, und gieße von nachstehendem Crême darüber. Wenn die Torte halb gahr gebacken ist, so streue man noch etwas Zucker darüber, damit sie schön braun werde.

Crême zu dieser Torte.

Ein Nösel Milch wird abgesotten, 3 Loth Kartoffelmehl mit etwas kalter Milch gerührt und unter beständigem Quirlen unter die siedende Milch gegossen, alsdann wird sie vom Feuer genommen, $^1/_4$ Pfd. Butter, $^1/_4$ Pfd. Zucker, 8 Dottern und 2 ganze Eier damit vermischt.

56) Nußcrêmetorte.

Man macht 3 Boden von Mandeltortenmasse und schneidet von einem in der Rundung soviel heraus, daß bloß ein 2 Finger breiter Rand bleibt. Nun wird $^1/_2$ Pfund Lambertsnüsse aufgeklopft, 16 der schönsten herausgesucht und die übrigen auf dem Reibsteine gerieben, und soviel Milch, wie zum Reiben nothwendig, zugegossen. Man nimmt soviel Staubzucker zu den geriebenen Kernen, wie zum Süßmachen nothwendig, thut etwas gestoßene

Vanille dazu, verdünnt die Masse mit noch etwas Milch, schlägt $^1/_2$ Kanne dicken Rahm schaumig und rührt ihn unter die Masse. Zuvor werden die drei Boden so zusammengesetzt, daß der ausgeschnittene in die Mitte kommt; in diesen wird die Rahmmasse gefüllt und der obere auf diesen gelegt, zuvor jedoch glasirt. Die zurückbehaltenen Nüsse werden gespalten, mit Wasserguß glasirt und bei der Verzierung angewendet.

57) Nußtorte von Lambertsnüssen.

Die ausgeklopften Kerne der Lambertsnüsse werden mit siedendem Wasser übergossen, damit sich die rothe Schale abziehen läßt. Dann werden dieselben fein gestoßen und ebenso behandelt, als wenn man eine Mandeltorte machen wollte. Siehe Nr. 48.

58) Pfirschentorte.

Von $^1/_4$ Pfd. Butter, $^1/_4$ Pfd. Zucker, $^1/_2$ Pfd. Mehl und einem Ei mache man einen Boden mit Rand, bringe denselben in eine mit Butter bestrichene und mit Semmelkrumen bestreute Form, lege die in Achtel zerschnittenen Pfirschen nebeneinander, bestreue sie mit den kleingehackten Pfirschkernen, abgeriebener Citronenschale und etwas Zucker, dann schütte man von dem nach Nr. 55. gefertigten Crême darüber und backe die Torte bei gelindem Feuer.

59) Pflaumenmustorte.

Das Zwetschenmus wird mit Zucker versüßt, mit etwas gehackten Mandeln, Zimmt, Nelken, Citronenschale und Wein gewürzt, und auf den von Blätterteig ausgetriebenen, mit einem Rande belegten Boden gestrichen, über welchen man von demselben Teige ein Gitter legt, mit Ei bestreicht und bei rascher Hitze bäckt.

60) Pflaumentorte.

Man macht einen Boden von Blätterteig mit einem Rande, legt die in Viertel geschnittenen Pflaumen schön reihenweis nebeneinander, bestreut sie mit Zucker, Zimmt und langgeschnittenen Mandeln, und bäckt sie bei raschem Feuer.

61) Pyramide von Mandelmasse.

Ein Pfd. geschälte süße Mandeln werden fein gestoßen, dann in einer Schüssel mit 1 Pfd. Zucker, der abgeriebenen Schale einer Citrone und 8 Eiweiß zu einer Masse gemacht, welche man durch die Spritze auf die, von zusammengesetzten Oblaten einen Zoll breit gefertigten, mit dem Cirkel abgemessenen Ringe, wovon jeder ½ Zoll kleiner gecirkelt wird, als der vorhergehende, spritzt; bäckt dieselben auf einem geraden Bleche hellgelb, und setzt sie vermittelst Zuckerguß, welcher dieselben aufeinander befestigt, vom größten bis zum kleinsten übereinander. Dann garnirt man sie mit Ansetzung von Mandelbögen, welche in Caramelzucker getaucht sind, um festzuhalten. Wenn man nun mit 30 bis 40 Bögen eine schöne Krone formit hat, so macht man mit dem noch übrigen Caramelzucker ein Fadengespinnst um die Pyramide.

62) Pistazientorte.

½ Pfd. Pistazien werden wie Mandeln geschält, dann mit 2 ganzen Eiern sehr fein gestoßen, in einem Reibasche mit ½ Pfd. Zucker, 4 ganzen Eiern, 6 Eidottern und der abgeriebenen Schale von einer Citrone schaumig gerührt, alsdann der von 4 Eiweiß geschlagene Schnee nebst 2 Loth Kartoffelmehl darunter gezogen, und in einer mit Butter bestrichenen Form langsam gebacken. Diese Torte bekommt einen Wasserguß.

63) Portugieser Torte.

Von 1 Pfd. Butter, 1 Pfd. Zucker, 2 Pfd. Mehl und 3 Eiern mache man einen Linzerteig, theile solchen in 6 gleiche Theile und formire runde Platten von einerlei Größe, welche man, wenn sie schön hellgelb gebacken sind, mit 5 verschiedenen Sorten eingemachter Früchte bestreicht und einen Boden über den andern setzt. Dem obern Deckel aber gibt man einen weißen Zuckerguß und garnirt ihn schön mit eingemachten Früchten, Citronat und Pistazien. Weil dieses eine theure, aber kostbare Torte ist, so kann man deren Ansehen noch erhöhen, wenn man den äußern Umfang der Torte sowohl mit angesetzten Mandelbögen verziert, als auch eine Pyramide davon auf dieselbe baut.

64) Prünellentorte.

Man kocht die Prünellen mit etwas Wein und klein gehackter Citronenschale weich, macht dann eine Blätterteigtorte, legt dieselben darauf, bestreut sie mit Zucker, Zimmt und gehackten Mandeln, begießt sie mit Crême, und legt an demselben Teige einen Deckel darüber, welcher mit Ei bestrichen werden muß.

65) Punschtorte.

1/4 Pfd. Butter, 1/2 Pfd. Zucker, 1/2 Pfd. Mehl, 8 Eier. Die Butter wird in einem Reibasche zu Schaum gerührt, dann der Zucker und das Eigelb nach und nach nebst der abgeriebenen Schale hinzugesetzt. Wenn dieses geschehen, schlägt man das Weiße von den Eiern zu Schnee und rührt es nebst 1/2 Pfd. Mehl unter die Masse. Nun streicht man 2 Formen von gleicher Größe mit Butter aus, füllt die Masse in dieselben und bäckt sie gahr. Dann schält man 3 große Aepfel, reibt solche auf dem Reibeisen in einen Suppenteller, so wie auch die Hälfte der Schale von einer Citrone, vermischt das Apfelmark mit 6 Loth Zucker und 1/8 Quart Punschessenz und streicht es auf einen der gebackenen Theile, setzt den andern Theil darüber und gibt der Torte einen Wasserguß.

66) Quittentorte.

Man mache einen Boden von Blätterteig mit einem Rande, fülle selbigen mit Quitten-Marmelade, lege ein Gitter von demselben Teige darüber, welches man mit Ei bestreicht, und bäckt die Torte bei schneller Hitze.

67) Rahmtorte.

Von 1/4 Pfd Zucker, 1/4 Pfd. Butter, 1/2 Pfd. Mehl, einem Ei, mache man einen Linzerteig-Boden mit Rand auf demselben, und wenn er halb gahr gebacken ist, fülle man selbigen mit 1 Nösel zu Schaum geschlagener Sahne, welche vor dem Einfüllen mit 4 Eidottern vermischt, mit 6 Loth Zucker und etwas gestoßener Vanille versüßt wurde, und backe sie bei raschem Feuer gahr.

68) Reineclauden-Torte.

Mache einen Boden mit aufgelegtem Rande von Blätterteig, lege die halbirten Früchte auf denselben, bestreue sie mit etwas Zucker, Citronenschale und gehackten Mandeln, lege ein Gitter darüber, bestreiche es mit Ei und backe die Torte bei schneller Hitze.

69) Reis-Torte.

Man koche 1/2 Pfd. Reis in Milch recht dick und lasse ihn erkalten. Nun rühre man in einem Reibasche 12 Loth Butter zu Schaum, thue den Reis dazu, schlage nach und nach 9 Eigelb, 4 Loth gestoßene Mandeln, 1/4 Pfd. Zucker, 1/2 Loth Zimmt, die abgeriebene Schale einer Citrone dazwischen, schlage dann das Eiweiß zu Schnee, und wenn es mit der Masse vereinigt ist, fülle man sie in eine mit Butter bestrichene und mit Semmelkrume bestreute Form, und lasse sie langsam gahr backen. Die Torte wird mit Zucker und Zimmt bestreut.

70) Revolutions-Torte.

Diese Torte besteht aus dreierlei Tortenmasse, nämlich aus Brottorten-, Mandeltorten- und Biscuittortenmasse, welcher letzteren man eine Auflösung von Cochenille zusetzt, damit sie schön roth wird. Jede dieser Massen wird für sich allein in einem Geschirre angemacht (man sehe die Nrn 20, 48 u. 18), z. B. die Brottorte von 8 Loth Mandeln, welche zuerst in die mit Butter bestrichene Form gefüllt wird, dann folgt die rothe Biscuitmasse, von $^1/_4$ Pfd. Zucker angefertigt und mit einem Blechlöffel gleichförmig aufgetragen, und die Torte bei gelinder Hitze langsam gebacken. Man gibt ihr einen rothen Zuckerguß und garnirt sie nach Belieben.

71) Rolands-Torte.

$^1/_2$ Pfund ausgewaschene Butter, $^1/_2$ Pfd. Mehl, $^1/_4$ Pfund Zucker, $^1/_4$ Pfund mit Wasser fein geriebene Mandeln werden zu einem Teige angewirkt und ausgetrieben, der Rand wird in eine Mischung von gehackten Mandeln, Orangenschalen und der auf Zucker abgeriebenen Schale von einer Citrone gedrückt und nur leicht gebacken. Nachdem füllt man sie mit Johannis- oder Himbeeren, gießt einen kleinen Finger hoch Mandeltortenmasse darüber, bäckt solche nochmals und gibt ihr dann einen beliebigen Zuckerguß.

72) Rosentorte.

Das Eiweiß von 9 Eiern schlage man zu Schnee, thue dann das Eigelb und $^1/_2$ Pfd. Staubzucker, 3 Tropfen Rosenöl, und so viel aufgelöste Cochenille hinzu, bis die Masse schön roth ist. Dann rühre man behutsam mit einem Rührlöffel $^1/_2$ Pfd. fein gesiebtes Mehl darunter, fülle eine mit Butter bestrichene Form damit und backe sie langsam aus. Diese Torte wird roth glasirt und von weißem Spritzguß mit Rosa garnirt.

73) Sächsische Torte.

$^1/_2$ Pfd. Butter wird zu Schaum gerührt, $^1/_2$ Pfd. Zucker, das Abgeriebene einer Citrone und 12 Eigelbe nach und nach hinzu gethan, dann schlägt man von den 12 Eiweißen Schnee, und rührt denselben nebst $^1/_2$ Pfd. Mehl unter die Masse, welche man in 3 mit Butter bestrichenen und mit Mehl bestreuten Formen von einerlei Größe bäckt. Nachdem sie gebacken sind, bestreicht man die untere Platte mit Himbeer-Gelée und bedeckt sie mit der zweiten, diese bestreicht man mit Aprikosen-Marmelade und bedeckt sie mit der dritten Platte, welcher man einen Wasserguß gibt.

74) Sahnetorte.

Man mache von $^1/_4$ Pfund gestoßenen Mandeln, $^1/_4$ Pfund Zucker und 2 Eiweißen eine Mandelmasse, streiche dieselbe auf an einander geklebte, nach einer runden Form geschnittene Oblaten messerrückendick und backe die Platte nur hellgelb. Nun schlägt man von 6 Eiweißen Schnee, rührt $^1/_2$ Pfd. fein gesiebten Zucker und etwas gestoßene Vanille darunter, und spritzt vermittelst der Spritze von der in dieselbe gefüllten Masse 3 oder 4 Ringe, ungefähr einen kleinen Finger stark gleich weit von einander, und bäckt die Torte bei ganz gelinder Hitze. Wenn sie schön blaßgelb gebacken und abgekühlt ist, so wird dieselbe kurz vor dem Serviren zwischen den Baiséeringen mit geschlagener Sahne, welche mit etwas Zucker und Vanille versüßt ist, gefüllt.

75) Sandtorte.

Man rührt 1 Pfd. abgeklärte Butter zu Sahne, setzt nach und nach 1 Pfd. Zucker, 16 Eigelb, die abgeriebene Schale von 2 Citronen und ein Liqueurglas voll Kirschgeist oder Maraschino zu, und rührt zuletzt den von 8 Eiern geschlagenen Schnee, $^1/_2$ Pfd. Mehl, $^1/_4$ Pfd. Gries und $^1/_4$ Pfd. Kartoffelmehl darunter, füllt diese Masse in eine mit Butter ausgestrichene Form und bäckt sie langsam aus. Dieser Torte gibt man einen weißen Zuckerguß.

76) Sandtorte auf andere Art.

Man schlage in einem Kessel 7 Eier mit 1/2 Pfd. Zucker zu einer steifen Biscuitmasse, dann rühre man 1/2 Pfund zerschmolzene und wieder abgekühlte Butter, 1/2 Pfd. Kartoffelmehl und die abgeriebene Schale einer Citrone gleichzeitig darunter. Nun fülle man die Masse in eine mit Butter bestrichene Form und backe sie bei mittelmäßiger Hitze.

77) Schaum-Torte.

Man mache einen Linzerteig von 1/4 Pfd. Butter, 1/4 Pfd. Zucker, 1/2 Pfd. Mehl und einem Ei, formire eine runde Platte davon und backe sie nur ganz leicht. Nun schlägt man von 12 Eiweiß einen steifen Schnee, thut ein paar Tropfen Orangeblüthenwasser und 1/2 Pfd. fein gesiebten Zucker darunter, streicht den Schaum auf die Platte, bestäubt ihn mit Zucker, und thut sie abermals in den heißen Ofen, aber nur so lange, bis der Schaum gelb angelaufen ist. Bei zu langsamem Backen fällt der Schaum zusammen.

78) Schneeberg.

Man schlägt ein Quart dicke Sahne mit einer Ruthe in einer Porzellanterrine, bis sie steht, dann setzt man eine Schüssel unter ein Sieb, nimmt mit einem Löffel den Schaum von der Sahne, legt ihn auf das Sieb und setzt das Schlagen so lange fort, bis es keinen Schaum mehr gibt (man muß aber vorsichtig sein, daß man die Sahne nicht zu Butter schlägt). Alsdann zieht man das zu Schnee geschlagene Eiweiß von 3 Eiern und 1/4 Pfd. fein gesiebten Zucker nebst etwas gestoßener Vanille darunter, servirt das Ganze in Form eines Berges auf einer Porzellanschüssel und garnirt es mit kleinen Baisées.

79) Schweizertorte.

Man rührt 1 Pfd. zerlassene gereinigte Butter mit 15 Eiern zu Schaum, thut nach und nach 1 Pfd. gestoßenen Zucker, etwas Zimmt, Nelken und die abgeriebene Schale einer Citrone dazu, zuletzt 1 Pfd. gestoßenes und durchgesiebtes Roggenbrot. Das Weiße von den 15 Eiern wird zu starkem Schaum geschlagen und darunter gezogen. Dann füllt man die Masse in eine mit Butter ausgestrichene Tortenform, macht sie nicht zu voll und bäckt sie bei mäßigem Feuer.

80) Stachelbeertorte.

Man mache einen Boden von Blätterteig mit einem Rande, belege ihn mit eingemachten Stachelbeeren, mache ein Gitter von dem nämlichen Teige darüber, bestreiche es mit Ei, und backe die Torte bei schneller Hitze.

81) Thüringische Torte.

3 Viertelpfund rohe Mandeln werden gestoßen und durch einen Durchschlag in den Reibasch gesiebt, worauf man sie nebst 3 Viertelpfund Zucker, 12 ganzen Eiern und 6 Eigelben recht schaumig rührt; dann setze man der Masse 1 Loth Zimmt, $^1/_2$ Loth Nelken, $^1/_4$ Loth Cardamomen und den von 6 Eiweißen geschlagenen Schnee hinzu. Ist die Form gefüllt, so streut man 2 Loth kleingeschnittenen Citronat und Orangeschalen in dieselbe, und rührt sie mit der Messerspitze darunter.

82) Vanilletorte.

In einem Reibasche rührt man 1 Pfd. Zucker mit 18 Eigelben schaumig, setzt eine Schote Vanille, welche mit Zucker klar gestoßen wurde, hinzu, so wie das zu Schnee geschlagene Eiweiß, nebst $1/2$ Pfd. Kraft= oder Kartoffelmehl und $1/2$ Pfd. Weizenmehl. Dieser Torte gibt man einen weißen Zuckerguß.

83) Weichseltorte.

Ein halbes Pfd. süße und 4 Loth bittere Mandeln werden geschält, mit 5 Eiern fein gerieben, mit 3 Viertelpfund Zucker in eine Schüssel gethan und mit 7 Eigelben schaumig gerührt. Dann werden 6—8 Mundsemmeln geschnitten und mit Milch eingeweicht, $1/2$ Pfund abgeklärte Butter schaumig gerührt und das Weiße von 7 Eiern zu Schnee geschlagen. Die eingeweichten Mundsemmeln werden nun mit den Händen ausgedrückt, 1 Pfd. davon abgewogen, die gerührte Butter zu den Mandeln gethan und dann die Semmel nebst 1 Pfd. ausgekernten Weichselkirschen mit dem Schnee zugleich unter die Masse gerührt. Die Form wird mit Butter ausgestrichen, der Boden und die Seitenwände mit Oblate ausgelegt und die Torte 1 Stunde bei mittler Hitze gebacken.

84) Weinbeertorte.

Man lege einen Boden mit aufgelegtem Rande von Blätter- oder Linzerteig in eine mit Butter ausgestrichene und mit Krumen bestreute Tortenform, und gieße auf die eingelegten mit Zucker und Zimmt bestreuten Weinbeeren den von $1\,1/2$ Nösel Milch mit etwas Mehl, Zucker und 2 Eiern abgekochten Crême.

85) Wiener Torte.

Man mache von 1 Pfund ausgewaschener Butter, 1 Pfund Zucker, 1 Pfd. Mehl und 2 Eiern einen Zuckerteig, formire davon 6 egale Böden, und wenn sie gebacken sind, so bestreiche man 5 derselben mit eben so vielerlei Marmeladen von Früchten und setze sie übereinander. Den Deckel aber, so wie die Seiten, glasire man mit weißem Zuckerguß und garnire sie mit eingemachten Früchten.

86) Zimmttorte

wird ganz wie Biscuittorte gefertigt; nur daß man zu einem Pfd. Masse 2 Loth gestoßenen Zimmt beifügt.

Dritter Abschnitt.

Von den verschiedenen Kuchenbackwerken, mit Einschluß der Honig- und Leb-Kuchen.

1) Apfelkuchen.

Man macht von $^1/_2$ Pfund Butter, $^1/_3$ Quart Milch, einer Tasse guter Hefen, 4 Loth Zucker und Mehl einen nicht zu festen Teig, treibe ihn rund oder viereckig messerrückendick aus, lege ihn auf ein mit Butter bestrichenes Blech, drehe einen Rand an denselben und lasse ihn aufgehen. Nachdem belegt man denselben mit fingerstark geschnittenen Aepfelscheiben schön reihenweis an einander, bestreue sie mit Zucker, Zimmt, gehackten Mandeln und kleinen Rosinen, und backe den Kuchen bei etwas raschem Feuer.

2) Apfelkuchen mit Brei.

Man macht wie bei Nr. 1. einen Boden von Hefenteig, mit angedrehtem Rande, und wenn er aufgegangen ist, belegt man ihn mit kleingehackten Aepfeln, welche mit Zucker, Zimmt und Rosinen gewürzt sind, auf den zuvor aufgestrichenen Brei, und bäckt den Kuchen bei mäßiger Hitze.

3) Englischer Apfelkuchen.

Die Aepfel werden geschält, fein geschnitten, kleine Rosinen, Zucker und Zimmt darunter gemengt, ein runder Kuchen von Blätterteig in beliebiger Größe ausgetrieben, ein Rand darauf gelegt und die Aepfel darauf gethan. Dann wird eine dünne Decke von Blätterteig in derselben Größe wie der Kuchen ausgetrieben, mit einem runden Ausstecher etwas ausgestochen, daß sie durchbrochen wird, auf den Kuchen gelegt, mit Ei bestrichen und bei rascher Hitze gebacken. Wenn der Kuchen aus dem Ofen kommt, wird ein Weinglas Rum, worunter man klaren Zucker rührt, auf die durchbrochenen Stellen mit einem Löffel gegossen.

4) Aprikosenkuchen von Blätterteig.

Die Aprikosen müssen reif, doch noch hart sein; man legt sie einige Minuten in kochendes Wasser, nimmt sie wieder heraus, schält sie, schneidet sie von einander, thut die Kerne davon, und legt die Stückchen nebeneinander auf den von Blätterteig verfertigten Kuchen, bestreut sie stark mit gestoßenem Zucker, und legt ein starkes nach der Größe des Kuchens geschnittenes Papier darüber, damit die Aprikosen nicht zu schwarz werden, und bäckt ihn. Die Kerne schlägt man auf, schält die innern, schneidet sie von einander, und drückt sie auf die Aprikosen. Man kann auch von dem Blätterteige einen ganzen Deckel darüber legen, in welchem Falle man das Papier, so wie auch die Kerne, wegläßt.

5) Aschkuchen, eingemengter.

Man lasse 1 Pfd. Butter in ein Quart warmer Milch zerschmelzen, menge solche mit Mehl an, setze 6 Eier, 1/4 Pfund Zucker, eine Tasse guter Hefen, 1/2 Pfd große, 1/4 Pfd. kleine Rosinen, abgeriebene Citronenschale und Muskatnuß zu, mache es mit Mehl zu einer nicht zu festen Masse, fülle dieselbe in die stark mit Butter bestrichene Form, und nachdem man sie hat aufgehen lassen, bäckt man sie eine Stunde lang.

6) Dresdner Aschkuchen.

Drei Viertelpfund Butter zu Schaum gerührt, dabei nach und nach 6 Eier dazu geschlagen, alsdann 1/2 Nösel guter Rahm, einen Löffel voll Orangeblüthen- oder Rosenwasser, 1/4 Pfund gestoßener Zucker, die abgeriebene Schale einer Citrone, ein wenig

Muskatenblüthen, 4 Löffel voll gute Hefe und 1$^{1}/_{2}$ Pfd. feines trockenes Mehl dazu gethan, alles gut untereinander gerührt, und noch $^{1}/_{4}$ Pfd. große, eben so viel kleine Rosinen, $^{1}/_{2}$ Pfd. klein geschnittene Mandeln und einige Loth klein geschnittener Citronat darunter gearbeitet. Die Form wird mit Butter ausgestrichen, mit geschälten und gehackten Mandeln ausgestreut, und der Teig hinein gefüllt; man läßt ihn langsam gehen. Bei dem Aschkuchen ist zu bemerken, daß die Form während der Zeit, daß der Teig aufgeht, nicht verrückt werden darf. Bei dem Backen darf er ebenfalls nicht verrückt, und wenn es in einer Röhre geschieht, dieselbe nicht geöffnet werden, weil der Kuchen dadurch einfallen würde.

7) Aschkuchen, gerührter.

1 Pfd. Butter wird in einem Reibasche schaumig gerührt; dann schlägt man nach und nach 15 Eier dazu, so wie $^{1}/_{4}$ Zucker, die abgeriebene Schale einer Citrone, eine Muskatnuß, ebenfalls gerieben, eine Tasse lauwarme Milch, eine Tasse gute Hefen, und verdickt die Masse mit 2 Pfd. Mehl. Nun füllt man dieselbe in eine stark mit Butter ausgestrichene kupferne Aschkuchenform, und wenn die Masse darin ein paar Finger breit gestiegen ist (gegahrt hat), so bäckt man den Kuchen bei mäßiger Hitze.

8) Aschkuchen, geschlagener.

Man schlage in einen Kessel 20 Eier und $^{1}/_{4}$ Pfd. Zucker zu Biscuitmasse, setze derselben 1 Pfund geschmolzene aber abgekühlte Butter, 4 Loth gestoßene bittere Mandeln, geriebene Muskatnuß, Citronenschale, eine Tasse Hefen und 1 Pfd. Mehl hinzu, und wenn Alles untereinander gerührt ist, füllt man die Masse in die stark mit Butter bestrichene Form, läßt sie aufgehen, und wenn der Kuchen gebacken und aus der Form gethan ist, bestreut man ihn mit Zucker und Zimmt.

9) Aschkuchen, geschwinder.

Man reibt 3 Viertelpfund frische Butter mit 10 Eiern zu Schaum, rührt nach und nach $1^1/_2$ Pfd. feines Mehl, 10 Loth gestoßenen Zucker, ein wenig Zimmt und die abgeriebene Schale einer Citrone dazu. Zuletzt rührt man den Teig mit 8 Löffeln voll guter Hefen recht untereinander, füllt ihn in die bestrichene Form, und bäckt bei mäßigem Feuer.

10) Aschkuchen mit Rosinen.

Ein halbes Pfund Butter wird zu Schaum gerührt, nach und nach 5 Eier und 2 Loth gestoßene bittere Mandeln hinzugethan, ferner 2 Tassen Milch, eine Tasse Hefen, 8 Loth Zucker, die abgeriebene Schale einer Citrone, 4 Loth gehackte süße Mandeln, 6 Loth große, 4 Loth kleine Rosinen, und so viel Mehl, als zu der Dicke gehört, um die Masse mit einem Blechlöffel in die Form füllen zu können.

11) Austerkuchen.

Man erhitzt die aus den Schalen genommenen Austern in einem Kasserole über dem Feuer nur so weit, daß sie einen Theil ihrer Flüssigkeit verlieren, und läßt sie im Durchschlage ablaufen, dann thut man ein Stück Butter in eine Kasserole, läßt sie über dem Feuer schmelzen, rührt etwas Mehl darunter, und läßt es braun werden. Nun setzt man etwas Wein, Citronensaft, Pfeffer, feine Kräuter und kleingeschnittene Champignons hinzu, und wenn Alles gahr ist, setzt man die Austern auch hinzu; läßt solche aber nur einmal mit aufwallen, verdickt das Ragout mit gestoßenem Zwieback, und wenn es erkaltet ist, füllt man es auf einen von Hefenteig gefertigten Boden, welcher mit einem Rande versehen ist, legt ein Gitter von Blätterteig darüber, bestreicht ihn mit Ei, und bäckt den Kuchen etwas rasch.

12) Baierischer Kuchen.

1 Pfd. frische Butter wird mit 8 ganzen Eiern und 8 Eidottern schaumig gerührt, alsdann nach und nach 1 Pfd. feines Mehl, $^1/_4$ Pfd. gestoßener Zucker und etwas Muskatenblüthe hinzugethan, zuletzt noch eine Obertasse voll gute dicke Hefen hineingerührt. Die Form wird mit Butter bestrichen, mit geschnittenen Mandeln ausgestreut, und halbvoll mit der Masse ausgefüllt, und ebenfalls geschnittene Mandeln darauf gestreut. Ist der Kuchen völlig aufgegangen, so bäckt man ihn in einen ziemlich heißen Ofen.

13) Baseler Leb- oder Pfefferkuchen.

4 Pfd. Haidehonig (oder statt dessen Sirup) und 2 Pfund Meliszucker werden bis zur Zuckerprobe des Fadens gesotten, und zum Abkühlen in eine Mulde gegossen. Nun setzt man 2 Pfund kleingeschnittene Mandeln, $^1/_2$ Pfd. Citronat, $^1/_2$ Pfd. Orangeschalen, 3 Loth Zimmt, 2 Loth Nelken, 1 Loth Cardamomen hinzu, arbeitet Alles mit 4 Pfd. Mehl gut durch einander, und formirt Tafeln von verschiedener Größe davon, welche man auf ein mit Butter bestrichenes und mit Mehl bestreutes Blech, jedoch nicht zu nah an einander legt und im Backofen bäckt. Nachher werden sie mit einer Bürste von dem daran hängenden Mehle befreit und vermittelst eines Pinsels mit zum Faden gesottenen Zucker nur dünn bestrichen, aber mit dem Pinsel so lange bearbeitet, bis der Zucker anfängt weiß zu werden. Dann werden sie nochmals ein wenig in den Ofen zum Abtrocknen geschoben und in Papier eingepackt.

14) Baseler Leb- oder Pfefferkuchen von geringerer Art.

Ein Pfd. Zucker wird mit 5 Eiern in einer Schüssel schaumig gerührt, $^1/_4$ Pfd. Citronat, $^1/_2$ Pfd. geschnittene Mandeln, $^1/_4$ Pfd. Orangeschalen, 1 Loth Zimmt, 1 Loth Nelken, $^1/_2$ Loth

Cardamomen zugesetzt nebst einem Loth aufgelöster Potasche, worauf man das Ganze mit Mehl zu einem Teige macht. Nun nimmt man eben so schwer ein Stück angemachten Pfefferkuchenteig, arbeitet beide Stücken gut durcheinander, damit sie sich innigst vereinigen, formirt dann Tafeln von beliebiger Größe und behandelt sie, wie bei Nr. 13. angegeben ist.

15) Blätterkuchen.

Der Blätterteig wird, wie Abschnitt I, §. 6. gezeigt, angemacht, doch kann man bei dem Anrühren ein paar Löffel voll guten Franzbranntwein mit hinein thun; man treibt ihn wie eine Federspule stark aus, schneidet ihn nach einem beliebigen Muster rund aus, bestreicht ihn vermittelst eines Pinsels mit durch Milch oder Wasser verdünntem Eigelb, und bäckt ihn bei ziemlich starker Hitze. Sobald der Kuchen gebacken und aus dem Ofen kommt, bestreut man ihn stark mit Zucker und etwas Zimmt, und schiebt ihn sogleich vom Bleche, welches alle Mal bei dem Blätterkuchen zu beobachten ist.

16) Braunschweiger Kuchen.

Ein Pfund Butter wird schaumig gerührt, dann 9 Eier, 12 Loth Zucker, 3/4 Quart warme Milch, 1/4 Quart Hefen, die abgeriebene Schale einer Citrone und 1/4 Pfd. kleine Rosinen dazu gethan, und mit Mehl zu einem Teige gemacht, welcher fingerdick ausgerollt auf ein mit Butter bestrichenes Blech gelegt wird. Ringsum auf den Rand desselben legt man 1/2 Pfund große gewaschene Rosinen, und schlägt den Teig darüber. Nun kneipt man mit den Fingern erhabene Streifen auf den Kuchen, zwischen welche man kleine Stückchen Butter legt. Den Kuchen läßt man an einem warmen Orte aufgehen und bäckt ihn bei rascher Hitze. So wie er aus dem Ofen kömmt, überstreicht man ihn vermittelst eines Pinsels mit 6 Loth in Rosenwasser aufgelöstem Zucker, und streut nochmals Zucker und Zimmt darüber.

17) Brei (Sulf) zu Kuchen.

Um von 2 Quart Milch Brei zu kochen, quirlt man Mehl in die kochende Milch, thut etwas Salz hinein, läßt die zur gewöhnlichen Breiconsistenz eingedickte Masse einige Male aufkochen, schüttet dieselbe in eine Schüssel zum Abkühlen, brockt 1/4 Pfund Butter hinein, damit sie schmelze, rührt 6 Eier darunter und versüßt den Brei nach Belieben mit Zucker. Diesen Brei wendet man zu allen Obstkuchen an. Noch besser wird er, wenn man statt des Mehls feinen Weizengries nimmt.

18) Butterkuchen, runder.

Man rührt 1/2 Pfd. Butter zu Schaum, 4 Eier und 2 Loth gestoßene bittere Mandeln darunter, ferner 2 Tassen Milch, eine Tasse Hefen, 1/4 Pfd. Zucker, etwas abgeriebene Citronenschale, desgleichen eine halbe Muskatnuß und etwas große und kleine Rosinen. Man rührt nur so viel Mehl darunter, daß sich die Masse noch bequem in eine flache mit Butter bestrichene Form streichen läßt, welche man mit gehackten Mandeln bestreut und in der Wärme aufgehen läßt; dann streut man noch etwas Zucker darüber und bäckt den Kuchen.

19) Cölnisch Brot.

Von dem nach Vorschrift von Nr. 26. angefertigten Teige nehme man 12 Pfund, bearbeite ihn auf der Breche und setze demselben 4 Pfd. gehackte Mandeln, 2 Pfd. kleingeschnittene Orangenschalen, 4 Loth Zimmt, 2 Loth Nelken, 1/4 Pfd. aufgelöste Potasche zu, und wenn Alles gut eingearbeitet ist, theile man denselben in 2 Pfund schwere Stücken, formire Rollen nach der Breite des Bleches, lege sie nebeneinander auf dasselbe, bestreiche sie, ehe sie in den Ofen kommen, mit Wasser, und nach dem Backen mit Gummiauflösung.

20) Citronatkuchen.

Man schneidet $^1/_2$ Pfd. Citronat in feine längliche Streifen, und läßt sie in Wein aufkochen. Wenn es einige Mal aufgekocht, hebt man es ab, thut etwas länglich geschnittene und geschälte Mandeln dazu, und läßt es ein Weilchen stehen und durchziehen; während dessen verfertigt man den Kuchen von Blätter- oder Butterteig, streicht den Citronat darauf, legt einen ganzen oder geflochtenen Deckel darauf, bestreicht und bäckt ihn.

21) Kuchen à la Crême von Butterteig.

Ein Eßlöffel voll Mehl wird mit dickem Rahm in einem Kasserole gerührt, die Dottern von 12 Eiern hineingeschlagen, etwas geriebene Muskatnuß, gestoßener Zimmt, Orangeblüthen, abgeriebene Citronenschale, $^1/_4$ Pfd. gestoßener Zucker und etwas mit dem Wiegemesser klar geschnittene eingemachte Nüsse dazu gethan und Alles gut unter einander gerührt. Nun gießt man noch einen Löffel Rahm dazu, und läßt es auf dem Feuer unter beständigem Rühren kochend heiß werden, doch nicht kochen. Der Kuchen wird von Blätterteig verfertigt, obige Masse hineingefüllt, und bei mäßiger Hitze gebacken.

22) Dresdner Napfkuchen.

Man rührt 1 Pfd. geschmolzene und wieder erkaltete Butter zu Schaum, schlägt nach und nach 4 Eigelb und 11 ganze Eier hinzu, rührt einen Eßlöffel voll Orangeblüthenwasser, $^1/_2$ Pfd. Zucker, die abgeriebene Schale von einer Citrone, eine Tasse Sahne, eine Tasse Hefen und 2 Pfund Mehl darunter. Nun füllt man die Masse in eine kupferne mit Butter bestrichene und mit gehackten Mandeln bestreute Aschkuchenform, und läßt sie aufgehen; dann bäckt man sie gut aus.

23) Englischer Kuchen.

Zu 3 Pfund erwärmtem Mehle gieße man 1 halbes Quart Milch, eine Tasse Hefen, etwas Salz, die abgeriebene Schale einer Citrone und 1 Quentchen gestoßenen Safran, mache davon ein Hefenstück und lasse es aufgehen. Während der Zeit rühre man 1 Pfund Butter zu Schaum, setze dazu 1 Viertelpfund Zucker, 1 Quentchen Muskatnußblüthe, zwei ganze Eier und 8 Eigelb, arbeite solches nebst 1 Viertelpfund großen Rosinen mit dem Hefenstück gut durcheinander, dann rolle man den Teig auf dem Kuchenbret rund oder viereckig 2 Finger dick aus, lege ihn auf ein mit Butter bestrichenes Blech, drehe einen Rand darum, lasse solchen aufgehen, dann backe man ihn. Während dem kocht man 1 halbes Pfd. Zucker mit einer Tasse Wasser auf, drückt den Saft von einer Citrone hinzu, setzt ferner 1 Viertelpfund kleine Rosinen, 1 Viertelpfund klein gehackte Mandeln, 1 Viertelpfund desgleichen Citronat, 1 Viertelpfund desgl. Pistazien, und 1 halbes Loth Zimmt bei, und rührt Alles wohl unter einander. Sollte die Masse zu dick sein, so daß sie sich nicht gut auf den Kuchen streichen ließe, so verdünnt man sie mit etwas Rosenwasser und bestreicht damit den ganzen Kuchen, streut zuletzt noch von einem hartgekochten Eie das feingehackte Gelbe und Weiße, Beides mit Zucker vermischt, über den Kuchen; nämlich erst das Weiße und das Gelbe, und läßt ihn nochmals trocknen.

24) Eierkuchen.

Man zerquirle 12 Eier in einer Schüssel, setze etwas Salz, 1 Loth Zimmt und 4 Loth Zucker hinzu, mache dies mit Mehl zu einem Teige, der sich gut ausrollen läßt, lege den Kuchen auf ein mit Butter bestrichenes Blech und backe ihn bei schneller Hitze. So wie er aus dem Ofen kommt, bestreiche man ihn stark mit geschmolzener Butter und bestreue ihn mit Zucker und Zimmt.

25) Französischer Kuchen.

Man nimmt 3 Viertelpfund feines Mehl und macht mit einer Tasse Wasser, einer Tasse sauern Rahm und einer Tasse Hefen einen gleichförmigen Teig, läßt ihn an einem warmen Orte aufgehen und brockt 1 Pfund Butter in Stücken darüber, damit sie geschmeidig werde. Dann setzt man 12 Loth Zucker, 8 Eier, eine zerriebene Muskatnuß hinzu, und macht Alles mit 1 und 1 halbes Pfd. Mehl zu einem festen Teige. Diesen Teig schlägt man in eine mit Mehl bestreute Serviette, und läßt ihn über Nacht in der Stube stehen. Am andern Tage nimmt man den Teig aus dem Tuche, legt ihn, so wie er ist, auf ein mit Butter bestrichenes Blech, bestreicht die Oberfläche mit Eigelb, schneidet mit einem Federmesser über den ganzen Kuchen ein Gitter und läßt ihn so schnell wie möglich ausbacken.

26) Gogelhopf.

Man rührt 1 Pfund Butter zu Schaum, schlägt nach und nach 18 Eier hinzu, und schüttet während des Rührens 2 Tassen süßen Rahm, 12 Loth Zucker, die abgeriebene Schale einer Citrone, eine Tasse Hefen und 2 Pfd. Mehl hinzu. Die gut gemischte Masse wird nun in eine mit Butter ausgestrichene Aschkuchenform gefüllt, und wenn er genug aufgegangen ist, bäckt man ihn eine Stunde lang.

27) Griesbrei zu Kuchen.

Dieser wird nach demselben Verhältniß, wie bei Nr. 17 angegeben ist, gemacht, nur mit dem Unterschiede: daß anstatt des Mehls, Weizen-Gries in Anwendung gebracht wird.

28) Hamburger Kuchen.

Man rühre 1 halbes Pfund Butter schaumig, setze dieser 1 Viertelpfund Zucker, 7 Eier, etwas gestoßene Muskatnußblüthe, die abgeriebene Schale einer Citrone, einen Tassenkopf voll Hefen, 4 Loth kleingeschnittenen Citronat und 1 Pfd. 4 Loth Mehl zu, fülle die Masse in eine flache mit Butter ausgestrichene Form, bestreue den Kuchen mit gehackten Mandeln und Zucker, und wenn er einen Zoll hoch gestiegen ist, bäckt man ihn bei schwacher Hitze.

29) Hanöverscher Kuchen.

Man rühre 1 halbes Pfd. frische Butter mit 8 Eidottern zu Schaum und rühre nach und nach 1 halbes Pfund gestoßenen Zucker und die abgeriebene Schale einer Citrone hinzu; alsdann rührt man das zu Schnee geschlagene Weiße von 8 Eiern und 12 Loth feines Mehl darunter, und füllt die Masse in Papierkapseln oder in mit Butter bestrichene blecherne Formen, welche man nur halb voll macht, weil dieses Backwerk sehr steigt, und bäckt bei gelinder Hitze.

30) Hefenkuchen, trockner.

Rühre 1 halbes Pfund Butter mit Eiern schaumig, rühre 1 Nösel lauwarme Milch, etwas Zucker und soviel Mehl als nöthig, dazu, alsdann 1 halbes Nösel Hefen; arbeite den Teig recht untereinander, treibe ihn aus, lege ihn auf das Blech; ist er aufgegangen, dann bestreue ihn mit kleingehackten Mandeln und Zucker, und backe ihn.

31) Hefenteig zu verschiedenem Backwerk.

Man thue gesiebtes feines Weizenmehl in eine Backschüssel, mache in die Mitte des Mehls eine Vertiefung, schütte in diese 1 Nösel ($^1/_3$ Quart) lauwarme Milch, und einen Tassenkopf voll frische Hefen, rühre es mit dem Mehle zu einem dicken Breie an und stelle es auf den warmen Ofen zum Aufgehen. Ist dieses geschehen, so thue man 4 Eier, 4 Loth Zucker und etwas Salz dazu, menge es gut untereinander, brocke 1 halbes Pfd. geschmei dige Butter dazu, und arbeite solche ebenfalls gut darunter. Von diesem Teige macht man die Obstkuchen, die geflochtenen Kränze und den Zwieback.

32) Heidelbeerkuchen.

Man mache nach obiger Vorschrift einen messerrückenstarken Boden, lege ihn auf ein mit Semmelkrumen bestreutes Blech, drehe einen Rand an denselben und bestreiche ihn mit nach Nr. 17. gefertigtem Breie, streue dann die von Blättern und Stielen ausgesuchten Heidelbeeren darüber, und backe den Kuchen bei starker Hitze.

33) Holländischer Kuchen.

Man lege eine flache Tortenform mit Hefenteig nach Nr. 31. aus, dann fülle man sie mit nachstehender Masse: 1 Viertelpfund Rindermark läßt man in 4 Loth in Würfel geschnittenen Speck zergehen, schmort darin 1 Pfund auf dem Reibeisen geriebenen Pumpernickel, versüßt ihn mit 1 Viertelpfund geriebenem dicken Pfefferkuchen, würzt das Ganze mit Zimmt, Nelken, Cardamomen, Citronenschale, etwas Wein und kleinen Rosinen, füllt es in die Form, legt von demselben Teige einen dünn ausgerollten Deckel darüber, und wenn der Kuchen gebacken ist, bestreut man ihn mit Zucker und Zimmt.

34) Honigkuchen.

Honig-, Leb- oder Pfefferkuchen nennt man diejenigen Kuchen, welche entweder von Haidehonig oder Syrup zubereitet werden. Man siedet nämlich den Honig oder Syrup so lange, bis ein Tropfen davon, auf einen Teller gethan, nicht mehr breit fließt. Alsdann schüttet man den Sud durch ein Sieb in eine Backmulde und nachdem er ein wenig abgekühlt ist, arbeitet man Roggen- oder schwarzes Weizenmehl (am Besten jedoch vom feinsten Roggenmehl) darunter, und hebt ihn dann in Kübeln oder Fässern zum Gebrauch auf. Je älter man den Teig werden läßt, um so lockerer werden die Kuchen, welche man davon bäckt. Bei Lebküchlern wird der Teig immer in einem Alter von 3—6 Monaten verarbeitet.

35) Johannisbeerkuchen.

Man mache nach Nr. 31. einen Hefenteig, treibe ihn nur messerrückendick aus, bringe ihn auf ein mit Butter bestrichenes und mit Semmelkrumen bestreutes Blech, drehe einen Rand darum, fülle solchen mit Griesbrei (Nr. 27.), und streue die von den Kernen befreiten Johannisbeeren darüber, welche man mit Zucker und Zimmt bestreut und dann den Kuchen bäckt.

36) Junker-Kuchen.

Von Hefenteig (nach Nr. 31.) mache man einen Boden in eine runde flache Tortenform und lasse ihn aufgehen. Während deß schneidet man 3 Aepfel in kleine Würfel, läßt sie in Butter mürbe kochen, thut das Weiße von 10 Eiern zu Schnee geschlagen dazu, rührt 1 halbes Pfd. gestoßene Mandeln, etwas Zimmt, etliche gestoßene Zwiebäcke, kleine Rosinen und 1 Viertelpfund Zucker dazu. Nun bratet man etwas Semmelkrume in Butter, bestreut damit den Boden des Kuchens, und legt das angerührte Mark darauf. Auf dieses streut man wieder von der gerösteten Semmel, und bäckt so den Kuchen. Erst wenn er erkaltet ist, nimmt man ihn aus der Form.

37) Käsekuchen.

Man macht nach Nr. 31. einen Hefenteig, formirt einen dünnen Kuchen mit Rand und läßt ihn aufgehen. Nun zerrührt man 5 Sauermilchklumpen mit 6 Eiern, einem Maß Sahne, setzt derselben 1 halbes Pfd. Zucker, 1 Viertelpfund gewaschene kleine Rosinen, abgeriebene Citronenschale und gehackte Mandeln hinzu. Dann streicht man diese Mischung auf den Kuchen, bestreicht dieselbe mit zerklopftem Ei, worunter etwas Zucker gemischt ist, und bäckt den Kuchen bei schneller Hitze.

38) Kaffeekuchen.

Man rühre 1 halbes Pfund Butter zu Schaum, setze nach und nach 8 Eigelb und 2 ganze Eier hinzu, ferner 1 Loth gestoßene bittere Mandeln, die abgeriebene Schale einer Citrone, 1 Viertelpfund Zucker, eine Tasse Milch, eine Tasse Hefen und 3 Viertelpfund Mehl. Diese Masse füllt man in eine flache mit Butter ausgestrichene Form, läßt sie aufgehen und bäckt sie bei rascher Hitze. Gebacken bestreicht man den Kuchen mit in Wasser aufgelöstem Zucker, bestreut ihn mit gehackten Mandeln, und läßt den Guß im Ofen trocknen.

39) Kartoffelkuchen.

Man macht einen gewöhnlichen Hefenteig nach Nr. 31., treibt solchen auf dem Backbrete aus, legt ihn auf ein mit Butter ausgestrichenes Blech, dreht einen Rand daran, und läßt ihn aufgehen. Wenn er aufgegangen ist, rührt man 4 Eier, etwas Butter, 1 Nösel zu Schaum geschlagenen Rahm und 1 Viertelpfund Zucker hinzu, und vermischt das Ganze mit eben soviel auf einem Reibeisen geriebenen, abgesottenen Kartoffeln, als hinlänglich ist, um einen flüssigen Brei daraus zu machen. Diesen Brei schüttet man über den Kuchen, legt hin und wieder ein Stückchen Butter darauf, und läßt ihn braungelb ausbacken. Dem Brei kann man auch geschnittene Mandeln, Rosinen, Citronat und dergleichen zusetzen.

40) Kirschkuchen.

Man macht von gewöhnlichem Hefenteig einen Kuchen mit Rand, und wenn derselbe aufgegangen ist, füllt man ihn mit Griesbrei, thut die abgestielten Kirschen darauf, bestreut ihn mit Zucker und Zimmt, und bäckt den Kuchen bei schneller Hitze.

Oder man macht einen Boden von Blätterteig, legt die ausgekernten mit Zucker und Zimmt bestreuten Kirschen auf denselben, und bäckt den Kuchen rasch. Ist er halb gahr, so macht man einen Guß von einem halben Quart sauerm Rahm, 8 Eidottern, 2 Löffeln voll Mehl, Zucker und Zimmt, gießt ihn über den Kuchen und bäckt ihn vollends gahr.

41) Kirschkuchen von Blätterteig mit Guß.

Gieße ein Nösel süßen Rahm und ein Nösel süße Milch zusammen, und setze es auf das Feuer. Rühre 1 Viertelpfund Mehl mit Milch flüssig, und sobald der Rahm kocht, rühre es dazu. Alsdann thut man noch 1 Viertelpfund gestoßene süße Mandeln, 1 Viertelpfund frische Butter, etwas Zucker und Zimmt hinein, rührt es untereinander, und läßt es kalt werden: nun rührt man noch die Eidottern von 6 Eiern dazu. Dieser Guß wird einen kleinen Finger stark auf den von Blätterteig verfertigten Kuchen gestrichen, die ausgekernten Sauerkirschen darauf gelegt, und gebacken.

42) Kniep-Kuchen.

Man mache von einem Quart Milch, worin 1 und 1 halbes Pfund Butter zerschmolzen, 6 Eiern, einem halben Nösel Hefen, einem Viertelpfund Zucker, einem Viertelpfund Citronat, einer geriebenen Muskatnuß, einem Pfd. großen, einem halben Pfd. kleinen Rosinen, einem Glas Rum, etwas Salz und trocknem Mehl einen festen Teig. Der Kuchen wird zwei Finger dick ausgerollt, auf ein Backbret gelegt und reihenweis eingekneipt. Nun brockt man 1 halbes Pfund Butter auf denselben, läßt ihn aufgehen und backen. Wenn er aus dem Ofen kommt, wird er drei Finger hoch sein. Man besprengt ihn dann mit Rosenwasser, und streut Zucker und Zimmt darauf.

43) Königs-Kuchen.

Ein Pfd. Butter wird zu Schaum gerührt und 10 Eidottern nach und nach hinzugesetzt. 1 Viertelpfund fein gestoßene Mandeln, die abgeriebene Schale von einer Citrone und eine zerriebene Muskatnuß werden damit eine Stunde lang durchgerührt. Nun wird 1 Pfd. Zucker und 1 Pfd. Kraftmehl löffelweis zugesetzt und das zu Schnee geschlagene Eiweiß damit vermischt. Diese Masse füllt man in zwei mit Butter ausgestrichene flache Formen von egaler Größe und bäckt sie langsam aus. Wenn beide Theile gebacken und abgekühlt sind, so streicht man auf den einen Boden Aprikosenmarmelade, deckt den andern darüber, gibt dem Kuchen sowohl oben, als auf der Seite ringsum, einen weißen Zuckerguß und garnirt ihn recht schön mit eingemachten Früchten.

44) Kraftkuchen.

Man nimmt Citronat, eingemachte Orangeschalen und eingemachte Nüsse, und schneidet sie mit dem Wiegemesser klar. Der Kuchen wird von Blätterteig zurecht gemacht, das Geschnittene darauf gestrichen, und ein ganzer Deckel darauf gelegt, bestrichen, und schnell gebacken.

45) Kürbis-Kuchen.

Man kocht die Kürbisse zuerst mit Wasser ab, macht daraus einen Brei und rührt diesen durch einen Durchschlag, damit er schön klar werde. Dann thut man in Milch aufgequollenes und wieder ausgedrücktes Franzbrot in einen Reibasch, gießt 1 halbes Nösel guten Rahm dazu, schlägt 10 Eier hinein, läßt 6 Loth Butter zergehen, gießt sie darunter, würzt es mit Ingber, Pfeffer und Salz, auch nach Belieben mit Zucker, und rührt Alles gut durcheinander. Dann füllt man die Masse in eine mit Butter bestrichene Form, welche mit einem Hefenteig ausgelegt ist, und bäckt den Kuchen in einem heißen Ofen.

46) Leipziger Kuchen.

Eine Metze oder 4 Mäßchen trocknes Weizenmehl wird mit einem Nösel guter dicker Hefen, 1 Maaß sauern Rahm, 4 bis 6 Eiern und so vieler Milch zusammengewirkt, daß es ein nicht zu fester Teig wird; alsdann arbeitet man 2 Pfd. frische Butter hinein, und wirkt noch 1 halbes Pfd. gestoßenen Zucker, 2 bis 3 Pfund ausgelesene große Rosinen, 1 halbes Pfd. geschnittene Mandeln, die abgeriebene Schale von einigen Citronen, etwas geriebene Muskatnuß und Muskatenblüthe darunter. Von diesem Teige wird ein Kuchen, so groß wie ein gewöhnliches rundes Backblech, ausgetrieben; man läßt ihn gut aufgehen, und bäckt bei nicht zu starker Hitze.

47) Londoner-Kuchen.

Man rührt 1 Pfd. Butter zu Schaum, schlägt nach und nach 20 Eier, 1 Viertelpfund Mehl, 1 halbes Pfund Zucker, 1 Quentchen Muskatenblüthe und 1 Viertelpfund kleine gewaschene Rosinen dazu. Wenn die Masse eine gute halbe Stunde immer nach einer Seite gerührt ist, füllt man sie in eine flache mit Butter bestrichene Blechform und bäckt den Kuchen bei rascher Hitze.

48) Louisen-Kuchen.

Ein halbes Pfd. Flößbutter wird in einem erwärmten Reibasche mit 9 Eigelben und 1 halbes Pfund Zucker schaumig gerührt; dann setzt man die von einer Citrone abgeriebene gelbe Schale und 12 Loth Mehl hinzu, und rührt den von 8 Eiweißen geschlagenen Schnee langsam darunter. Nun macht man 2 Kapseln, jede von einem Bogen Papier, mit einem halben Zoll hohem Rande, füllt die Masse hinein, bestreut solche, wenn sie egal in der Form ausgestrichen ist, mit Zucker, und bäckt die Kuchen bei mittelmäßiger Hitze.

49) Makaronen-Kuchen.

Man macht von ½ Pfd. Mehl, ½ Pfd. Zucker, ½ Pfd. Butter, 4 Eidottern und 6 Löffeln voll gutem Rahm einen Teig, welcher messerrückendick ausgetrieben auf ein mit Papier belegtes Blech gebracht wird. Nun kocht man 1 Pfd. Zucker mit einer Tasse Wasser, setzt 28 Loth süße und 4 Loth bittere, feingestoßene Mandeln dazu, und thut, wenn es abgekühlt ist, das zu Schnee geschlagene Eiweiß von 8 Eiern nebst etwas feiner Semmelkrume hinzu. Diese Masse wird auf die erste Kuchenmasse vertheilt, und mit einem Messer gleichmäßig verstrichen, dann langsam gebacken.

50) Mandel-Kuchen.

Ein Viertelpfund Butter rühre man schaumig, setze 1 Ei, 1 Loth gestoßene bittere Mandeln, eine Tasse Milch, eine Tasse Hefen, 4 Loth Zucker, etwas Rosenwasser und 4 Loth kleine Rosinen hinzu, mache es mit Mehl zu einem losen Teige, welchen man dünn austreibt, auf ein mit Butter bestrichenes Blech legt, mit Ei bestreicht und mit gehackten Mandeln und Zucker bestreut. Dann läßt man ihn aufgehen und bäckt den Kuchen.

51) Mirabellenkuchen.

Der Kuchen wird von Blätterteig fertig gemacht, die Mirabellen vom Kern gereinigt und darauf gelegt, alsdann stark mit Zucker und Zimmt bestreut, ein geflochtener Deckel darüber gelegt, dieser bestrichen, und der Kuchen gebacken. Ebenso verfertigt man die Kuchen mit Pflaumen und Reine-Claudes, doch werden diese von einander geschnitten.

52) Möhrenkuchen.

Man macht von Hefenteig einen Boden nach Nr. 31., dann reibt man schöne, rothe und süße Möhren auf einem Reibeisen fein, schlägt in eine Schüssel 4 Eier, eine Tasse voll Milch, 4 Loth Mehl, etwas Citronenschale und Zucker, vermischt es mit den geriebenen Möhren, füllt diese Masse auf den Kuchen und bäckt ihn gahr.

53) Mohnkuchen.

Man macht einen Blech großen Boden mit Rand nach Nr. 31. und läßt ihn aufgehen. Dann kocht man einen Milchbrei nach Nr. 17. und setzt außer den dort Angegebenen 1 Pfd. gestoßene Mohne, 1 Viertelpfund große und 1 Viertelpfund kleine Rosinen dazu, rührt Alles wohl untereinander, streicht den Brei auf den Kuchen, bestreicht ihn wieder mit 2 zerklopften Eiern, worunter sich etwas Zucker befindet, dann bäckt man ihn.

54) Muskuchen.

Das Pflaumenmus wird mit etwas Wein verdünnt, mit Zucker versüßt, und etwas Zimmt, Nelken, Citronenschale und gehackte Mandeln hinzugegeben. Nun treibt man von Hefenteig einen fingerdicken Kuchen aus, legt solchen auf ein Blech, streicht handbreit und fingerdick ringsum den Kuchen von dem Muse, verschließt solches mit Teig und bäckt den Kuchen gahr.

55) Napfkuchen.

Siehe die Nrn. 5—10. Aschkuchen, 22 und 26. Gogelhopf.

56) Nürnberger Leb- oder Pfefferkuchen, brauner.

10 Pfd. Haidehonig, 10 Pfd. Syrup und 10 Pfd. Farinzucker werden so lange gesotten, bis ein Tropfen auf eine Tasse getröpfelt, nicht mehr breit fließt. Dann wird der Sud in einen Backtrog geschüttet und folgende Ingredienzen hinein gethan: 6 Pfund in kleine Würfel geschnittene Mandeln, Citronat und Orangeschalen, von jedem 1 Pfd., 4 Loth Zimmt, 3 Loth Nelken, 2 Loth Sternanis, 1 Loth Cardamomen, 2 Loth Nelken-

pfeffer, 1 halbes Pfund aufgelöste Pottasche. Dieses Alles wird nun mit 20 Pfd. Mehl eingemengt und auf der Breche tüchtig durchgearbeitet. Alsdann wird der Teig nach Verhältniß der Größe zu den Tafeln abgewogen, jede einzelne geformt und auf Breter gelegt. Ist man mit dem Formen fertig, so legt man die Kuchen auf mit Mehl bestreute Bleche und bäckt sie in dem Backofen. Wenn sie gebacken sind, säubert man sie mit einer Bürste von noch anhängendem Mehle, taucht sie in kochendes Wasser, worin etwas Orleans aufgelöst ist, und legt sie wieder auf Breter zum Abtrocknen. Alsdann legt man sie abermals auf Bleche und läßt sie im Backofen nur heiß werden, worauf man sie vermittelst eines Pinsels entweder mit abgekochtem arabischen Gummi, oder mit einer Auflösung von schönem weißen Tischlerleim bestreicht, wodurch man ihnen den Glanz gibt. Nachdem werden sie in Papier eingepackt.

57) Nürnberger Gewürzkuchen, weißer.

16 Eier und 2 Pfund Zucker werden wie Biscuitmasse geschlagen, dann setzt man 1 Loth Zimmt, 1 halbes Loth Nelken, 1 Vierteltloth Cardamomen, 1 Muskatnuß, ferner die abgeriebene Schale von einer Citrone, 1 halbes Pfd. gehackte Mandeln, 1 Loth aufgelöste Pottasche, 6 Loth Citronat, 6 Loth Orangeschalen, Beides ebenfalls kleingeschnitten, und 2 und 1 Viertelpfund Mehl hinzu, rührt Alles wohl unter die Masse, streicht es mit einem Messer federspulendick auf Oblaten, schneidet sie dann nach beliebiger Größe in 2 bis 3 oder 4 Theile, belegt sie mit in dünne Scheibchen geschnittenem Citronat und bäckt sie bei nicht zu schneller Hitze. Dann werden sie in Papier eingepackt und zugebunden.

58) Nürnberger Pfefferkuchen, ordinärer.

Man nimmt ein Stück von dem nach Nr. 34 gefertigten und schon einige Monate alt gewordenen Lebkuchenteige auf die

Breche, setzt auf jedes Pfund desselben 1 halbes Loth aufgelöste Pottasche, geschnittene Mandeln und Gewürz nach Belieben hinzu, arbeitet es mit dem Brechbaum tüchtig untereinander, formirt dann Tafeln davon, und wenn sie aus dem Ofen kommen, gibt man ihnen gleich den Glanz mit aufgelöstem arabischen Gummi.

59) Pfefferkuchen, dicker, zu Saucen.

Man nimmt eine Quantität von dem Nr. 34. angegebenen Pfefferkuchenteig auf die Breche, thut zu jedem Pfunde Teig 1 halbes Loth aufgelöste Pottasche, arbeitet ihn gut durcheinander, wiegt dann lauter Stücken von einem Pfund schwer ab, rollt egal lange Streifen davon, legt sie nebeneinander auf ein Randblech, und bestreicht sie, wenn sie in den Ofen kommen, mit Wasser. Wenn sie aber gebacken sind, gibt man ihnen eine Glasur von Gummi.

60) Pfirschenkuchen.

Man rühre 1 halbes Pfd. Butter mit 4 ganzen Eiern und 8 Dottern zu Schaum, thue 2 Pfd. frisches Pfirschenmark, 1 halbes Pfund Zucker, 1 Loth Zimmt, das gelbe Abgeriebene von einer Apfelsine, 1 Viertelpfund fein gestoßene Mandeln nebst dem zu Schnee geschlagenen Eiweiß von 8 Eiern und 1 Viertelpfund gestoßene Zwiebackkrumen darunter, fülle die Masse in eine flache Tortenform und backe sie langsam gahr.

61) Pflaumenkuchen mit Brei.

Man macht nach Nr. 31. von Hefenteig einen Blech großen Kuchen mit Rand, füllt denselben mit nach Nr. 17. angefertigtem Brei, unter welchen man 1 halbes Pfund gestoßenen Mohn gemischt hat, streut die in schmale Streifen geschnittenen Pflaumen darüber und bäckt den Kuchen.

62) Pflaumen- oder Zwetschenkuchen.

Man läßt 1 halbes Pfd. Butter in 1 Viertelquart warmer Milch zergehen und mengt dieselbe mit Mehl nebst 2 Eiern, einer Tasse Hefen und 4 Loth Zucker zu einem Teige an, rollt ihn mit dem Kuchenwälger aus, legt ihn auf ein mit Butter bestrichenes Blech, dreht einen Rand darum und belegt ihn mit in Viertel zerschnittenen Pflaumen, bestreut ihn mit Zucker, Zimmt und gehackten Mandeln und läßt ihn backen.

63) Quirlkuchen.

Ein Nösel dicker Rahm, 12 Eier, 1 halbes Pfund Zucker wird in einem Topfe schaumig gequirlt, dann eine Tasse Hefen, 1 halbes Loth Zimmt und 1 Pfund Mehl zugesetzt. Die Masse wird in eine stark mit Butter bestrichene Aschkuchenform gefüllt, dann läßt man sie aufgehen und bäckt den Kuchen bei schneller Hitze.

64) Quittenkuchen.

Man kocht die geschälten Quitten mit Wein, Zucker und Zimmt, Citronenschale und etwas Nelken gahr, reibt sie durch einen Durchschlag, füllt dann diese Masse auf einen von Hefenteig aufgerollten Kuchen, bestreut ihn mit gehackten Mandeln und bäckt ihn gahr.

65) Rahm- oder Kaltkuchen.

Man quirlt das Gelbe von 6 Eiern in einem halben Quart Rahm, setzt 2 Loth Zucker und eine geriebene Muskatnuß zu, und macht die Mischung mit Mehl zu einem nicht zu festen Teige, welchen man erst eine Stunde zum Abkühlen in den Keller legt, dann ausrollt, ein Pfund ausgewaschene Butter einschlägt, und ebenso wie Blätterteig bearbeitet. Ist der Teig zum vierten Male ausgetrieben, so legt man ihn auf ein Backblech, bestreicht ihn mit Butter, und besticht ihn mit einer Gabel, damit er im Ofen keine Blasen wirft. Gebacken bestreut man ihn mit Zucker und Zimmt.

66) Reiskuchen.

Man macht einen blechgroßen Boden mit Rand von Hefenteig und läßt ihn aufgehen. Dann füllt man ihn mit wie nachstehend angefertigtem Reisbrei. Ein Pfund Reis wird erst mit Wasser aufgekocht, dann schüttet man so lange Milch nach, bis der Reis völlig weich oder ausgequollen ist. Nun thut man 1 Viertelpfund Butter dazu, damit sie darin schmelze, ferner 1 halbes Pfd. Zucker, 6 Eigelb und 2 ganze Eier, 1 halbes Pfd. große und 1 Viertelpfund kleine Rosinen, nebst 1 Loth Zimmt. Wenn Alles gut untereinander gerührt ist, füllt man ihn auf den Kuchen und bestreut ihn mit 2 zerklopften Eiern, worunter etwas Zucker ist, damit er ein braunes Ansehen bekommt.

67) Sächsischer Kuchen mit Früchten à la Crême.

Man rühre 1 halbes Pfd. Butter mit 6 Eidottern zu Schaum, thue eine Obertasse voll Rahm und eben soviel gute Hefen dazu, und rühre so viel Mehl dazu, daß es ein nicht zu starker Teig zum Austreiben wird; treibe ihn wie eine schwache Federspule stark aus, und lege ihn am Ende so um, daß ein etwas dicker Rand entsteht; alsdann läßt man ihn in gelinder Wärme aufgehen. Unter dieser Zeit rührt man 10 Loth feines Mehl mit 4 ganzen Eiern und 4 Dottern klar, gießt ein Nösel Rahm dazu, und thut 10 Loth Butter nebst etwas abgeriebener Citronenschale, gestoßenem Zimmt und Zucker hinein, rührt die Crême auf dem Feuer ab, und schlägt, wenn sie kalt ist, noch 4 Eidottern hinzu, thut Früchte, wie man sie gerade zur Jahreszeit hat, z. B. geschälte und ausgekernte Zwetschen, ausgekernte Kirschen, Johannisbeeren u. s. w. hinein, und streicht nun alles behutsam auf den Kuchen. Gebacken wird er bei gelinder Hitze, und sobald er aus dem Ofen kommt, mit gestoßenem Zucker ganz stark bestreut, und mit einer glühenden Glasirschaufel oder einem andern breiten starken Eisen, welches man darüber hält, glasirt.

68) Sandkuchen.

Man formirt von Hefenteig nach Nr. 31., worunter man etwas kleine Rosinen mischt, runde dünne Kuchen, legt sie auf ein Backblech und bestreicht sie mit nachstehendem Guß: Man lasse 1 halbes Pfd. Butter schmelzen, vermische sie mit einem halben Pfund Zucker, 2 Eiern und einem halben Pfund Mehl, besteiche die Kuchen damit, dann läßt man solche aufgehen und bäckt sie.

69) Savoyer-Kuchen.

Neun ganze Eier und die Dottern von 9 Eiern werden in einen Asch geschlagen, 1 Pfd. gestoßener Zucker dazu gethan, und dieses eine Stunde lang gerührt; alsdann thut man 1 Viertelpfund geschälte gestoßene Mandeln, 1 Viertelpfund länglich geschnittene Pistazien, einige Loth kleingeschnittenen Citronat, eingemachte Orangeschalen und 3 Viertelpfund feines durchgesiebtes Mehl dazu, rührt Alles untereinander, und füllt diese Masse in mit Butter ausgestrichene ovale oder runde Formen. Dieser Kuchen muß bei ganz gelinder Hitze gebacken werden, und beinahe 2 Stunden stehen.

70) Scheitchen oder Christstollen (Wecken).

Man nimmt 1 und 1 halbes Quart Milch, 1 und 1 halbes Pfund Butter, 1 und 1 halbes Pfd. große und 1 halbes Pfd. kleine Rosinen, 1 halbes Pfd. geschnittene Mandeln, 1 halbes Pfd. Zucker, die abgeriebene Schale von 2 Citronen und 1 halbes Nösel gute Hefen. Zuerst läßt man die Milch lauwarm werden und die Butter darin zergehen, gießt beides in das Mehl, thut den gestoßenen Zucker, etwas Salz, Rosenwasser, die Citronenschale, Mandeln, die gewaschenen Rosinen, 1 Viertelpfund geschnittenen Citronat und zuletzt die Hefen dazu, und knetet Alles zu einem festen Teige, den man eine Stunde stehen läßt, damit er aufgehe. Dann macht man von diesem Teige Stollen von beliebiger Größe, läßt sie in dem Ofen gahr backen, bestreicht sie mit Schmalzbutter und bestreut sie mit Zucker und Zimmt.

71) Schmalzkuchen.

Man rührt 1 Pfd. ausgewaschene Butter zu Schaum, schlägt nach und nach 20 Eier und 1 Pfund Mehl löffelweis darunter, setzt der Masse 1 halbes Pfd. Zucker, die abgeriebene Schale einer Citrone, eine Muskatnuß und eine Tasse Hefen zu, rührt dieselbe eine Stunde lang; dann füllt man sie in eine mit Butter ausgestrichene Form, läßt sie an einem warmen Orte aufgehen, bis sie mit der Form gleich steht, und hierauf langsam gahr backen.

72) Speckkuchen.

Man macht einen Boden mit Rand von Brot- oder Hefenteig, dann schneidet man 1 Pfd. Speck in Würfel, thut ihn mit etwas Salz in einen Schaffen und schmort ihn, dann wird er auf den Kuchen ausgebreitet, 6 zerquilte Eier darüber gegossen und gebacken.

73) Stachelbeerkuchen.

Man befreit die Stachelbeeren von den Stielen, setzt in einem Kasserole Wasser auf und läßt es kochen; nun thut man eine Partie Beeren hinein, läßt sie aber nicht länger darin, als bis sie in die Höhe steigen. Dann nimmt man sie mit dem Schaumlöffel heraus, thut sie in ein Sieb und fährt so fort, bis alle Beeren erweicht sind. Hernach läßt man Zucker mit ein wenig Wasser aufkochen, thut die Stachelbeeren hinein, und läßt sie langsam darin stoben, schwenkt sie einige Male um und schüttet sie dann in eine Schüssel. Nun macht man von Hefenteig einen Boden mit Rand auf ein Backblech, füllt ihn mit Griesbrei, streut die Stachelbeeren vermittelst des Schaumlöffels darüber und bäckt den Kuchen gahr.

74) Streißelkuchen.

Den Streißelkuchen verfertigt man, wie folgt: Man vermische 1 Viertelpfund Butter und 4 Loth Zucker mit soviel Mehl, daß sich der Teig auf dem Reibeisen reiben läßt, welches man auf einen von Hefenteig ausgetriebenen Kuchen, welcher zuvor mit Ei bestrichen wurde, etwas dick aufstreut, dann aufgehen läßt und bäckt.

75) Theekuchen.

Man macht ein Hefenstück von einem Nösel Milch, 2 Tassen Hefen und etwas Salz, und wenn es aufgegangen ist, thut man 1 und 1 halbes Pfund geschmeidige Butter, 12 Loth Zucker, die abgeriebene Schale von 2 Citronen, 1 Viertelpfund große und 1 Viertelpfund kleine Rosinen, 12 Eigelbe und 2 ganze Eier dazu, arbeitet Alles gut durcheinander und schlägt die Masse mit der Hand recht locker. Dann arbeitet man noch so viel Mehl darunter, daß es ein geschmeidiger Teig bleibe. Nün theilt man ihn in 5 bis 6 Theile, drückt jeden derselben in einer flachen mit Butter ausgestrichenen Form auseinander, läßt sie aufgehen, und wenn sie gebacken sind, bestreicht man sie mit Wasserguß, bestreut sie mit langgeschnittenen Mandeln und läßt den Guß im Ofen trocknen.

76) Thorner Lebkuchen.

Man kocht 2 Pfund Syrup nebst 2 Pfd. Farinzucker, und läßt solches abkühlen. Alsdann thut man 2 Pfund geschnittene Mandeln, 2 Loth Zimmt, 1 Loth Nelken, 1 Loth Sternanis, 1 Loth Nelkenpfeffer, 1 halbes Loth Cardamomen und 2 Loth Muskatnüsse, Alles fein gestoßen, dazu, nebst 1 Viertelpfund aufgelöster Pottasche, und macht die Masse mit Mehl zu einem festen

Teige, welcher einige Tage Ruhe haben muß, bevor er verarbeitet wird. Dann arbeitet man ihn mit der Breche durch, treibt ihn aus, drückt ihn in die Form und bäckt ihn auf Blechen. Wenn die Kuchen aus dem Ofen kommen, so bestreicht man sie mit Eiweißschnee oder geläutertem Zucker, und läßt sie trocknen.

77) Thorner Lebkuchen, gefüllter.

Von obigem Teige treibe man 3 Stück, jedes einen halben Zoll stark nach der Größe der zu nehmenden blechernen Kapsel oder Wuchtelform aus, welche mit Butter bestrichen sein muß, lege das erste Theil in dieselbe, dann eine Schicht in Scheiben geschnittenen Citronat, darauf das zweite Theil und wieder eine Schicht Citronat, zuletzt das dritte Theil als Deckel darüber. Wenn der Kuchen gebacken ist, wird er sogleich aus der Form genommen, und sowohl an den 4 Seiten als oben mit geläutertem Zucker bestrichen und wieder getrocknet.

78) Weinbeerkuchen.

Die Weinbeeren müssen ziemlich reif, doch noch hart sein; man thut sie mit klarem Zucker in ein Kasserol, setzt sie auf ein gelindes Kohlenfeuer, und läßt sie nach und nach warm werden, so daß der Saft herausdringt und der Zucker schmilzt; alsdann gießt man sie auf einen Durchschlag, welcher auf einem Tisch oder einer Schüssel steht, und läßt den Saft ablaufen, den man noch einige Zeit kocht, damit er stark wird. Die Weinbeeren werden mit gestoßenen Mandeln, gestoßenem schwarzen Brot und Zucker vermischt, und auf den von Blätterteig verfertigten Kuchen aufgestrichen. Der stark gekochte Saft wird darüber gegossen, ein Deckel darüber geflochten, mit verdünntem Eigelb bestrichen, und wie gewöhnlich gebacken.

79) Wiener Blätterkuchen.

Man wiegt 1 Pfd. feines Mehl ab, nimmt es auf die Backtafel, macht in die Mitte ein Loch, und pflückt 1 halbes Pfund frische Butter hinein; dieses wird mit den Dottern von 8 Eiern, einem halben Nösel Rheinwein und einem Viertelpfund gestoßenen Zucker zu einem Teige gearbeitet, alsdann Stücken wie ein Ei groß gemacht, diese ausgetrieben, mit zerlassener Butter bestrichen und aufeinander gelegt, dann noch etwas ausgetrieben und fest zusammengerollt. Der Teig bleibt nun die Nacht über an einem kühlen Orte stehen, und soll er gebraucht werden, so schneidet man von dem zusammengerollten Stücke mit einem scharfen Messer Scheiben, thut in die Mitte etwas von einer beliebigen Sorte Marmelade oder Eingemachtes, biegt die Scheibe wie eine Kräpfel zusammen, beschneidet sie an den Seiten herum mit dem Backrädchen, legt sie auf ein mit Papier belegtes Blech, und bäckt sie bei langsamer Hitze. Wenn sie gebacken und noch heiß sind, bestreicht man sie mit Rosenwasser und bestreut sie mit Zucker und Zimmt.

80) Zimmtkuchen.

Man bäckt von feinem Hefenteige einen ganz dünnen Kuchen, dann macht man einen Guß von einem ganzen Ei, welches man mit einem halben Loth Zimmt und klarem Zucker abrührt, den Kuchen damit bestreicht, und im Ofen antrocknen läßt.

81) Zwetschenkuchen von Blätterteig.

Die Zwetschen, welche recht reif sein müssen, schneidet man von einander, und legt sie nebeneinander auf den von Blätterteig bereiteten Kuchen; man bestreut sie stark mit Zucker und Zimmt, macht einen geflochtenen Deckel darüber, bestreicht diesen mit verdünntem Eigelb und bäckt ihn.

82) Zwiebelkuchen.

Man macht von Hefenteig einen dünnen Kuchen mit Brei, schmort kleingeschnittene junge Zwiebeln oder Porree mit einem Stück Butter und Salz, vertheilt sie auf dem Kuchen, gießt dann

6 zerquirlte Eier mit einer Tasse Rahm und Salz vermischt darüber und bäckt den Kuchen bei schneller Hitze.

83) Zwiebelplatz.

Von gewöhnlichem Brotteige rollt man einen blechgroßen Kuchen aus, dreht einen Rand darum, bestreut ihn mit kleingeschnittenen jungen Zwiebeln, gießt etliche zerklopfte Eier darüber, bestreut den Platz mit Kümmel und Salz, legt etwas Butter oder kleingeschnittenen Speck darüber und läßt ihn bei schneller Hitze backen.

Vierter Abschnitt.

Von den Aufläufen, Confecten, Marcipan, Biscuits, Chokolade-, Thee- und Kaffeekuchen.

1) Anisbrot, geröstetes.

Ein Pfd. gestoßenen Zucker, 1 Pfd. Mehl, 15 Eier, 2 Loth Anis. Die ausgeschlagenen Eier und der Zucker werden in einem messingenen oder kupfernen Kessel mit einer Drathruthe über etwas Kohlenfeuer so lange geschlagen, bis das Ganze zu einem fast stehenden Schaum geworden ist. Dann wird die Schlagruthe an dem Rande des Kessels abgeschlagen, der gereinigte Anis nebst dem feingesiebten Mehle mit dem Rührlöffel langsam untereinander gerührt und so die gut vereinigte Masse in die blechernen oder von Papier gemachten, mit geschmolzener Butter bestrichenen Formen gefüllt, und bei mäßiger Hitze gebacken. Nachdem die Masse gebacken ist, werden die Formen sogleich umgestürzt und das Backwerk abgekühlt; dann wird es mit einem scharfen Messer in federkielendicke Stücke geschnitten, auf ein Backblech dicht nebeneinander gelegt, und in dem Backofen oder der Backröhre hellgelb geröstet.

2) Anisgebackenes mit Zuckerguß.

Ein halbes Pfd. Zucker, 4 Eier, 1 Loth Anis, 3 Viertelpfund Mehl. Der Zucker, Anis und die Eier werden erst in einer Schüssel schaumig gerührt, dann wird das Mehl darunter gearbeitet und auf dem Backbrete mit dem Kuchenwälzer federposendick ausgerollt und mit einem blechernen Ausstecher oder in Ermangelung dessen, mit einem Weinglase runde Plätzchen ausgestochen, welche man auf ein mit Butter bestrichenes Backblech legt und bei mäßiger Hitze bäckt.

Wenn sie gebacken sind, werden selbige mit dem Wasserguß (Abschnitt I, §. 5.) bestrichen und wieder getrocknet.

3) Anisplätzchen.

Man thue 1 Pfund gestoßenen Zucker in eine tiefe Schüssel, schlage 4 Eier dazu und rühre mit einem Rührlöffel die Masse ganz schaumig; nun setze man 1 Loth gereinigten Anis und 1 halbes Loth gestoßenen Zimmt nebst noch einem Ei dazu und rühre es wieder eine Zeitlang, bis es von Neuem schaumig wird. Diese Behandlung setzt man so lange fort, bis alle Eier (deren man, wenn sie groß sind 7, von kleineren aber 8 Stück gebraucht) dazu geschlagen sind. Dann rühre man 1 Pfund feines Weizenmehl darunter, und setze mit einem Blechlöffel Plätzchen, in der Größe eines Thalers, auf ein mit Butter bestrichenes Backblech und lasse selbige in einer warmen Stube bis zum andern Tage abtrocknen, bevor man sie bäckt.

4) Anisschnitte oder Türkisch Brot.

Drei Viertelpfund gestoßenen Zucker, 6 ganze Eier, 6 Eigelb, 1 Loth Anis und 1 Pfd. Mehl.

Der Zucker und die Eier werden ebenfalls in einem Kessel mit der Drathruthe behandelt (wie unter 1 gesagt wurde). Dann wird der Anis und das gesiebte Mehl hinzugethan und langsam darunter gerührt. Nun wird ein reines Backblech mit Butter bestrichen, mit Mehl bestreut und die Masse mit einem Blechlöffel in drei oder vier langen Streifen aufgetragen und sogleich in den Ofen zum Backen gebracht. Wenn sie gebacken ist, wird eine Streife nach der andern vom Bleche genommen und in einem halben Zoll breite Stücke geschnitten.

5) Aufläufer.

Man rührt 12 Loth Butter zu Schaum, schlägt das Gelbe von 8 Eiern dazu, rührt so lange, bis es sich innigst mit der Butter vermischt hat, schüttet dann 8 Loth Zucker und so viel Mehl hinzu, daß sich der Teig gut ausrollen läßt. Nun formirt man, in der Größe einer Untertasse, ganz dünne Kuchen, bestreicht sie mit zerschmolzener Butter, bestreut dieselben mit Zucker und Zimmt, und bäckt sie bei rascher Hitze.

6) Auflauf von Chokolade.

Reibe Chokolade auf einem Reibeisen, rühre sie mit zu Schnee geschlagenem Eiweiß und Zucker zu einer Masse, wie Nr. 7, und backe sie auf die nämliche Art. Dann glasire die Ringelchen mit Chokoladenguß, und verziere solche mit weißem Spritzguß oder Nonpareille.

7) Auflauf von Citronen.

Schlage 4 Eiweiß zu Schnee, reibe etliche Citronen auf Zucker ab, schabe es mit einem Messer unter den Schnee, rühre soviel feingesiebten Zucker darunter, daß es eine steife Masse wird, treibe solche federspulendick aus, stich mit blechernen Ausstechern Rosetten und Ringelchen u. s. w. davon aus, lege sie auf mit Zucker bestreutes Papier und backe sie bei ganz schwacher Hitze. Nach diesem glasire selbige mit weißem Zuckerguß und lasse sie trocknen.

8) Gefüllter Auflauf.

Man rühre in einer Schüssel 2 Eiweiß mit Staubzucker an, treibe die Masse federspulendick aus, und steche mit einem blechernen Förmchen runde (in der Größe eines Viergroschenstücks), Plättchen aus. Auf eines dieser Scheibchen lege man eine eingemachte Kirsche oder Himbeere, lege ein anderes Scheibchen darüber, drücke es an dem Rande fest, und backe den Auflauf auf mit Zucker bestreuten Blechen bei schwacher Hitze.

9) Auflauf von Lambertsnüssen.

Stoße 1 halbes Pfd. geschälte Lambertsnüsse mit 2 Eiweiß recht fein, schlage das Weiße von 3 Eiern zu Schnee, rühre es unter die gestoßenen Nüsse und wirke so viel gestoßenen Zucker hinein, daß es eine Masse wird, welche sich austreiben läßt, wälgere sie federspulendick aus und verfahre wie mit Nr. 10.

Auflauf von Pistazien wird eben so gemacht.

10) Auflauf von Mandeln.

Man stoße 1 halbes Pfd. geschälte Mandeln mit 4 Eiweißen recht zart, schlage noch 4 Eiweiße zu Schnee, thue diesen unter die Mandeln nebst etwas Citronenöl und gestoßenem Zucker, stoße es so lange, bis es ein zarter Teig wird, wirke ihn mit feingesiebtem Zucker fest, treibe ihn federspulendick aus, und stich mit blechernen Förmchen verschiedene Figuren davon ab, lege solche auf ein mit Butter bestrichenes und mit Zucker bestreutes Blech, und backe sie bei ganz schwacher Hitze. Wenn sie gebacken sind, so verziert man die Figuren mit roth- und weißem Spritzguß.

11) Rother Auflauf.

Schlage von etlichen Eiweißen Schnee, rühre ihn mit feingesiebtem Zucker schaumig, thue etliche Tropfen Rosenöl und so viel aufgelöste Cochenille dazu, daß die Masse eine schöne rothe Farbe bekommt, mache sie mit Zucker vollends so fest, daß man sie federspulendick austreiben kann; dann stich mit blechernen Förmchen allerlei Figuren aus, backe sie bei ganz schwacher Hitze und verziere sie mit weißem Spritzguß.

12) Schneeweißer Auflauf.

Zwei Loth schönen weißen Gummi-Traganth weiche 24 Stunden mit einem halben Nösel Wasser ein, dann drücke solchen durch ein leinen Tuch in eine tiefe Schüssel, thue etliche Tropfen Citronen- oder Orangeblüthenöl daran, rühre es mit einer Rührkeule und feingesiebtem Raffinatzucker schön weiß und so stark, daß es sich federspulendick ausrollen läßt, stich mit blechernen Ausstechformen verschiedene Figuren davon, lege solche auf mit Zucker bestreutes Papier und backe sie bei mittelmäßiger Hitze. Wenn sie gebacken sind, garnirt man sie mit rothem Spritzguß, oder glasirt sie ganz roth und taucht die Ränder in gefärbte Nonpareille, oder man bespritzt sie mit weißem Guß, taucht solchen in gefärbten klaren Zucker und läßt sie trocknen.

13) Baisées mit Chokolade.

Von 9 Eiweißen wird Schnee geschlagen, 1 Viertelpfund auf dem Reibeisen geriebene Chokolade und 1 Pfd. feingesiebten Zucker langsam darunter gerührt, dann setzt man mit einem Theelöffel Plätzchen auf ein mit Butter und Zucker bestreutes Blech, und bäckt sie bei schwacher Hitze.

14) Doublirte Baisées.

Man schlage von 10 Eiweißen einen guten Schnee, unter welchen man einen Eßlöffel voll Orangeblüthwasser mit schlägt, rühre ein Pfund feingesiebten Zucker darunter, fülle die Masse in die Spritze, in deren Kapsel man eine Dölle von der Weite eines Groschens gelegt hat, setze vermittelst derselben runde Baisées auf Papierbogen, besiebe sie dann mit Staubzucker, lege die Bogen auf das angefeuchtete Baisée-Bret und backe sie bei mittler Temperatur. So wie sie aus dem Ofen kommen, hebt man sie mit einem Messer von den Papieren, setzt zwei und zwei zusammen und läßt solches in der Wärme vollends trocknen.

Man kann die Baisées-Massen auch farbig machen, und die Doubletten von zweierlei Farben zusammensetzen.

15) Gefüllte Baisées.

Schlage von 7 Eiweißen Schnee, rühre ein Pfd. gesiebten Zucker darunter, und setze mit der Spritze von egaler Größe Baisées auf Papier-Bogen, lege solche auf Bleche und backe sie bei schwacher Hitze. Schneide sie dann mit dem Messer ab, streiche an den innern Boden derselben etwas Aprikosen-Marmelade und bedecke sie mit einem zweiten Baisée, ziehe dann von rothem Zuckerguß einen einen Viertelzoll breiten Streifen darum, lasse es trocknen und verziere es wieder mit weißem Spritzguß.

16) Baisées mit Vanille.

Schlage von 6 Eiweißen einen steifen Schnee, rühre 1 Pfd. feingesiebten Zucker und eine Schote Vanille, welche vorher kleingeschnitten, mit Zucker gestoßen und durch ein Sieb gesiebt wurde, langsam darunter, setze mit einem Theelöffel von der Größe einer Herzkirsche Plätzchen auf ein mit Butter bestrichenes und mit Zucker bestreutes Blech, und backe sie bei schwacher Hitze.

17) Gelbe Bandrollen.

Die gelbe Schale von etlichen Citronen wird auf Zucker gerieben, dann abgeschabt und klargedrückt, unter Zuckerguß gerührt, wie bei Nr. 19. verfahren, und die Rollen in blaue Nonpareille gedrückt.

18) Rothe Bandrollen.

Es wird ein gewöhnlicher Zuckerguß angerührt, welchen man mit Cochenille färbt und ihm einen Tropfen Rosenöl beigibt; diese Rollen werden in weiße Nonpareille getaucht.

19) Weiße Bandrollen.

Man rührt einen schaumigen weißen Zuckerguß an, und setzt solchem etwas Citronensaft zu. Nun schneidet man Oblaten in Streifen (aus einer 8 — 9 Stücke), und bestreicht jede Streife einzeln vermittelst eines Messers mit dem Guß. Eine zweite Person nimmt dieselbe mit 2 Fingern in der Mitte, hält sie einen Augenblick über Kohlenfeuer, wodurch sie gleich eine Rolle bildet; dann wird das eine Ende über das andere gedrückt und so geschlossen. Hierauf taucht man die Rolle auf beiden Seiten in rothe Nonpareille, stellt sie auf Bleche und läßt sie in der Wärme vollends trocknen. Zu dieser Arbeit sind 3 Personen erforderlich.

20) Bergamis.

18 Loth Butter und 18 Loth Zucker werden in einer erwärmten Schüssel mit 6 Eigelben recht schaumig gerührt, etwas feingehackter Citronat und Pommeranzenschale, so wie das Abgeriebene einer Citronenschale darunter gethan, alsdann das Weiße von 6 Eiern zu Schnee geschlagen und zugesetzt, zuletzt 1 und 1 Viertelpfund Mehl darunter gerührt. Diese Masse wird mit einem Löffel aus dem Gefäße, worin sie zusammengesetzt ist, theilweis herausgestochen, und auf einem mit Mehl bestreuten Backbrete zu fingerdicken Walzen gerollt, in ungefähr 4 Zoll lange Stückchen geschnitten, welche man mit einem gefurchten Holze der Länge nach modellirt, runde Ringel davon auf ein mit Papier bedecktes Blech setzt und langsam bäckt.

21) Berliner Küchelchen.

1 halbes Pfd. Butter, 1 und 1 halbes Pfd. Mehl, 1 Pfd. Zucker, 1 Viertelpfund gestoßene bittere Mandeln, 8 ganze Eier, 12 Eigelbe und die abgeriebene Schale von 2 Citronen.

Die Butter wird zu Schaum gerührt und nach und nach

abwechselnd Zucker und Eier zugegeben, und zuletzt rührt man das gesiebte Mehl auch dazu. Nun setzt man mit einem Blechlöffel Häufchen nach beliebiger Größe auf ein mit Papier belegtes Blech, bestreut dieselben mit gehackten Mandeln und bäckt sie bei schwacher Hitze.

22) Berliner Pfannkuchen.

Auf reichliche 2 Pfd. gutes trockenes Mehl nimmt man 1 halbes Pfund Butter, 5 ganze Eier und ebenso viel Dottern, eine Obertasse voll gute Hefen und 3 Tassen voll warme Milch.

Die Butter wird in einem Reibasch zu Schaum gerührt, die Eier dazu geschlagen, dann die Milch mit etwas Mehl, zuletzt 6 Loth Zucker, 1 Viertelloth Muskatblüthe und die Hefen zugesetzt. Der Teig wird mit einem Rührlöffel so lange geschlagen, bis er sich ablöst; alsdann nimmt man ihn auf das Backbret, arbeitet noch etwas Mehl darunter, damit er sich leicht mit dem Rollholze (Kuchenwälzer) austreiben läßt, und rollt ihn strohhalmdick aus. Man setzt, von eingemachten Johannis- oder Himbeeren, Kirschen- oder Apfelmarmelade mit Mandeln und kleinen Rosinen, auch Pflaumenmus mit Zucker und Zimmt vermischt, eine Reihe kleine Häufchen darauf, jedoch nicht zu nahe aneinander, durch die Breite des aufgerollten Teiges, schlägt die äußern Seiten darüber, sticht mit einem runden Ausstecher die Kuchen los, legt sie auf ein mit Mehl bestreutes Bret und läßt sie in der Wärme aufgehen. Alsdann bäckt man sie in heißem Schmalz oder Schmalzöl (s. Anhang) schön hellgelb und bestreut sie mit Zucker und Zimmt.

23) Berliner Zuckerspäne.

1 Pfund Zucker, 1 Pfund Mehl, 6 Eier, die Schale einer Citrone.

Diese Masse wird behandelt wie die der Anisplätzchen (Nr 3) Sodann gut messerrückendick auf ein mit Butter bestrichenes Papier gebracht und etwas rasch gebacken. Nachher in 4 Zoll lange und 1 Zoll breite Streifen geschnitten und noch warm über ein rundes Holz, von der Dicke eines starken Wachslichtes, gebogen.

24) Biscuit-Törtchen.

10 Eier werden in einen Kessel ausgeschlagen, 1 halbes Pfd. Zucker dazugethan und mit einer Drathruhe über Kohlenfeuer so lange geschlagen, bis es ganz dick geworden ist (jedoch darf die Masse nicht heiß werden). Dann rührt man 1 halbes Pfd. gesiebtes Mehl darunter und füllt die Masse in kleine mit Butter bestrichene blecherne Förmchen.

25) Brester Kuchen.

18 Eier, 12 Loth Zucker, 1 Viertelpfund Butter, 1 halbes Quentchen Muskatblüthe und 2 Eßlöffel voll Rum oder Sprit.

Die Butter wird zu Schaum gerührt, dann der Zucker und die Eier, sowie das Uebrige, nach und nach hinzugethan. Nun mache man es mit Mehl zu einem festen Teige, formire Kuchen von der Größe einer Untertasse und backe sie auf einem mit Butter bestrichenen Bleche. Wenn dieselben aus dem Ofen kommen, so müssen sie recht stark mit zerschmolzener Butter bestrichen und mit Zucker und Zimmt bestreut werden.

26) Citronen-Brezeln.

Wiege 1 halbes Pfd. gestoßenen Zucker und 1 Pfd. Mehl, schütte beides auf den Backtisch, mache eine Vertiefung und schlage 8 Eigelbe in selbige, thue die abgeriebene Schale einer Citrone und 1 Viertelpfund ausgewaschene Butter dazu, und arbeite Alles zu einem Teige. Formire nun kleine Brezeln, die auf ein bestrichenes Blech gelegt, mit Eigelb bestrichen und bei schwacher Hitze gebacken werden.

27) Grüne Brezeln.

Ein halbes Pfd. geschälte Mandeln oder Pistazien, werden mit 3 Eigelben recht zart gestoßen, 4 Loth Butter, 20 Loth Zucker und 1 halbes Pfd. Mehl darunter gewirkt, kleine Brezeln davon geformt, solche auf ein mit Butter bestrichenes Blech gelegt, und bei schwacher Hitze gebacken. Wenn sie gebacken sind, so bestreiche man sie mit einer Glasur von gestoßenem Zucker und Orange-Wasser, bestreue solche mit kleingehackten Pistazien, und lasse sie bei gelinder Wärme trocknen.

28) Mandel-Brezeln.

Man stoße 1 Pfd. geschälte Mandeln mit 6 Eigelben recht fein, reibe die Schale einer Citrone dazu, und wirke sie mit einem Pfund gestoßenen Zucker zu einer Masse, woraus man kleine Brezeln formirt, welche man in Hagelzucker drückt, damit sich welcher auf der Oberfläche anhängt, dann auf mit Butter bestrichene Bleche legt und bei schwachem Feuer schön hellgelb bäckt.

29) Champignons.

Schlage von 8 Eiweißen einen steifen Schnee, thue etwas gestoßene Vanille und 1 Pfd. feingesiebten Zucker langsam darunter, fülle die Masse in die Spritze, in welche man eine weite Dölle eingesetzt hat, formire auf Papier Baisées von der Größe eines Thalers, bestreue sie mit auf dem Reibeisen geriebener Chokolade, oder gefärbtem Zucker, besiebe sie nochmals mit Staubzucker, lege die Papiere auf das angefeuchtete Baiséebret und backe sie bei mittelmäßiger Hitze. Wenn sie gebacken sind, hebt man die Baisées behutsam von dem Papiere, steckt in deren Mitte den schon vorher auf ähnliche Weise gebackenen 2 Zoll langen und einen halben Finger starken doublirten Stiel von derselben Masse, und läßt sie auf dem Ofen vollends trocknen.

30) Butterringel.

3 Viertelpfund Butter, 3 Viertelpfund Zucker, 1 Pfd. Mehl, 6 Eier und die abgeriebene Schale einer Citrone.

Die Butter wird zu Schaum gerührt, dann die 6 Eigelbe nebst dem Zucker nach und nach dazu gethan, sowie auch die abgeriebene Schale der Citrone. Dann wird das Weiße der Eier zu Schnee geschlagen, die Hälfte davon unter unter die Masse gezogen und das gesiebte Mehl, löffelweis, ebenfalls. Nun formire man von dem Teige Ringel in beliebiger Größe, bestreiche sie mit dem übrigen Eiweißschaum, worunter man 6 Loth feingesiebten Zucker gerührt hat, und backe sie auf mit Butter bestrichenem Papier.

31) Chokolade-Confect mit Nonpareille.

Zu 2 Pfd. ausgeläutertem Cacao feingeriebener Masse, setzt man nebst etwas Gewürz, nur 1 und 1 halbes Pfd. feingesiebten Zucker, und wenn Alles wohl vermischt ist, so modellirt man die unten angegebenen Figuren, legt solche auf in Achtel-Bogen geschnittene Papiere, und, sowie man ein Blatt voll hat, erwärmt man es in dem Ofen; dann kloft man es ein wenig und streut weiße Nonpareille darüber. Wenn alle Chokolade aufgearbeitet ist, so malt man die Figuren mit rother, gelber, grüner und blauer Farbe aus.

Man macht auch Figuren ohne Nonpareille; dann müssen sie aber, anstatt auf Papier, auf weiße Blech-Tafeln gelegt, glänzend geklopft und erkaltet mit farbigem Spritzguß ausgeziert werden.

Man modellirt nachstehende Gegenstände als: Blumen, Buchstaben, Blumenkörbchen, Brezeln, Berloques, Bouquets, Eicheln, Fische, Füllhörner, Herzen, Kreuze, Handkörbchen, Lorgnetten, Lyras, Monde, Guitarren, Ringel, Rettige, Schlangen, Schellenbäume, Schinken, Tabakspfeifen, Tempel, Trompeten, Uhrgehänge, Vögel, Waldhörner, Zittern u. a. m.

32) Chokolade-Figuren und Früchte.

Spaßhafte Karrikaturen, Krebse, Maikäfer und andere Insekten, Würste, Früchte, Pistolen ꝛc., in natürlicher Größe, liefert besonders schön die Dresdner Dampf-Chokoladen-Fabrik. Diese Gegenstände werden von weicher Chokoladen-Masse in zinnernen Formen, welche zum Theil aus 2, 3 auch 4 verschiedenen Theilen bestehen, zusammengepreßt, und wenn die Masse erkaltet ist, aus den Formen genommen, die Gegenstände nach Bedarf mit Zuckerguß garnirt und zuletzt mit einem Lack überstrichen und getrocknet.

33) Chokolade-Perlen.

Man mache von feiner Chokolade mit Vanille kleine Kügelchen von der Größe der Perlen und lasse solche hart werden. Nun lege man ein Blättchen ächtes Schaumsilber in eine von weißem Blech verfertigte hohle Kugel von der Größe eines Borsdorfer Apfels, welche aus zwei Theilen bestehet, thue ungefähr 50 Stück dieser Perlen dazu, setze die andere Hälfte der Kugel darüber und rolle die Perlen so lange in der Kugel herum, bis sie überall versilbert sind, fülle sie dann in Bonbonièren und verwahre sie. Aus Unkunde der Bereitung wird dieses schöne Product von deutschen Conditoreien immer noch sehr theuer von Paris bezogen.

34) Chokolade-Plätzchen.

Von frisch angefertigter oder im Ofen wieder erweichter Gewürz-Chokolade formire man runde Plätzchen von der Größe eines Groschens, setze solche auf weiße Blechtafeln und klopfe sie ein wenig, damit sie Glanz bekommen. Wenn solche kalt geworden sind, schneidet man sie ab und verwahrt sie in Gläsern.

35) Chokolade-Plätzchen mit Nonpareille.

Man setzt von weicher Chokolade in egaler Größe geschnittene Stückchen auf einen Viertel-Papierbogen, klopft dieselben, bis sie die Größe von einem Groschen bekommen, und streut Nonpareille darüber. Wenn sie erkaltet sind, schneidet man sie mit einem Messer von den Papieren. Man macht deren von jeder Sorte gefärbter Nonpareille.

36) Commißbrot mit Chokoladenguß.

Ein halbes Pfd. rohe Mandeln werden gestoßen und durch ein Drathsieb oder einen Durchschlag gesiebt, dann in einem Reibasche mit 1 und 1 Viertelpfund Farinzucker, 16 Eigelben und 3 ganzen Eiern eine halbe Stunde lang gerührt; ferner thue man 1 Loth Zimmt, 1 Loth Zimmtblüthe, 1 halbes Loth Nelken, 1 halbes Loth Cardamomen und 3 Viertelpfund Mehl dazu, schlage das Weiße von 8 Eiern zu Schnee, rühre selbigen langsam darunter, fülle die Masse in mit Butter bestrichene Kapselformen und backe sie bei mittelmäßiger Hitze. Wenn sie gebacken sind, werden dieselben mit nachstehender Chokoladenglasur vermittelst eines Pinsels auf allen Seiten bestrichen und dick mit Zucker und Zimmt bestreut.

37) Chokoladenguß.

Ein Viertelpfund auf dem Reibeisen geriebene Chokolade und 1 halbes Pfd. Zucker werden mit einem Achtel-Quart Wasser gekocht, und je nachdem man den Guß dunkler oder heller braucht, mit mehr oder weniger feingesiebtem Zucker und warmem Wasser versetzt.

38) Citronenbrezeln.

Ein und 1 Viertelpfund Butter, 1 und 1 halbes Pfd. Zucker, 7 Eier, 1 Viertelquart Sahne, die abgeriebene Schale von 2 Citronen und 1 Loth aufgelöste Pottasche wird mit Mehl zu einem festen Teige gemacht, kleine 1 halbes Loth schwere Brezeln daraus formirt, welche man mit Eigelb bestreicht und auf einem mit Butter bestrichenen Bleche bäckt.

39) Citronenküchelchen.

1 Pfd. Mehl, 1 halbes Pfd. Butter, 1 halbes Pfd. Zucker, die abgeriebene Schale von 2 Citronen, wird mit 2 ganzen Eiern und 2 Eigelben zu einem Teige gemacht, und auf dem Backbrete federposendick ausgetrieben, mit einem Ausstecher Plätzchen ausgestochen, welche man mit Ei bestreicht, mit Hagelzucker bestreut und auf einem mit Butter bestrichenen Bleche bäckt.

40) Dotterbrot.

Ein halbes Pfd. Zucker, 1 Pfd. Mehl, 12 Eidottern, 1 halbes Loth Anis, 1 halbes Loth Fenchel, beides gestoßen.

Der Zucker und das Gewürz wird mit dem Eigelb in einer Schüssel schaumig gerührt, dann das Mehl darunter gearbeitet; man formirt nun kleine Schnittchen daraus und bäckt selbige ganz blaßgelb, alsdann kann man sie mit Zuckerguß glasiren und trocknen.

41) Eisenbrot-Röllchen.

Man nehme 10 Eier, 1 Bierglas voll Sahne oder Milch, 3 Viertelpfund geschmolzene Butter, 1 halbes Pfd. Zucker, 1 halbes Loth Zimmt, die abgeriebene Schale von einer Citrone, 1 Pfd. Mehl, und quirle Alles in einem Topfe gut untereinander. Wenn dies geschehen, erwärmt man das Eisenbrot-Eisen und bestreicht es mit einer Speckschwarte. Dann thut man einen Löffel voll Teig hinein, drückt das Eisen behutsam zu, damit nicht zu viel Teig heraus läuft, und wenn dies dennoch geschieht, macht man denselben mit einem Messer geschwind ab, kehrt das Eisen um und gibt Acht, daß die Kuchen nicht verbrennen. Wenn sie gut sind, wickelt man sie gleich aus dem Eisen auf ein rundes Holz, welches man, wenn der Kuchen kalt ist, wieder herauszieht und den folgenden darauf wickelt. Hierbei ist zu beobachten: 1) daß man die Kuchen nicht auf Zinnteller lege, weil sie sonst weich werden; 2) daß das Eisen nicht wieder bestrichen werde, wenn es noch hinreichend fettig ist; 3) daß nur soviel Teig in das Eisen gegossen werde, daß derselbe, wenn es zugedrückt worden, bedeckt ist.

42) Eisenkuchen.

Um diesen Kuchen zu backen, bedient man sich eines eigens dazu gemachten Eisens, ähnlich dem Waffeleisen, jedoch flacher und mit geringerer Vertiefung.

Man rührt 3 Viertelpfund saure Sahne, 3 Eßlöffel voll geschmolzener Butter, 1 Viertelpfund Zucker und 14 Loth Mehl gut durcheinander, streicht die Form mit Butter oder Speck aus, gießt einen Löffel voll von der Masse hinein, drückt sie zu und bäckt jene über Flammenfeuer auf beiden Seiten gelbbraun.

43) Eierbackwerk.

Ein Viertelpfund Zucker, 1 halbes Pfd. Butter, 3 Viertelpfund Mehl, 3 Eier, 1 halbes Loth Zimmt.

Die Eier werden gesotten, und wenn sie geschält sind, nur das Gelbe davon genommen, welches man mit dem Zucker zerkleinert und sammt der Butter und dem Mehle zu einem Teige verarbeitet, woraus man Ringel und S formirt. Diese werden nun mit zerschlagenem Ei bestrichen und mit Hagelzucker bestreut, alsdann auf ein mit Papier belegtes Blech gebracht und gebacken.

44) Ausgeschlagene Eier.

Man glasire runde Makaronen mit Citronen-Glasur, lege sie auf mit Wachs bestrichene Bleche, dann drücke man durch die Spritze einen kleinen fingerstarken Brei einer von 6 zu Schaum geschlagenen Eiweißen mit 3 Viertelpfund Zucker eingerührten Masse, und lasse sie im Ofen trocknen.

45) Eiergelb-Backwerk.

Stoße 3 Viertelpfund geschälte Mandeln mit Eigelb recht fein, rühre ein ganzes Ei und von 2—3 Eiern das Gelbe, nebst der abgeriebenen Schale einer Citrone und 18 Loth gestoßenem Zucker mit den Mandeln durcheinander, setze die Masse wie runde Makaronen auf Oblaten, bestreue sie mit Hagelzucker, und backe sie bei mittelmäßigem Feuer.

46) Falken-Eier.

Siede 12 Eier hart, lege sie in kaltes Wasser, brühe sie auf und zerreibe das Gelbe in einer Schüssel mit 12 Loth gestoßenem Zucker, ein wenig Orangewasser und einer auf Zucker abgeriebenen Citrone auf gelindem Feuer recht zart. Wenn es trocken ist, so mache man runde Kugeln davon, stecke sie an hölzerne Spießchen, koche Zucker zu Caramel, tauche sie hinein, lasse sie abtropfen, drehe sie langsam herum, bis sie ein wenig abgekühlt sind, ziehe sie dann von den Spießchen und lege sie auf Teller.

47) Eierkringel.

Man macht einen Teig von 2 Pfd. Mehl, 7 Eiern, einem halben Pfd. Butter, 4 Loth Zucker, etwas Safran und Salz, bildet kleine Kringel daraus und bäckt sie auf einem mit Butter bestrichenen Bleche.

48) Fleischpastetchen.

Farce zur Füllung derselben. Für 2 Gr. Bratwurstfleisch, welches recht fein gehackt sein muß, wird nebst einer kleingehackten Zwiebel mit etwas Butter gahr gedämpft, alsdann für 6 Pf. von der Rinde befreite, in Milch aufgequellte Semmel dazu gerührt und ebenfalls einmal mit aufgekocht. Alsdann läßt man es erkalten. Während deß hackt man 3 Sardellen klein, reibt die Schale von einer halben Citrone ab und würzt das Fleisch mit etwas Salz, Nelkenpfeffer und einer halben Muskatnuß, vereinigt Alles und hackt es nochmals durch.

Nun macht man einen Blätterteig, sticht mit einem blechernen Ausstecher die Böden, bestreicht sie mit Ei und legt, einer Nuß groß, Farce darauf, und auf dieselbe die Deckel, welche man gut aufdrückt, damit die Farce nicht heraustrete; dann werden sämmtliche Pasteten mit Ei bestrichen und bei rascher Hitze gebacken.

49) Flottküchelchen.

Man nimmt 1 Pfd. Mehl, 1 Viertelpfund Zucker, 1 halbes Pfd. Butter, 2 Eigelb, 1 Nösel (1 Pfd.) Sahne, nebst der abgeriebenen Schale einer Citrone und etwas Muskatnuß, macht davon einen Teig, treibt ihn messerückendick auseinander, sticht mit einem Ausstecher runde Küchelchen davon, bestreicht sie mit zerschmolzener Butter, bestreut sie stark mit Zucker und Zimmt, und bäckt sie auf einem mit Papier belegten Bleche.

50) Galanterie-Küchelchen.

3 Viertelpfund Butter, 3 Viertelpfund Zucker, 3 Viertelpfund Mehl, etwas Muskatblüthe, 4 Eigelbe.

Die Butter läßt man schmelzen, gießt alsdann das Helle in eine Schüssel und rührt es schaumig, dann setzt man das Eigelb und den Zucker hinzu, so wie auch das Gewürz, arbeitet das Mehl hinein, treibt den Teig auf dem Backbret federkieldick aus und formirt mit einem Ausstecher oder Weinglase Plätzchen, welche man, wenn sie gebacken sind, mit rothem, weißem oder schwarzem Zuckerguß glasirt.

51) Galanterie-Plätzchen.

Ein Pfd. Mehl, 1 halbes Pfd. Zucker, 1 halbes Pfd. Butter, 3 Eier, die abgeriebene Schale einer Citrone und für 6 Pfennige Hirschhornsalz. Alles dies wird zu einem Teige gemacht, auf dem Backbrete ausgerollt und mit einem Ausstecher oder Weinglase Plätzchen ausgestochen, welche man auf ein mit Butter bestrichenes Blech setzt, dann mit zerschlagenem Ei bestreicht, etwas Hagelzucker darauf streut und bei mäßiger Hitze bäckt.

52) Geduldchen.

Es wird von 9 Eiweißen steifer Schnee geschlagen, eine Schote gestoßene Vanille, nebst einem Pfunde fein gesiebten Zukker darunter gerührt und die Masse in die Spritze (in welche man eine enge Dölle eingesetzt hat) gefüllt, und Plätzchen von der Größe einer Erbse auf ein mit Butter bestrichenes und mit Zucker bestreutes Blech gesetzt, und bei schwacher Hitze gebacken.

53) Gewürzkuchen.

Ein halbes Pfd. süße und 2 Loth bittere Mandeln, 1 Pfd. Zucker, 1 Loth Zimmt, ein halbes Loth Zimmtblüthe, ein halbes Loth Nelken, ein halbes Loth Cardamomen, die abgeriebene Schale von einer Citrone, 2 Loth Citronat klein geschnitten und 2 Loth Orangeschale desgl.

Die Mandeln werden mit 4 Eiweißen ganz fein gestoßen, dann in einer Schüssel nebst dem Zucker und Gewürz mit noch 6 bis 8 Eiweißen vermittelst eines Rührlöffels wohl verarbeitet, daß es wie eine Makaronenmasse wird.

Nun streicht man dieselbe auf Oblaten, schneidet sie in beliebige Größe, und bäckt sie auf einem mit Papier belegten Bleche hellbraun. Wenn sie aus dem Ofen kommen, bestreicht man sie mit einem Viertelpfunde mit etwas Orangewasser gekochtem Zukker und setzt sie nochmals so lange in den Ofen, bis sie Blasen bekommen.

54) Gewürzoblaten.

Ein halbes Pfund Mehl, ein halbes Pfund Zucker, 14 Loth süße, 2 Loth bittere Mandeln, die Schale einer Citrone, ein halbes Loth Zimmt, ein halbes Loth Nelken, ein Viertelloth Cardamomen. — Die Mandeln werden mit 4 Eiweißen fein gestoßen, alsdann sämmtliche Ingredienzen mit noch 3 bis 4 Eigelben in einer Schüssel angemacht, auf Oblaten gestrichen, in beliebige Größen zerschnitten, mit länglich geschnittenen Mandeln belegt und bei schwacher Hitze gebacken.

55) Glaß von Citronen.

Schlage Eiweiß zum starken Schnee, reibe etliche Citronen auf Zucker ab, rühre das Abgeschabte mit fein gesiebtem Zucker nach und nach darunter, setze so viel Zucker dazu, daß es ganz zart und so dick wie eine Biscuitmasse wird, fülle es in einen Biscuittrichter, setze Plätzchen in der Größe eines Groschens auf Papier, und backe sie bei gelindem Feuer.

56) Glaß von Rosen.

Schlage Eiweiß zu Schnee, rühre so viel feingesiebten Zukker darunter, bis es ein dicker Glaß wird, welchem man so viel Cochenille-Farbe zusetzt, daß er schön roth wird und nicht mehr fließt, thue etliche Tropfen Rosenöl darunter, und setze auf ein mit Butter bestrichenes und mit Zucker bestreutes Blech ovalrunde Plätzchen, lasse solche in der Wärme eine Stunde abtrocknen, dann backe sie bei ganz schwachem Feuer.

57) Glasirte Mandelbäckerei.

Stoße 1 Pfd. rohe Mandeln, siebe solche durch einen Durchschlag auf das Backbret, thue die abgeriebene Schale von einer Citrone und 1 Pfund gestoßenen Zucker dazu, rühre Alles mit 2 Eiern und einem Eßlöffel voll Rosenwasser in einem Teige, treibe ihn auf untergestreutem Zucker gut messerrückendick aus, mache eine Glasur von 2 Eiweißen mit fein gesiebtem Zucker, streiche den Guß darüber, schneide zwei gliedlange und fingerbreite Stückchen davon, lege sie auf ein mit Butter bestrichenes Blech, und backe sie bei schwachem Feuer.

58) Hanoveraner Gebäck.

1 Pfd. Butter, 1 Pfd. Zucker, 3 Viertelpfund Mehl, 16 Eier, die abgeriebene Schale von 2 Citronen.

Die Butter läßt man schmelzen, gießt das Helle in eine Schüssel und rührt sie nebst dem Zucker und dem Eigelb zu Schaum. Alsdann thue man die Citronenschale, 12 Loth Mehl, nebst der Hälfte des von dem Eiweiß geschlagenen Schnee's behutsam darunter, rühre die übrigen 12 Loth Mehl dazu und zuletzt die andere Hälfte des Eierschnee's. Dies Verfahren ist unumgänglich nöthig.

Die Masse füllt man in papierne Kapseln oder auch in blecherne Kapselformen, welche mit Butter ausgestrichen sein müssen; doch dürfen sie nur halb voll gefüllt werden, weil die Masse sehr steigt.

59) Hirschzungen.

1 Viertelpfund süße Mandeln, 20 Loth Zucker, 7 Eiweiße, die abgeriebene Schale einer Citrone.

Die Mandeln werden mit 2 Eiweißen ganz fein gestoßen, das übrige Eiweiß zu Schnee geschlagen und mit dem Angeführten wohl verrührt. Nun streiche man auf ein mit Wachs bestrichnes kupfernes Blech 4 bis 5 Zoll lange und 2 Zoll breite Streifen und backe sie bei mittelmäßiger Hitze nur hellgelb. Wenn man sie aus dem Ofen nimmt, so müssen sie sogleich über ein 2 Zoll starkes rundes Holz gebogen werden.

60) Hobelspäne.

3 Viertelpfund süße, 1 Viertelpfund bittere geschälte Mandeln, 1 Pfd. Zucker, die Schale von einer Citrone, 7 bis 8 Eiweiße.

Die Mandeln werden fein gestoßen, dann von dem Eiweiß ein steifer Schnee geschlagen, Alles gut unter einander gerührt, auf ein mit Wachs bestrichenes kupfernes Blech ganz dünn ausgebreitet und nun die Masse ganz langsam gahr backen lassen. Dann schneidet man schmale Streifen, wie Hobelspäne, davon und wickelt sie auf einen dünnen Stock, jedoch so, daß die krause Seite oben bleibt.

61) Hobelschoten.

Rühre 5 Eiweiße in einer Schüssel mit 3 Viertelpfund gestoßenem Zucker schaumig; dann rühre 1 Loth gestoßenen Zimmt und 12 Loth feines Mehl darunter, streiche es messerrückendick auf Oblaten und schneide zwei gliedlange und fingerbreite Streifen davon, welche man mit länglich geschnittenen Pistazien und roth gefärbten Mandeln (3 Stück derselben) garnirt, auf ein mit Papier belegtes Blech legt und bei schwacher Hitze bäckt.

62) Französische Hobelspäne.

Man stoße ein Loth Gummitraganth, siebe es durch ein Haarsieb, schlage das Weiße von 4 Eiern ein wenig, damit es dünne werde, rühre es unter den gestoßenen Traganth, und lasse ihn etliche Stunden aufquellen; stoße dann 1 Viertelpfund geschälte Mandeln mit 4 Eiweißen recht zart, rühre den Traganth, die abgeriebene Schale von einer Citrone, nebst 3 Viertelpfund Zucker dazu, streiche die Masse auf Oblaten und verfahre, wie Nr. 67, jedoch ohne sie trocknen zu lassen.

63) Glasirte Hobelspäne.

Reibe 1 halbes Pfund geschälte Mandeln mit etwas Citronensaft recht fein, thue 12 Loth gestoßenen Zucker nebst etwas ganz klein gehackter eingemachter Orangeschale dazu, verdünne es mit Eiweiß, streiche die Masse messerrückendick auf Oblaten, schneide sie in fingerbreite Streifen, lege sie auf die Bögenforme, und backe sie bei schwacher Hitze. Alsdann glasirt man sie mit einer Glasur von Citronensaft und fein gesiebtem Zucker, und läßt sie im Ofen trocknen.

64) Gelbe Orangespäne.

Man reibe die gelbe Schale von etlichen Apfelsinen auf Zucker ab, schabe es mit dem Messer los, und lasse es mit etwas dazu gedrücktem Saft erweichen. Dazu schlägt man etliche Eiweiße, rührt es mit fein gesiebtem Zucker zu einem steifen Gusse und verfährt wie bei Nr. 67.

65) Grüne oder Pistazienspäne.

1 halbes Pfund geschälte, schöne Pistazien werden mit zwei Eiweißen recht fein gestoßen, 1 halbes Pfund Zucker nebst noch

etwas Eiweiß dazu gerührt, die Masse auf Oblaten gestrichen und wie bei Nr. 67 angegeben geschnitten und gebacken.

66) Rothe Hobelspäne.

Von 2 Eiweißen und einer Eierschale voll Berberisbeersaft rührt man mit fein gesiebtem Zucker einen steifen Zuckerguß an, und verfährt wie bei den andern Hobelspänen.

67) Spanische Hobelspäne.

Stoße oder reibe 1 halbes Pfund geschälte süße Mandeln mit etwas Rosenwasser recht zart, rühre das Weiße von 2 Eiern, 1 halbes Pfund gestoßenen Zucker und die abgeriebene Schale einer Apfelsine hinzu, streiche die Masse messerrückendick auf Oblaten, schneide dieselbe in 2 Theile und jeden Theil wieder in fingerbreite Streifen, lege selbige auf die gewölbten Bögenformen von Blech, lasse sie bis zum andern Tage trocknen, dann backe man sie bei schwacher Hitze schön hellgelb.

68) Weiße Hobelspäne.

Rühre von Eiweiß und fein gesiebtem Raffinadzucker eine dicke Glasur an, thue etliche Tropfen Citronensaft und Orangeblüthwasser darunter, streiche es mit einem Messer auf Oblaten, welche man wie die vorhergehenden zerschneidet, lege die Streifen auf die heiß gemachten Bögenformen, damit sie sich schnell krümmen, und trockne sie vollends in der Röhre.

69) Jesuiterhüte.

Man schneidet von Blätterteig dreieckige Blättchen, etwa so groß wie eine Hand, setzt ein Füllsel von gewürztem Pflaumenmus auf, schließt den Teig oben zu, indem man die drei Enden in der Mitte zusammenschlägt, bestreicht sie mit Ei, und wenn sie gebacken sind, bestreut man sie mit Zucker.

70) Italienisches Confekt.

Man dressire durch eine Blech-Chablone Makaronen-Masse messerrückendick auf mit Wachs bestrichene Bleche, rund oder eckig.

fülle etwas Eingemachtes darauf, ziehe von einer Schnee-Masse (im Verhältniß von 5 Eiweißen und 1 halben Pfund Staubzucker) mit der Spritze beliebige Figuren darüber und backe es bei mittelmäßiger Hitze schön hellgelb, dann schneide man es noch warm vom Bleche.

71) Königsküchelchen.

1 halbes Pfund Butter, 1 halbes Pfd. Mehl, 12 Loth Zukker, 6 Eier, 1 Viertelpfund kleine Rosinen, die abgeriebene Schale einer Citrone.

Die Butter wird mit dem Eigelb schaumig gerührt, der Zucker und die Citronenschale hinzugesetzt, und nach diesem das zu Schnee geschlagene Eiweiß nebst Mehl und Rosinen. Man streicht kleine Blechformen mit Flößbutter, füllt dieselben etwas über die Hälfte an und bäckt sie langsam.

72) Kolatschen, Collatschen.

1 Pfd. Butter, 1 Pfd. Mehl, 3 Viertelpfund Zucker, 8 Eier, die Schale einer Citrone.

Die Butter wird recht schaumig gerührt, der Zucker und das Eigelb nach und nach hinzugesetzt, und wenn Alles recht gut eingerührt ist von den 8 Eiweißen der gut geschlagene Schnee nebst dem Mehle darunter gerührt, mit einem Löffel Klößchen auf Papier gesetzt, mit gehackten Mandeln und kleinen Rosinen bestreut und bei mäßiger Hitze gebacken.

73) Karlsbader Kolatschen.

Man schütte 1 und 1 halbes Pfd. Mehl auf das Backbret, mache in der Mitte ein Loch und pflücke 1 Pfd. ausgewaschene Butter hinein; schlage ferner 6 ganze Eier und 4 Dottern mit einem Pfd. (Nösel) Rahm (Sahne) recht klar nebst zwei Tassen guter Hefen (Bärme), 12 Loth Zucker und etwas Muskatblüthen. Dies Alles wird zu dem Mehl gethan und mit der Hand so lange geschlagen, bis sich der Teig ablöst; davon setzt man nun runde Häufchen von der Größe eines halben Eies auf ein mit Butter bestrichenes Blech, läßt sie an der Wärme gehen (gahren), drückt alsdann kleine Grübchen in ihre Mitte, füllt sie mit eingemachten Früchten, bedeckt dieselben mit etwas dickem Zuckerguß und bäckt sie bei rascher Hitze.

74) Franz-Kolatschen.

1 halbes Pfund abgeklärte Butter, 1 halbes Pfund Zucker, 20 Loth Mehl, 4 Loth gestoßene bittere Mandeln, die Schale von einer Citrone, 3 Eier und $^1/_{32}$ Quart Franzbranntwein. Die Bearbeitung wie bei Nro. 72.

75) Mandel-Kolatscheu.

1 halbes Pfd. Butter, 1 halbes Pfd. Zucker, 3 Viertelpfund Mehl, 4 Loth bittere, fein gestoßene Mandeln, 4 Eier und die abgeriebene Schale einer Citrone.

Die Bearbeitnng ist wie bei Nr. 72. Wenn sie gebacken sind, werden dieselben mit Eigelb bestrichen und mit Hagelzucker bestreut.

76) Wiener Kolatschen.

1 Pfund abgeklärte Butter, 1 Viertelpfund Zucker, 1 und 1 Viertelpfund erwärmtes Mehl, 14 Eigelbe und 2 ganze Eier, etwas Muskatblüthe und 1 Tassenkopf voll gute Hefen. Die Butter wird nebst dem Zucker und den Eiern zu Schaum gerührt, dann die Hefen und das Mehl hinzugegeben und Kolatschen von der Größe eines Eies davon gemacht, in welche man eine eingemachte Kirsche drückt und auf ein mit Butter bestrichenes Blech setzt, auf welchem man sie etwas gahren läßt. Bevor man sie bäckt, werden sie mit Eigelb bestrichen und mit Hagelzucker bestreut.

77) Krokantteig.

1 halbes Pfd. Mehl, 1 halbes Pfd. Zucker, etwas abgeriebene Citronenschale, 4 Loth fein gestoßene Mandeln, 4 Loth Butter werden mit 4 Eiweißen zu einem Teige gemacht, aus welchem man kleine runde Kuchen formirt und ein schmales Rändchen

darauf legt; wenn sie gebacken sind, füllt man dieselben mit einer beliebigen Sorte von eingemachten Früchten oder Gelée.

78) Kümmel-Streifen.

3 Viertelpfund Mehl, 1 halbes Pfd. Zucker, 1 halbes Pfd. Butter, ein Loth gewaschener Kümmel, 1 Ei und 1 Eigelb werden auf einem Backbrete zu einem Teige gemacht. Man treibt ihn messerrückendick aus einander, schneidet mit einem Rädchen längliche Streifen von der Größe eines Kartenblattes, bringt solche auf ein mit Papier belegtes Backblech und wenn sie schön hellgelb gebacken sind, bestreicht man sie mit Wasserguß.

79) Laubfrösche.

Hacke 1 halbes Pfund geschälte Pistazien ganz klein, rühre 12 Loth gestoßenen Zucker mit einem Eiweiß schaumig, rühre die Pistazien und 4 Loth kleingeschnittene Orangeschalen darunter, formire davon Frösche, setze sie auf Oblaten und setze den Fröschen zwei weiß überzogene Aniskörner als Augen ein. Wenn sie bei schwacher Hitze gebacken sind, so werden sie mit einer dünnen Citronenglasur angestrichen und getrocknet.

80) Londoner Rührkuchen.

1 Pfd. Butter, 1 Viertelpfund Zucker, 1 Viertelpfund Mehl, 1 halbes Pfund kleine Rosinen, 1 Quentchen Muskatblüthe, 20 Eier.

Die Butter wird zu Schaum gerührt, die Eier nebst dem Uebrigen nach und nach dazu gethan, und eine halbe Stunde immer nach einer Seite gerührt, zuletzt gibt man die Rosinen hinzu, füllt dann die Masse in mit Butter bestrichene Förmchen und bäckt sie so schnell als möglich.

81) Mailänder Kuchen.

20 Loth Zucker, 3 Viertelpfund Mehl, 12 Loth Butter, zwei Eigelbe und 2 ganze Eier, 1 Löffel Orangewasser, das Abgeriebene von einer Citrone.

Man schüttet das Mehl und den Zucker auf ein Backbret, macht eine Vertiefung hinein, thut die Eier, Citronenschale und Orangewasser in dieselbe und rührt es mit einem Rührlöffel um; dann thut man die ausgewaschene Butter dazu, macht daraus einen Teig und rollt denselben messerrückendick aus, sticht mit einer Rosen- oder Sternform Kuchen aus, welche auf ein mit Butter bestrichenes und mit Semmelkrumen bestreutes Blech gelegt und gebacken werden.

82) Malteser Kuchen.

1 halbes Pfd. süße Mandeln, 1 halbes Pfd. Zucker, 16 Eigelbe, die abgeriebene Schale einer Citrone, 4 Loth zerschmolzene Butter. Man stoße die Mandeln mit 3 Eiweißen ganz fein, rühre sie nebst dem Zucker und Eigelb eine halbe Stunde, setze die Citronenschale, die zerlassene Butter, das Mehl und den von 8 Eiweißen geschlagenen Schnee dazu, indem man die Masse langsam und gut vermischt. Diese Masse wird in kleine mit Butter bestrichene Formen gefüllt und langsam gebacken.

83) Mandelbögen.

1 halbes Pfd. fein gestoßene süße Mandeln, 1 halbes Pfd. Zucker, das Abgeriebene von einer Citrone. Dies wird in einer Schüssel mit 4 Eiweißen gut angerührt; alsdann streiche man die Masse auf Oblaten, bestreue sie mit ganz dünnen länglich geschnittenen Mandeln und schneide jede Oblate in 8 Theile, welche man auf die blechernen Bögenformen legt und langsam bäckt.

84) Mandelbrezeln.

3 Viertelpfund Mehl, 1 halbes Pfd. Zucker, 1 halbes Pfd. mit Orangewasser gestoßene süße Mandeln, 1 halbes Pfd. zerlassene frische Butter, welches Alles mit 8 ganzen Eiern zu einem Teige angemacht wird. Wenn der angemachte Teig eine Stunde an einem kühlen Orte gestanden hat, so werden Brezeln davon gemacht, welche man mit Hagelzucker bestreut und auf mit Butter bestrichenem Papiere bäckt.

85) Mandelbrot.

1 Pfd. gelber Farinzucker, 1 Pfd. rohe Mandeln, 1 Pfd. Mehl, 1 Viertelpfund Chokolade, 1 Loth Zimmt, 1 halbes Loth Nelken, 1 halbes Loth Cardamomen, für 6 Pf. Hirschhornsalz und 3 Eier.

Der Farinzucker wird auf das Backbret geschüttet, das Mehl außerhalb herum, und in dessen Mitte werden die Eier geschlagen, das Hirschhornsalz und Gewürz dazu gegeben, mit einem hölzernen Löffel wohl verrührt, und wenn die ausgelesenen Mandeln auch darunter gemischt sind und Alles zu einem Teige gebildet ist, wird derselbe in drei Theile getheilt und jeder derselben, so lang als es das Blech erlaubt, eine Hand breit ausgetrieben. Nun legt man die drei Streifen auf das mit Butter bestrichene Blech gleich weit von einander, bestreicht dieselben mit Ei und bäckt sie bei mittelmäßiger Hitze. So wie sie aus dem Ofen kommen, müssen sie gleich in fingerbreite Stücken geschnitten werden.

86) Mandelhäufchen.

Rühre in einer Schüssel 3 Viertelpfund gestoßenen Zucker mit 3 Eiweißen schaumig, thue, so viel man mit 3 Fingern fassen kann, rothen Sandel, durch ein Sieb geschlagen, nebst etwas gestoßenem Zimmt, Nelken, abgeriebener Citronenschale und kleingeschnittenen Orangeschalen dazu, rühre es ein und thue dann 1 Pfd. geschälte in lange schmale Streifen geschnittene Mandeln hinzu, rühre Alles, nebst ein wenig beigegebenen Mehl, untereinander, formire kleine Häufchen, setze solche auf Papier und backe sie bei schwacher Hitze.

87) Mandelmuscheln.

1 halbes Pfd. klein gehackte Mandeln, 1 halbes Pfd. Zucker und 1 halbes Loth Zimmt werden in einem Kasserole über Kohlenfeuer gesetzt und mit einem kleinen Rührlöffel so lange umgerührt, bis der Zucker geschmolzen ist und die Mandeln hellbraun geworden sind. Nun wird die Masse in ganz dünn mit Butter

bestrichene geriefte Blechformen gefüllt und mit einer in Wasser getauchten Citrone breit gedrückt.

88) Mandelnester.

Schneide 1 Pfd. geschälte süße Mandeln in lange schmale Stückchen; rühre in einer Schüssel 3 Viertelpfund gestoßenen Zucker mit 3 Eiweißen schaumig, thue die abgeriebene Schale von einer Citrone und die geschnittenen Mandeln dazu, rühre Alles gut durcheinander, und formire kleine Häufchen mit einer Vertiefung; setze solche auf Oblaten und backe sie bei schwacher Hitze. Wenn sie erkaltet sind, so bricht man die sie umgebenden Oblaten ab, füllt die Vertiefung mit einem Theelöffel voll Zukkerguß aus, setzt auf jedes Nest ein von Traganth gefertigtes Täubchen oder andern Vogel, bestreut den übrigen sichtbaren Guß mit grün gefärbtem Zucker und läßt die Nester trocknen.

89) Mandelringe.

Man mache sich einen Blätterteig nach Abschnitt I. § 6 — schneide dann von dem messerrückendick ausgetriebenen Teige 2 Zoll breite und 7 bis 9 Zoll lange Streifen, bestreiche die eine Seite derselben mit Ei und fülle sie vermittelst einer Spritze mit der unten angegebenen Masse. Nun schlage man das ungestrichene Theil des Streifens über die aufgetragene Masse, drücke dieselbe an der mit Ei bestrichenen Seite fest, lege sie in runder Form auf ein Blech, und wenn sie mit Ei bestrichen worden, bäckt man dieselben bei rascher Hitze.

90) Masse zur Füllung der Mandelringe.

Man stoße 14 Loth süße und 2 Loth bittere Mandeln mit einem halben Loth Zucker fein, setze die abgeriebene Schale einer Citrone, 1 halbes Loth Zimmt und 2 ganze Eier zu, und arbeite Alles wohl unter einander.

91) Mandelschnitte.

Man nehme 1 Pfd. gestoßene süße Mandeln, 1 Pfd. Zucker, 4 Eier, die abgeriebene Schale von 2 Citronen, 1 Pfd. Butter und 1 Pfd. Mehl. Hiervon macht man einen Teig, rollt ihn fingerdick aus, bestreicht das Ganze mit weißem Zuckerguß, worunter etwas Rosenwasser gemischt ist, schneidet daraus Stückchen in Form eines Zwiebacks, und bäckt sie auf einem mit Papier belegten Bleche.

92) Rheinische Mandelschnitte.

2 Pfd. Zucker werden mit 8 Eiern in einer Schüssel schaumig gerührt, dann setzt man 1 Loth Zimmt, 1 halbes Loth Nelzen, 1 halbes Loth Cardamomen, die Schale einer abgeriebenen Citrone, 4 Loth klein geschnittene Orangeschalen und Citronat, 1 Loth aufgelöste Pottasche nebst 2 Pfd. geschälten süßen Mandeln hinzu, rührt Alles wohl unter einander und macht es vollends mit 2 Pfd. Mehl zu einem Teige. Nun theilt man denselben in kleine Stücken von 1 Viertelpfund schwer, und bringt jedes einzelne Stück in die Größe von 6 Zoll Länge und 3 Zoll Breite. Man lege sie auf ein mit Butter bestrichenes Blech, bestreiche selbiges mit Ei und backe sie bei mäßiger Hitze. Wenn sie aus dem Ofen kommen, schneidet man jeden Kuchen in 8 bis 12 Stücke.

93) Mandelspäne.

Man stoße 1 Pfd. süße und 4 Loth bittere Mandeln mit eben so viel Zucker recht fein und mache es in einer Schüssel mit 14 Eiweißen, einem halben Loth Muskatblumen, einem Löffel voll Orangeblüthenwasser und dem Gelben von 2 Citronen zu einer dünnen Masse. Dann fülle einen Eßlöffel voll nach dem andern, länglich aber weitläufig, auf ein reines mit Wachs bestrichenes Blech, und klopfe dasselbe auf dem Tische, damit die Späne breit werden. Alsdann werden sie bei starker Hitze gebacken, abgeschnitten, warm über ein rundes Holz gelegt und krumm gebogen.

94) Mandelstrauben.

1 halbes Pfd. süße Mandeln, 2 Loth bittere Mandeln, 1 halbes Pfd. Zucker, 1 halbes Loth Zimmt, 4 Eiweiße zu Schaum

geschlagen. Wenn Alles recht unter einander gemengt ist, formirt man von der Masse Häufchen auf ein mit Butter bestrichenes Blech, macht dieselben ein wenig breit, bestreut sie mit klein gehackten Pistazien und roth gefärbten Mandeln und bäckt sie. Wenn sie noch heiß sind, drückt man sie über die Mandelbögenform oder Kuchenwälger.

95) Maultaschen.

Man bereitet Blätterteig und schneidet von dem messerrükkendick ausgetriebenen Teige 4 Zoll im Quadrat große Stücke. In die Mitte derselben lege man etwas Kirsch- oder Pflaumenmus (oder sonst beliebiges Eingemachtes), schließe die 4 Ecken darüber, und wenn sie mit Ei bestrichen sind, werden dieselben bei rascher Hitze gebacken.

96) Mazarimos.

1 halbes Pfd. Mandeln werden mit 2 Eiern ganz fein gestoßen, 1 Pfd. Flößbutter mit 12 Eigelben zu Schaum gerührt, 3 Viertelpfund Zucker, 4 Loth klein geschnittener Citronat, die abgeriebene Schale einer Citrone, ein Nösel saurer Rahm nebst einem Pfd. Mehl darunter gethan, das Weiße von 12 Eiern zu Schaum geschlagen und langsam darunter gerührt. Nun füllt man die Masse in Papier- oder Blechformen, die mit Butter bestrichen sind, und läßt sie bei gelinder Hitze backen.

97) Meringues mit Sahne gefüllt.

Man schlage von 12 Eiweißen einen steifen Schnee, rühre 3 Viertelpfund fein gesiebten Zucker nebst einem halben Stängelchen klein gestoßener Vanille langsam darunter und setze in der Größe eines Eies runde Häufchen auf Papier, bestäube dieselben mit feinem Zucker, lege die Papiere mit den Meringues auf das angefeuchtete dazu bestimmte Bäsenbret und backe sie bei schwacher Hitze hellgelb. Aus dem Ofen genommen, hebt man eine Meringue um die andere los, drückt mit einem Eßlöffel das noch weiche Mark nieder, bringt dieselben auf ein mit Papier belegtes Blech auf die gebackene Seite und läßt sie in dem Ofen hellgelb rösten.

98) Sahne-Crême.

Zur Füllung obiger Meringues schlage man 1 halbes Quart dicke Sahne mit einer Ruthe in einer Porzellanschale, daß sie schaumig wird. Dann setze eine Schüssel unter ein Sieb, nimm mit einem Löffel den Schaum von der Sahne und lege ihn darauf, und so fahre man fort, bis man glaubt, genug zu haben. Auch kann man etwas Schnee von geschlagenem Eiweiß nebst einem Viertelpfund ganz fein gesiebtem Zucker, womit etwas klare Vanille verbunden, behutsam unter den Schaum ziehen, weil er durch das Ei nicht sobald fließend wird.

Kurz vor dem Gebrauche fülle man die Meringues und setze 2 und 2 zusammen.

99) Mandel-Meringues.

Schlage einen steifen Schnee von 4 Eiweißen, rühre unter denselben 1 halbes Pfd. fein gesiebten Zucker und 1 halbes Loth klaren Zimmt. Setze mit einem Löffel Klümpchen einer Nuß groß auf einen Haufen ausgebreiteter, länglich, aber ganz fein geschnittener Mandeln, wälgere die Häufchen behutsam darin um, damit sie ringsum davon voll werden, lege selbige auf ein mit Butter bestrichenes und mit Zucker bestreutes Blech und backe sie ganz langsam.

100) Muskatenbrot.

1 Pfd. Mehl, 12 Loth Zucker, 4 Loth Butter, 8 Eigelbe, 2 ganze Eier und eine geriebene Muskatnuß werden zu einem Teige gemacht; davon formirt man Stücke, etwas kleiner als wälsche Nüsse, und indem man sie mit 2 Fingern aus der Mitte wälgert, giebt man ihnen die Form von Löffelbiscuit. Nachdem man sie auf ein mit Butter bestrichenes Blech gelegt hat, bäckt man solche bei mäßiger Hitze.

101) Oblaten.

Oblaten zu Kuchenwerk anzufertigen, macht man einen dünnen Teig von feinem Weizenmehl und Wasser, und bäckt sie in eigend dazu angefertigten Oblateneisen, die wie Waffeleisen aus großen eisernen Platten bestehen.

Wer braune Oblaten als Naschwerk für Kinder anfertigen will, der thue etwas Zucker unter die Masse, so backen sie sich braun und sind angenehm von Geschmack.

102) Petit-Choux.

Man gießt in eine Kasserole ein Nösel Wasser, thut dazu 1 halbes Pfd. Flößbutter, 6 Loth Zucker, das Gelbe von einer Citrone und läßt es einige Mal stark aufkochen, rührt alsdann 3 Viertelpfund Mehl darunter und zwar so lange, bis sich der Teig sowohl von der Kasserole, als dem Löffel ablöst. Alsdann thut man Alles in einen Reibasch, und wenn es hinlänglich abgekühlt ist, rührt man 4 ganze Eier und 4 bis 5 Dottern darunter. Man setzt nun mit einem Löffel runde Häufchen von der Größe eines halben Eies auf ein mit Butter bestrichenes Blech, bestreicht selbige oben mit Ei und bäckt sie bei schwacher Hitze.

103) Petit-Choux, gefüllte.

Diese werden ebenso gemacht, wie die obigen, und wenn sie gebacken sind, in die Quere so eingeschnitten, daß das Ober- und Untertheil zusammen hängen bleibt, und man in die Oeffnung Marmelade von Früchten oder Crême von Milch oder Wein einsetzen kann.

104) Portugiesische Kuchen.

1 halbes Pfd. Butter, 1 halbes Pfd. Zucker, 1 halbes Pfd. Mehl, 4 Eier, die Schale von einer Apfelsine, und etwas Franzbranntwein. Die Butter wird geschmolzen und rein abgegossen; man reibt sie zu Sahne und thut die Eier, den Zucker und die abgeriebene Schale dazu. Wenn Alles eine halbe Stunde gerührt ist, wird das Mehl zugesetzt und mit dem Rühren noch eine Zeit-

lang fortgefahren. Dann ein Blech ganz dünn mit Butter bestrichen und auf dasselbe mit einem Löffel kleine Klößchen von der Größe einer wälschen Nuß gesetzt und in den Ofen gebracht. Wenn die Kuchen halb gebacken sind, bestreicht man sie mit dem Branntwein und läßt sie vollends ausbacken. — Man kann diese Kuchen auch in mit Butter ausgestrichene Formen drücken und dann mit Gelée oder Crême füllen.

105) Prager Butterringel.

1 halbes Quart Rahm (Sahne) wird in einer Schüssel erwärmt, 1 und 1 Viertelpfund zerschmolzene Butter, 2 Tassenköpfchen voll gute Hefen, eine geriebene Muskatnuß, die abgeriebene Schale einer Citrone, 2 Eier und 2 und 1 halbes Pfund Mehl hinein gethan. Der Teig wird in einem Löffel so lange geschlagen, bis er sich ablöst und so steif wird, daß man auf dem Backbrete runde Ringel formiren kann Diese legt man auf ein mit Butterpapier belegtes Backblech, läßt sie aufgehen (gahren) und bestreicht sie vor dem Backen mit Eidotter, worunter man etwas Rahm und zerlassene Butter geschlagen hat, bestreut sie mit Zucker und Zimmt, und bäckt sie bei mäßiger Hitze.

106) Prinzeß-Victoria-Törtchen.

Man mache einen Blätterteig, lege mit selbigem blecherne Ovale oder runde kleine Biscuittortenförmchen aus und fülle dieselben mit nachstehender Masse: Man stoße 1 halbes Pfd. süße Mandeln mit 4 Eiern ganz fein und thue sie dann in einen Reibasch, sowie ferner 1 halbes Pfd. Zucker, 1 halbes Loth Muskatblume, die abgeriebene Schale von 2 Citronen nebst noch 8 Eiern; rühre Alles mit einer Rührkeule recht wohl eine halbe Stunde lang, und wenn man will, können auch 4 bis 6 Löffel süße Sahne dazu gegeben werden. Alsdann fülle man in jede ausgelegte Form einen Löffel voll von der Masse, bestreiche den Rand oben mit Eigelb und backe sie bei mäßiger Hitze.

107) Prinzessinnen-Törtchen.

1 Pfd. Butter, 1 Pfd. Zucker, ein halbes Pfd. süße Mandeln, 1 Pfd. Mehl, die Schale einer Citrone, 2 Loth Zimmt, 8 Eier.

Man läßt die Butter schmelzen, gießt das Helle in eine Reibschüssel und bearbeitet die Masse ebenso, wie unter Nr. 104 gesagt wurde, nur mit dem Unterschiede, daß das Weiße der Eier zu Schnee geschlagen wird, bevor man es unter die Masse bringt. Das Backblech belegt man mittelst eines Löffels mit Häufchen in der Größe einer wälschen Nuß reihenweis, doch nicht zu enge neben einander; dann mit Eiweiß vermittelst eines Pinsels bestrichen, mit klein gehackten Mandeln und Zucker bestreut, und bei gelinder Hitze gebacken.

108) Pumpernickel.

Man siedet 1 Pfd. Zucker, wobei 4 Loth Syrup, mit einem halben Nösel Wasser, schüttet ihn dann in eine Schüssel, thut dazu ein Viertelpfund geriebene Chokolade, 1 Loth Zimmt, ein halbes Loth Nelken, ein halbes Loth Cardamomen, 1 Loth aufgelöste Pottasche, 1 Pfd. Mandeln, und macht das Ganze mit Mehl zu einem Teige, welchen man in 3 Theile theilt und jeden Theil so lang, als das Blech ist, und 4 Zoll breit ausrollt. Dann auf das mit Butter bestrichene Blech gleich weit von einander gelegt, mit Ei bestrichen und bei schwacher Hitze gebacken. So wie es gahr gebacken ist, muß es gleich in schmale Streifen geschnitten werden.

109) Queen-Kakes.

1 Pfd. Butter, 1 Pfd. Zucker, 1 Pfd. Mehl, 12 Eier, die abgeriebene Schale von einer Citrone, ein Viertelpfund kleine Rosinen.

Die Butter wird zu Schaum gerührt, die übrigen Ingredienzen kommen während des Rührens dazu und die Masse wird zuletzt mit dem zu Schnee geschlagenen Eiweiß durchgezogen. Man gießt die Masse in 3 bis 4 in Form eines Kastens zusammengelegte Bogen Papier. Die in diesen Kästchen gebackenen Kuchen schneidet man in Scheibchen, legt sie auf das Blech, daß der Aufschnitt nach oben kommt, und röstet sie im Ofen hellbraun, um sie zum Thee zu geben.

110) Rädergebackenes.

Von einem halben Pfd. Mehl, 4 Eiern, 4 Loth geschmolzener Butter, 4 Loth Zucker und etwas Wein wird ein Teig gemacht, den man ausrollen kann. In der Dicke eines Messerrükkens wird dieser ausgetrieben, mit dem Rädchen 3 Finger breite und Spannen lange Streifen geschnitten, welche man in der Mitte mit dem Rädchen durchschneidet, daß sie an beiden Enden noch um einen halben Zoll zusammen hängen. Drei bis vier Stück dieser Streifen legt man in heiße Butter und läßt sie nun gelb werden.

111) Rahmküchelchen.

In einem Reibasche rührt man ein halbes Pfund Butter zu Schaum; während des Rührens schlägt man 4 ganze Eier, 4 Eidottern, etwas Muskatblüthe, ein halbes Pfd. (ein halbes Nösel) guten Rahm und drei Viertelpfund Mehl dazu. Diese Masse läßt man eine Stunde an einem kühlen Orte stehen, damit sie kalt und steif werde, nimmt sie dann auf das Backbret und knetet, wenn sie sich nicht sollte rollen lassen, noch etwas Mehl darunter. Man treibt sie jetzt messerrückendick auseinander, sticht mit einem Ausstecher runde Kuchen davon, bestreicht sie mit etwas Eidotter und Rahm, legt sie auf ein mit Papier belegtes Blech und bäckt sie bei rascher Hitze, daß sie auflaufen und hohl werden. Noch warm bestreut man sie mit Zucker und Zimmt.

112) Reistörtchen.

Man kocht ein halbes Pfd. Reis in Milch ganz dick und steif, und läßt ihn kalt werden. Nun thut man Zimmt, abgeriebene Citronenschale, ein Viertelpfund Zucker, 4 Loth kleine Rosinen dazu und schmilzt ein Viertelpfund Butter, die man, wenn sie kalt ist, mit dem Eigelb von 8 Eiern unter den Reis rührt. Dann macht man einen Blätterteig, sticht mit der Pastetenform Scheiben aus, legt dieselben in kleine Tortenförmchen, füllt sie mit obiger Masse nicht ganz voll und bäckt sie bei starker Hitze.

113) Sandtörtchen.

Man lasse 1 Pfd. frische Butter zerschmelzen, rühre nach und nach 12 Eigelbe, das Abgeriebene einer Citrone und 1 Pfd. feingesiebten Zucker darunter; das Eiweiß wird zu Schnee geschlagen, unter die Masse gethan und zuletzt 1 Pfd. Mehl darunter gerührt. Die Masse wird in kleine blecherne Förmchen, welche mit Butter ausgestrichen sind, gefüllt und langsam gebacken.

114) Schaumringel.

Ein halbes Pfd. Zucker, 20 Eier, ein halbes Loth Zimmt werden mit Mehl zu einem festen Teige gemacht und die Ringel formirt, welche in kochendes Wasser so lange gelegt werden, bis sie in selbigem in die Höhe steigen, dann nimmt man sie mit der Schaumkelle heraus und thut sie in frisches Wasser zum Abkühlen. Alsdann werden sämmtliche Schaumringel in ein Sieb geschüttet, damit das Wasser ablaufe, setzt dieselben auf Bleche und bäckt sie bei mäßiger Hitze.

115) Schmalzstrauben.

Ein halbes Pfund Mehl, 6 Loth Zucker, das Weiße von 10 Eiern und ein wenig Wein werden in einer Schüssel langsam unter einander gerührt, damit es nicht schäumt; man läßt dann die Masse durch einen Trichter mit einer engen Tülle in heißes Schmalz laufen, wodurch runde Strauben formirt werden. Wenn sie gahr sind, legt man sie auf ein Rollholz, damit sie krumm werden und bestreut sie mit Zucker und Zimmt.

116) Schneeballen.

Man thue ein Viertelpfund Flößbutter, 4 Loth Zucker, 2 Loth fein gestoßene bittere Mandeln und 3 Tassen Milch in eine Kasserole, wenn es kocht, rühre man ein halbes Pfd. Mehl darunter, bis es sich vom Löffel ablöst. Dann nehme man es vom Feuer und rühre nach und nach 6 bis 7 Eier darunter. Nun läßt man Schmalz in einer Kasserole heiß werden, sticht mit einem Löffel von der Masse etliche Klümpchen ab und läßt sie darin backen, indem man sie immer mit heißer Butter begießt. Wenn alle gebacken sind, bestreut man sie mit Zucker und Zimmt.

117) Schnee-Confect.

Das Weiße von 6 Eiern schlage zu einem guten Schnee, rühre 1 Pfd. fein gesiebten Raffinadzucker mit etlichen Tropfen Citronenöl darunter, fülle die Masse in die Spritze und formire allerlei Figuren, als Ringel, Herzen, Füllhörner, Blumen &c. auf Papier, lasse solche an der Wärme trocknen und verziere sie mit rothem Spritzguß oder buntgefärbtem Zucker. Man macht dieses Confect auch von farbigem Schnee roth, gelb, blau &c.

118) Schnee-Kapseln mit Quittenfleisch.

Formire von Canzlei-Papier kleine längliche Kapseln (16 Stück aus dem Bogen), schlage von 12 Eiweißen einen guten Schnee, rühre 1 Pfd. gesiebten Zucker und 1 Loth feinen Zimmt langsam darunter, fülle die Papierkapseln damit an, schneide Quittenbrot etwas kürzer, als die Kapseln, in federspulendicke Streifen, drücke davon in jede Kapsel eine Streife, streiche die Baisée-Masse mit einem Messer glatt, setze sie auf ein mit Papier belegtes Blech, besiebe sie mit Zucker, und backe solche bei schwacher Hitze schön hellgelb.

119) Schwedisch Brot.

Man nehme ein Viertelpfund Zucker, ein Viertelpfund gestoßene Mandeln, ein Viertelpfund Mehl, ferner etwas gestoßenen Zimmt und Nelken, auch die Hälfte von einer Muskatnuß, etwas Anis und 2 Eier, nebst ein wenig aufgelöster Pottasche. Dies wird zu einem Teige gemacht, woraus man runde Plätzchen macht, dieselben mit einer halben Mandel belegt und auf einem mit Butter bestrichenen Bleche backen läßt. Wenn dies geschehen, so bestreicht man sie mit Wasserguß, bestreut sie ein wenig mit Anis und läßt sie im Ofen trocknen.

120) Spanisch Brot.

Man treibt 1 Pfd. Blätterteig gut messerrückendick aus, bestreicht selbigen mit einer von 3 Eiweißen mit fein gesiebtem Zukker angefertigten Glasur, schneidet dann 5 Zoll lange und 1 Zoll breite Stücke, legt dieselben auf ein Blech und bäckt sie bei mäßiger Hitze.

121) Spanischer Wind.

Man schlage das Weiße von 12 Eiern zu einem steifen Schnee, rühre 1 Pfd. fein gesiebten Zucker und 1 Loth Zimmt langsam darunter, setze mit einem Löffel längliche Häufchen von der Größe eines Eies auf ein mit Butter bestrichenes und mit Zucker bestäubtes Blech, bestreue dieselben vermittelst einer Zuckerbüchse mit Zucker und backe sie bei ganz gelinder Hitze.

122) Spritz-Kränzchen.

Ein halbes Pfd. geschälte Mandeln stoße man mit 3 Eiweiß recht zart, thue etwas abgeriebene Citronenschale oder Citronenöl nebst drei Viertelpfund Zucker dazu, und stoße Alles so lange, bis es eine geschmeidige Masse geworden ist. Dann fülle man sie in die Spritze und drücke die Masse in langen Streifen auf den mit Zucker bestreuten Backtisch, theile die Streifen in 4 Zoll lange Stücke, lege solche als runde Ringel auf mit Zucker bestreutes Papier und backe sie bei ganz schwacher Hitze schön hellgelb.

123) Spritzkuchen.

Man nimmt ein Rösel Milch, ein Viertelpfund Butter, vier Loth Zucker, die abgeriebene Schale von einer Citrone, läßt Alles in einer Kasserole aufkochen, rührt drei Viertelpfund fein gesiebtes Mehl hinein und fährt damit fort, bis der Teig so steif wird, daß er sich von dem Kasserole ablöst, nimmt solchen dann vom Feuer und rührt, nachdem er abgekühlt ist, nach und nach 8 ganze Eier und 4 Eierdottern hinzu. Die Masse wird in eine Spritze gefüllt und auf ein in Butter getauchtes Papier runde Kränze gespritzt, welche, wenn sie in heißem Schmalze gebacken sind, mit Zucker und Zimmt bestrichen werden.

124) **Strickhaken.**

Von derselben Masse, wie die Obige, schneide man von den gespritzten Streifen 5 Zoll lange Stücken, lege selbige wie einen Haken oder ein S auf ein mit Butter bestrichenes und mit Zucker bestreutes Blech und backe sie ganz hellgelb. Wenn sie erkaltet sind, bestreicht man sie ganz leicht mit geschlagenem Eiweiß, taucht sie in klaren gefärbten Zucker und läßt solche trocknen.

125) **Sultanes.**

Man wiegt 6 Eier schwer Zucker und 3 Eier schwer Mehl ab, schlägt 3 Eier in eine Schüssel, rührt den Zucker, das Mehl und die abgeriebene Schale von einer Citrone hinzu, rührt es noch ein Weilchen, setzt es auf Papier und bäckt es bei mäßiger Hitze.

126) **Tabaksrollen.**

Stoße 1 halbes Pfd. geschälte Mandeln mit Wasser fein, thue 12 Loth gestoßenen Zucker dazu, und röste sie so lange unter beständigem Umrühren, bis sich die Masse von dem Kessel ablöst, thue sie auf ein Backbret und lasse solche abkühlen. Wirke alsdann ein wenig gestoßenen Zimmt und Nelken darunter, treibe die Masse mit ein wenig untergestreutem Zucker zwei Messerrücken dick aus, schneide fingerlange Stücke davon und lege sie um rund gedrehte, mit Butter bestrichene, fingerdicke Hölzer, so daß sie auf beiden Seiten zusammen schließen, drücke sie ein wenig zusammen, wickele einen Bindfaden darum, damit sie Riefen bekommen und backe sie bei gelindem Feuer. Wenn sie kalt geworden sind, so ziehe die Hölzer aus, bestreiche sie mit Gummi und bestreue sie mit durch ein Drathsieb geschlagenem, zurückgebliebenem, geröstetem Mandelzucker (Pralin) und lasse sie trocknen.

127) Thee-Backwerk.

1 Pfd. Zucker, 1 halbes Pfd. Butter, 10 Eigelb, eine Tasse heiße Milch und eine geriebene Muskatnuß werden mit Mehl zu einem Teige gemacht, woraus man allerlei beliebige Figuren, als: Brezeln, Ringel, Zahlen, Buchstaben &c. formirt, dieselben mit Ei bestreicht und mit Hagelzucker bestreut, dann auf einem mit Butter bestrichenen Bleche bäckt.

128) Tortelets.

Man rührt 20 Loth Butter zu Schaum und nach und nach 8 Eidottern dazu; ferner rührt man 12 Loth Zucker, die abgeriebene Schale von einer Citrone, Zimmt, Nelken, Cardamomen, Muskatnuß, von jedem eine Messerspitze voll, setzt 2 Loth klein geschnittenen Citronat und Mandeln, sowie 1 halbes Pfd. Mehl bei; dann wird der von dem Eiweiß geschlagene Schnee darunter gerührt und die Masse in mit Butter bestrichene Förmchen gefüllt und langsam gebacken.

129) Tourons.

Schlage das Weiße von 8 Eiern zu Schnee, thue die abgeriebene gelbe Schale von einer Citrone, nebst 3 Viertelpfund gestoßenen Zucker dazu. Stoße 1 halbes Pfd. geschälte und getrocknete Mandeln, siebe solche durch einen Durchschlag, rühre sie unter das geschlagene Eiweiß und den Zucker, setze sie wie Makaronen auf Papier und backe sie bei gelindem Feuer ganz hellgelb.

130) Tourons de Belle-Alliance.

Nimm geschälte Mandeln, geschälte Lambertsnüsse und geschälte Pistazien, schneide sie in längliche dünne Stückchen und trockne sie auf dem Ofen. Schlage von 6 Eiweißen Schnee, rühre 1 Pfd. Zucker und von den geschnittenen Mandeln, Lambertsnüssen und Pistazien zusammen auch 1 Pfd. darunter, und setze auf Oblaten mit der Hand kleine Häufchen in gewisser Entfernung von einander, damit sie nicht zusammenfließen, und backe sie bei ganz gelindem Feuer.

131) Tourons d'Espagne.

Nimm 4 Loth geschälte Mandeln und 4 Loth geschälte Lambertsnüsse, schneide sie in längliche dünne Stückchen, koche 1 Pfund Zucker zum starken Flug, thue die geschnittenen Mandeln und Nüsse hinein und lasse sie ein Mal mit aufkochen, nimm sodann einen Löffel voll Glasur von Eiweiß und gestoßenem Zucker, thue sie hinein, zerrühre sie, und gieße lauter Plätzchen, von der Größe eines Thalers, auf ein mit einem nassen Schwamme befeuchtetes kupfernes Blech.

132) Tourons de France.

Hacke 1 Pfund geschälte und getrocknete Mandeln ganz zart, reibe die Schale von einer Citrone dazu, schlage das Weiße von 6 Eiern zu Schnee, rühre 1 Pfund gestoßenen Zucker mit dem Schnee und den Mandeln unter einander, formire Häufchen oder Kränzchen davon, welche man auf Oblaten setzt und bei gelinder Hitze bäckt. Wenn sie gebacken sind, bestreicht man sie mittelst eines Pinsels mit weißem Zuckerguß, bestreut sie mit geschälten und gehackten Pistazien und läßt sie trocknen.

133) Tourons de Liége.

Stoße 1 Pfd. geschälte Mandeln mit Eiweiß recht zart, reibe die Schale von einer Citrone dazu, stoße 1 Pfd. gesiebten Zucker darunter, drücke diese Masse durch eine Spritze, die mit einer Scheibe, deren Löcher eine starke Nadelkuppe groß sind, versehen ist, mache kleine Häufchen, setze solche auf mit Ei bestrichene Oblaten, und backe sie bei gelindem Feuer hellgelb, bestreiche sie alsdann vermittelst eines Pinsels mit einer Glasur von feinem Zucker und Zimmt-Wasser, und lasse sie trocknen.

134) Tourons de Portugal.

Man schneide 3 Viertelpfund geschälte süße Mandeln und 1 Viertelpfund Pistazien länglich, schlage das Weiße von 5 Eiern zu Schnee, thue 1 und 1 halbes Pfund gestoßenen Zucker dazu, rühre diese Masse in einem kupfernen Kesselchen auf schwachem Feuer unter stetem Umrühren unter einander, setze es wiederholt auf das Feuer und drücke etliche Tropfen Citronensaft darunter, damit es recht weiß wird. Sollte die Masse zu dick werden, so thue man noch ein geschlagenes Eiweiß dazu, rühre die Mandeln und Pistazien darunter, rühre es noch eine halbe Viertelstunde auf dem Feuer, unter öfterem Absetzen von demselben, gebe aber wohl Acht, daß es auf dem Boden des Kesselchens sich nicht ansetze, thue es sodann vom Feuer, setze kleine Häufchen davon auf Papier und lasse sie in der Röhre ganz gelinde trocknen, denn sie müssen schneeweiß bleiben.

135) Trichter-Gebackenes.

Man schlägt das Weiße von 8 Eiern zu Schnee, thut diesen nebst einer Tasse Rahm in eine Schüssel und rührt 4 Loth Zucker und 1 halbes Pfd. Mehl gut darunter. Je klarer es gerührt wird, desto schöner wird es. Dann nimmt man einen weitlöcherigen Durchschlag, hält ihn über die siedende Butter oder Schmalz, thut ein Paar Löffel voll von der Masse hinein und läßt sie durch selbigen in das Schmalz laufen, bäckt sie auf beiden Seiten gelbbraun, legt sie sodann auf ein rundes Holz, daß sie erkalten und bestreut sie mit Zucker und Zimmt.

136) Türkenbunde.

Man stoße 1 Viertelpfund geschälte Mandeln mit 2 Eiweißen fein; dann stoße 1 halbes Pfund Zucker darunter, daß es eine geschmeidige Masse wird, fülle diese in die Büchse und drücke lange Streifen auf den Backtisch, theile solche in 3 Zoll lange Stückchen, lege sie als runde Ringel auf Papier, fülle jeden Ring mit einem Theelöffel voll steifgerührtem rothem oder weißem Zuckerguß, dann backe man solche bei ganz schwacher Hitze.

137) Ulmer Brod.

Man schlägt 8 Eier mit 1 Pfd. Zucker zu Biscuit, setzt 1 halbes Loth Zimmt, 1 Viertelloth Nelken und die abgeriebene Schale von einer Citrone nebst 1 Pfd. Mehl hinzu. Man macht von der Masse Häufchen auf Oblaten, besteckt dieselben mit geschnittenen Mandeln, bestreut sie mit Zucker und bäckt dieses Brod bei starkem Feuer.

138) Veilchen-Confect.

Man rühre 3 Eiweiße mit fein gesiebtem Zucker schaumig, mische 1 Loth gepulverte Veilchen-Wurzel, etwas Berlinerblau und Cochenille darunter, um der Masse eine violette Farbe zu geben. Man formire von dem mit Zucker festgemachten Teige runde Kügelchen, lege solche auf Papierbogen und backe sie bei schwacher Hitze.

139) Waffeln, Holländische.

Man nimmt 2 Quart gute Sahne, 1 halbes Pfund Mehl, 1 halbes Pfund Zucker und 1 und 1 halbes Loth Orangeblüthenwasser. Die Sahne wird mit dem Mehle zerschlagen, und wenn Beides recht innig mit einander verbunden ist, thut man den Zucker dazu, daß die Mischung milchdünn werde. Man streicht das Eisen mit Butter aus, bäckt die Masse gahr, hebt sie mit einem Messer aus der Form und bestreut sie mit Zucker und Zimmt.

140) Weichselkuchen.

Man nimmt 1 halbes Pfund Zucker und 3 Viertelpfund Mehl, schüttet es auf das Backbret, schlägt in dessen Mitte 2 Eigelbe und 2 ganze Eier, setzt 1 halbes Loth Zimmt und 1 Viertelpfund ausgewaschene Butter hinzu und macht Alles zu einem Teige, woraus man Kränze, Rosen, halbe Monde, Sterne rc. formirt, die man mit Ei bestreicht und bei schwacher Hitze bäckt.

141) Weinhippchen.

Von 7 Eiern wird das Weiße zu Schnee geschlagen, die auf Zucker abgeriebene Schale einer Apfelsine, 1 halbes Pfund Zucker und 12 Loth Mehl nach und nach darunter gerührt. Die Masse wird in Streifen 2 Finger breit auf ein mit Butter bestrichenes Blech gestrichen und rasch gebacken, dann abgeschnitten und noch warm über einen fingerdicken runden Stock gewickelt.

142) Windbeutel.

1 Viertelpfund Flößbutter, 4 Loth Zucker, 1 halbes Nösel Milch wird in einem Kasserole gekocht und 1 Viertelpfund Mehl darunter gerührt; wenn sich die Masse vom Löffel ablöst, nimmt man sie vom Feuer und rührt 4 Eier, eins nach dem andern, darunter. Nun setzt man Häufchen davon auf ein mit Butter bestrichenes Blech und bäckt sie langsam.

143) Zimmtröhrchen.

Man rührt 1 Pfd. feines Mehl, 1 halbes Pfd. Zucker, 6 Eier, 1 Viertelpfund abgeklärte Butter, 1 Quart Milch, 1 Loth Zimmt zu einem flüssigen Teige. Nun bestreicht man eine Eisenkuchenform mit Butter und gießt einen Löffel voll von der Masse hinein. Sobald die Kuchen aus dem Eisen kommen, werden sie über ein rundes Stück Holz gelegt oder darum gewickelt und geschwind wieder abgeschoben.

144) Zuckerbrezeln.

Man rührt in einer erwärmten Schüssel 3 Viertelpfund Butter mit 3 Eiern, und 6 Loth Zucker zusammen, thut 2 Obertassen voll Milch und eben so viel Hefen dazu, und arbeitet so viel Mehl hinein, daß ein guter Teig daraus wird. Hierauf formirt man Brezeln davon, läßt sie aufgehen (gahren) und bäckt sie bei mäßiger Hitze. Wenn sie gebacken sind, bestreicht man sie mit gequirltem Ei, bestreut sie mit Hagelzucker und läßt sie in dem Ofen trocknen.

145) Zuckerdütchen.

Man wiegt 5 Eier schwer Zucker, 3 Eier schwer Mehl, thut selbiges nebst dem Abgeriebenen einer Citrone in eine Schüssel und mengt es unter einander. Dann schlägt man 5 Eier dazu und rührt es mit einem Blechlöffel nur so lange, bis Alles vereinigt ist (durch ein längeres Rühren wird die Masse zu dünn). Man bestreicht nun ein schönes glattes Backblech mit Butter und setzt die Masse in kleinen Häufchen darauf, welche man nachher mit dem Löffel so egal als möglich ausbreitet, daß die Masse ungefähr messerrückendick bleibt. Hierauf bäckt man sie bei rascher Hitze, hebt dann die beim Drehen des Bleches gahr gebackenen vom Bleche und dreht vermittelst eines zugespitzten Holzes kleine Dütchen daraus, während die übrigen in der Röhre noch gahr backen.

146) Zuckerstrauben.

Man nimmt 1 halbes Pfund Mehl, 4 Eier, von 2 aber nur das Weiße, einen Löffel voll Rahm, ein wenig Rosenwasser, eine Messerspitze Cardamomen, etwas Citronenschale, 4 Loth Zucker, 4 Löffel voll geschmolzene Butter. Alles wird auf dem Backbrete wohl durch einander gemengt, daß es ganz zähe wird, und so dünn als möglich ausgerollt. Man bildet hieraus allerhand beliebige Figuren und bäckt sie in heißer Flößbutter, jedoch nur gelb.

147) Zuckerteig-Brezeln.

Man rührt in einer Schüssel 3 Viertelpfund Butter, 1 halbes Pfd. Zucker, 3 ganze Eier und 3 Eigelbe, 1 Viertelloth Muskatblüthe und 1 und 1 Viertelpfund Mehl. Den Teig schlägt man in eine Serviette, läßt ihn an einem kühlen Orte etwa eine Stunde ruhen, formirt dann kleine Brezeln beliebiger Größe davon, drückt selbige in Hagelzucker und bäckt sie auf einem mit Butter bestrichenen Bleche bei gelinder Hitze hellgelb.

148) Zwieback, gerösteter.

4 Tassen Milch, 2 Tassen Hefen und 12 Loth Zucker werden mit Mehl eingemengt und warm gestellt, damit der Teig gahre. Hierauf werden 1 halbes Pfund Butter, 6 Eigelbe und

2 ganze Eier darunter gearbeitet und mit Mehl zu einem festen Teige gemacht. Man formirt lange Streifen davon, legt selbige auf mit Butter bestrichene Bleche, und wenn sie genug gegahrt (aufgegangen) sind, bäckt man sie bei mäßiger Hitze. Den Tag darauf schneidet man die Streifen in Schnitte und röstet einen Theil derselben hellgelb; die andere Hälfte aber bestreicht man mit einem Zuckerguß von Eiweiß, fein gesiebtem Zucker und etwas Zimmt, und läßt sie im Ofen trocknen.

149) Zwieback, Schweizer.

Man bringt 1 Pfund Mehl, 4 Loth Zucker, 1 Tasse Hefen und 2 Eier in eine Schüssel, macht ein Hefenstück davon und läßt es aufgehen. Ist dies geschehen, so gießt man 1 halbes Pfund geschmolzene Butter und soviel lauwarme Milch dazu, bis unter gehöriger Bearbeitung mit Mehl ein starker Teig daraus entsteht. Von diesem Teige macht man nun Brötchen von der Größe einer Nuß, hullert sie Handbreit lang, legt dieselben auf ein mit Butter bestrichenes Blech, läßt sie gahren und bäckt sie dann bei rascher Hitze. Wenn sie erkaltet sind, werden sie mit einem scharfen Messer halbirt und geröstet. Soll es Zucker-Zwieback werden, so kocht man 1 halbes Pfund Zucker mit 1 halbes Nösel Wasser auf, thut 2 zerquirlte Eiweiße darunter, bestreicht damit die halbirten Zwiebäcke, legt sie auf ein Blech und röstet dieselben bei schneller Hitze.

B. Biscuits.

150) Anis-Biscuit.

Schlage das Weiße von 10 Eiern zu Schnee, thue das Gelbe der Eier, nebst einem halben Pfunde fein gesiebtem Zucker dazu, schlage es noch etliche Minuten, rühre 1 halbes Pfund trocknes fein gesiebtes Mehl darunter, setze runde Plätzchen von der Größe eines Thalers auf Concept-Papier, besiebe solche mit Zucker und streue auf jedes Plätzchen etwas ausgelesenen Anis; dann backe sie bei schneller Hitze.

151) Biscuit à la Crême. (Erste Art.)

Rühre das Gelbe von 4 Eiern mit 12 Loth gestoßenem Zucker in einer Schüssel ganz schaumig, schlage das Weiße von 8 Eiern zu Schnee, und rühre es nebst 6 Loth Mehl und 2 Tassen voll geschlagenem und auf einem Siebe wohl abgetropftem süßem Rahm unter das Eigelb und den Zucker, fülle die Masse in papierne Kapseln, setze sie auf ein mit Papier belegtes Blech, besiebe sie mit gestoßenem Zucker und backe sie bei gelindem Feuer. Wenn sie gebacken sind, so lege sie auf ein Sieb und lasse solche noch ein wenig abtrocknen.

152) Biscuit à la Crême. (Zweite Art.)

Schlage 1 Nösel süßen Rahm zu Schnee und thue ihn mit einem Schaumlöffel zum Abtropfen auf ein Haarsieb. Nun schlage das Weiße von 7 Eiern zu Schnee, thue 1 halbes Pfund fein gesiebten Zucker, den abgetropften Rahm und 1 Viertelpfund fein gesiebtes trocknes Mehl dazu, fülle die Masse in papierne Kapseln, besiebe sie mit gestoßenem Zucker und backe sie bei gelindem Feuer.

153) Biscuit von Lambertsnüssen.

Stoße 1 Viertelpfund abgeschälte Lambertsnüsse mit einem Ei recht zart, rühre dieselben mit dem Gelben von 8 Eiern und 1 Viertelpfund gestoßenem Zucker so lange, bis die Masse weiß und recht schaumig geworden ist, dann thue 2 Loth Mehl und das zu Schnee geschlagene Weiße von 8 Eiern dazu, rühre es gut unter einander, fülle die Masse in papierne Kapseln, bestaube sie mit Zucker und backe sie bei schwachem Feuer.

154) Biscuit von Maronen.

Hier findet dasselbe Verfahren statt, wie bei dem Biscuit von Lambertsnüssen, und müssen die Maronen schön weich gekocht und sowohl von der äußern als innern Haut befreit werden.

155) Biscuit-Späne.

Rühre das Gelbe von 9 Eiern mit einem halben Pfunde gestoßenem Zucker, bis es weiß und schaumig wird, schlage das Weiße von diesen Eiern zu Schnee, und rühre es nebst einem halben Pfunde gesiebtem Mehle darunter, setze mit dem Biscuit-Trichter die Späne in Form von Biscuits, die zweimal so breit als die gewöhnlichen sind, auf das bestrichene Blech, bestreue sie mit gehackten Mandeln, backe sie bei mittelmäßigem Feuer, schneide sie ganz warm von dem Bleche und bringe sie über ein rundes Holz.

156) Biscuit-Würfel mit Chokoladen-Guß.

Schneide von dem nach Nr. 167 gefertigten Kapselbiscuit Würfel, stecke solche an Hölzchen, koche alsdann Zucker zum Flug, thue ungefähr zu 2 Pfd. Zucker 12 Loth auf einem Reibeisen geriebene Chokolade, tablire sie mit dem Zucker, wie bei den Conserven, tauche die angespießten Würfel in selbigen, lasse sie abtropfen, dann lege sie auf ein Drathgitter zum Erkalten.

157) Dreifarbige Würfel.

Schneide, wie bei obiger Nummer, Würfel von Biscuit, glasire solche mit weißem, rothem, gelbem oder Chokoladenguß, so daß die 2 gegenseitigen Felder einerlei Farbe bekommen, lasse sie trocknen, dann begieße die Kanten mit Spritzguß und drücke sie in farbige Nonpareille.

158) Biscuit- oder Zuckerplätzchen.

Man rühre das Gelbe von 2 Eiern mit einem Pfund gestoßenen Zucker in einem Rühraschе schaumig, setze der Masse 1 Loth mit Wasser aufgelöste Pottasche bei, rühre das zu Schnee geschlagene Eiweiß darunter, siebe 1 und 1 Viertelpfund trockenes Mehl durch ein Sieb, rühre es langsam unter die Masse und setze mit dem Biscuit-Trichter runde Plätzchen von der Größe eines Zweigroschenstücks auf Papier-Bogen, welche bei mäßiger Hitze gebacken und warm von den Papieren geschnitten werden.

159) Bestreute Biscuits.

Schlage das Weiße von 18 Eiern zu steifem Schnee, thue das Gelbe nebst 1 Pfd. gestoßenem Zucker dazu, schlage die Masse auf gelindem Feuer warm, alsdann wieder kalt, rühre 1 Pfund feines durchgesiebtes Mehl darunter, setze runde Biscuits auf Papiere, bestaube sie mit Zucker und streue auf jedes Plätzchen etwas klein gehackte Pistazien, welche mit rothgefärbten kleingehackten Mandeln vermischt sind, backe sie bei mittelmäßiger Hitze und schneide sie warm von den Papieren.

160) Carlsbader Biscuits.

Das Weiße von 10 Eiern schlage zu Schnee, thue 1 halbes Pfund fein gesiebten Zucker und das Gelbe der Eier dazu und schlage es so lange, bis die Masse dick wird, rühre dann 12 Loth feines Mehl darunter, setze mit dem Biscuittrichter 4 Zoll lange Biscuits auf Papier, besiebe solche mit Zucker, blase sie ab, damit nicht mehr Zucker darauf liegt, als sich angehängt hat, lege die Papiere auf ein Blech und backe sie bei rascher Hitze. Wenn sie gebacken sind, so schneide sie mit einem dünnen langen Messer ab, bevor sie kalt werden.

Bei allem Backwerk, besonders bei Biscuit, muß sowohl der Zucker, wie das Mehl, trocken sein.

161) Chokolade-Biscuit.

Schlage das Weiße von 12 Eiern zu Schnee, thue das Gelbe nebst einem halbem Pfunde Zucker und 6 Loth fein gesiebter Chokolade dazu und schlage es eine Viertelstunde; rühre dann 1 halbes Pfund schönes trocknes Mehl dazu, setze die Biscuits auf Papier, besiebe sie mit Zucker, backe sie und schneide sie warm von dem Papiere.

162) Englisches Biscuit.

Man rühre ein halbes Pfund Butter mit 8 Eigelben und einem Pfunde gestoßenem Zucker zu Schaum, thue 1 Viertelpfund auserlesene, in warmem Wasser gewaschene und wieder getrocknete kleine Rosinen nebst etwas geriebener Muskatnuß dazu, schlage das Weiße von den 8 Eiern zu Schnee und rühre es nebst einem halben Pfund trockenem Mehl darunter, fülle die Masse in papierne Kapseln, besiebe sie mit Zucker und backe sie bei mittler Hitze.

163) Französisches Biscuit.

Wiege 12 Eier schwer gestoßenen Zucker und 6 Eier schwer trocknes Mehl, rühre das Gelbe von den 12 Eiern mit der auf Zucker abgeriebenen Citronenschale und den gestoßenen Zucker in einer Schüssel so lange, bis es weiß und ganz schaumig ist, schlage dann das Weiße zu Schnee und rühre es nebst dem Mehl behutsam unter die Masse. Setze mit dem Biscuit-Trichter gewöhnliche Biscuits auf Papier, bestaube sie mit gestoßenem Zucker, backe sie bei mittler Hitze und schneide solche warm von den Papieren.

164. Geduld-Biscuit.

Man schlage 10 Eiweiß zu Schnee, stoße eine Schote Vanille, rühre dieselbe nebst 28 Loth Zucker und 24 Loth Mehl unter den Schnee, rühre Alles zusammen noch etliche Minuten, fülle dann die Masse in die Spritze, in welche man dieselbe Dölle, wie bei den Geduldchen, Nr. 52, eingesetzt hat, setze kleine gliedlange Biscuits auf ein kupfernes mit Wachs bestrichenes Blech, lasse dieselben eine Nacht abtrocknen, dann backe sie bei schneller Hitze, und mache sie sogleich mit einem Messer vom Bleche, bevor sie hart werden, sonst zerbrechen viele.

Von derselben Masse macht man auch Ringelchen oder Plätzchen von der Größe eines Zweigroschenstücks.

165) Glasirtes Biscuit.

Schlage das Weiße von 10 Eiern zu Schnee, dann thue das Gelbe nebst einem Pfund gestoßenen Zucker dazu, schlage es noch eine Viertelstunde lang, alsdann rühre ein halbes Pfund gesiebtes Mehl hinein, setze runde Plätzchen von der Größe eines

Drittel-Thalers auf Papier, backe sie und schneide solche warm von den Papieren. Nun glasire man die Plätzchen mit rothem Zuckerguß, lasse sie trocknen und verziere sie mit weißem Spritzguß.

166) Kapsel-Biscuit.

Bestreiche kleine blecherne Kapselförmchen mit Flößbutter, fülle solche mit der warm geschlagenen Masse von 10 Eiern, einem halben Pfunde Zucker und einem halben Pfunde Mehl, besiebe sie mit klarem Zucker und backe sie bei mittelmäßigem Feuer. So wie sie aus dem Ofen kommen, müssen sie gleich aus den Formen geschlagen werden.

167) Dickes Kapsel-Biscuit.

Schlage eine warme Biscuit-Masse von 16 ganzen Eiern und einem Pfund gestoßenem Zucker, rühre 1 Pfd. feines gesiebtes Mehl hinein und fülle die großen blechernen Kapselformen, welche zum Anis und Mandelbrod gebraucht werden, damit an, backe solche etwas hart und verbrauche sie dann zu Kartoffeln und glasirten Würfeln.

168) Kartoffeln von Biscuit, den natürlichen ähnlich.

Von dem Nr. 167 beschriebenen Kapselbiscuit schneide man Würfel und entferne davon mit einem Messer die scharfen Kanten, umhülle sie mit Traganthmasse, welche mit Bolus und Lakritzensaft der natürlichen Farbe der Kartoffeln ähnlich gemacht und dünn ausgetrieben wird. Bestreiche die ausgetriebenen Traganthstücke mit aufgelöstem arabischen Gummi, umhülle die Biscuitstücken damit, drücke mit einem dünnen Hölzchen Keimaugen daran, mache mit einem Messer einen Schnitt durch den Traganth, damit die Biscuitmasse sichtbar wird, und wie eine abgesottene geplatzte Kartoffel aussehe, lasse sie trocknen, und bestreiche sie dann ringsum mit zerschlagenem Eiweiß, welches mit aufgelöstem arabischen Gummi vermischt ist.

169) Löffel-Biscuit.

Schlage 8 Eier in einen Kessel aus, thue 1 halbes Pfund gestoßenen Zucker dazu und schlage es über schwachem Kohlenfeuer, bis es ganz dick geworden ist; dann schlage es noch so lange, bis die Masse abgekühlt ist, rühre 1 halbes Pfund durchsiebtes Mehl darunter, setze mit dem Trichter 4 Zoll lange Biscuits auf Papier, bestaube sie mit Zucker, backe sie bei mäßiger Hitze und schneide solche noch warm von den Papieren.

170) Meer-Biscuit.

Rühre in einer Schüssel 8 Eigelb mit einem halben Pfund Zucker schaumig, thue die auf Zucker abgeriebene Schale von einer Citrone dazu, rühre zuletzt 4 Loth Stärkemehl darunter, thue die Masse in die Spritze mit der kleinen Dölle, formire auf Papier kleine Biscuits und lasse solche in der Wärme trocknen.

171) Orange-Biscuit.

Reibe 3 Stück Orangen auf Zucker ab, zu diesem abgeschabten Zucker wiege noch 12 Loth gestoßenen Zucker, rühre ihn in einer Schüssel mit 12 Eigelben recht schaumig; schlage das Weiße von den 12 Eiern zu starkem Schnee, rühre es nebst 1 Viertelpfund trocknem und gesiebtem Mehl darunter, fülle die Masse in papierne Kapseln und backe sie bei mittler Hitze. Wenn sie gebacken sind, so glasire sie mit einer Glasur von Eiweiß, Orangebläth-Wasser und gestoßenem Zucker, und lasse sie im Ofen trocknen.

172) Vanille-Biscuit.

Rühre das Gelbe von 8 Eiern mit einem halben Pfunde gestoßenem Zucker und einer Schote Vanille, welche mit Zucker gestoßen und durchgesiebt wurde, weiß und schaumig, thue den von 8 Eiweißen geschlagenen Schnee und 1 Viertelpfund trockenes Mehl darunter, setze runde Plätzchen auf ein kupfernes mit Wachs bestrichenes Blech, bestaube sie mit Zucker, backe sie bei mittelmäßigem Feuer und schneide sie ganz warm ab.

173) Marzipan.

Ein Pfund süße Mandeln wird mit Rosenwasser fein gerieben, ein Pfund Zucker dazu gethan und in einem Kessel über schwachem Kohlenfeuer so lange geröstet, bis die Masse nicht mehr an den Händen kleben bleibt. Die eine Seite des Kessels wird nun mit klarem Zucker bestreut, die Masse zu einem runden Balle geformt und auf einem Brete verkühlen lassen. Will man den Marzipan verarbeiten, so wird er in kleine Stücke geschnitten, etwas mit Wasser angefeuchtet, mit dem Rollholze bearbeitet und hernach in beliebige Formen gedrückt. Man muß ihn ganz hart austrocknen lassen, ehe man ihn glasiren und fertig machen kann.

174) Königsberger Marzipan.

4 Pfd. frische abgezogene Mandeln werden mit Brunnenwasser gerieben und mit 4 Pfd. Zucker auf dem Feuer geröstet. Bei dem Abrösten thut man den Saft von 8 und das Gelbe von 2 Citronen dazu. Wenn die Masse einige Tage gelegen hat, wird sie wieder zart bearbeitet und nun Herzen, Rauten, runde, gebogene und ovale Kuchen davon ausgeschnitten und mit einem kleinen fingerbreiten Rande eingefaßt, 2 Tage trocknen gelassen und dann auf dem Brete gebacken. Man füllt die Stücke mit Marmelade, glasirt sie und legt von eingemachten Früchten Blumen und andere Figuren darauf, ehe man sie abtrocknet. Die Figuren müssen jedoch von der Beschaffenheit sein, daß mehre in ein Ganzes zusammengesetzt werden können und einen großen Stern, Zirkel, ein Viereck oder Oval bilden.

175) Frankfurter Brenden.

1 Pfd. frisch abgezogene Mandeln wird mit Rosenwasser fein gerieben, mit einem halben Pfund Zucker auf dem Feuer abgeröstet und wie die andern Marzipanmassen behandelt, messerrückenstark ausgetrieben, in vieredige Stücke geschnitten und diese von einer Seite in eine flache Form gedrückt, einige Tage trocknen gelassen und dann bei schneller Hitze gebacken.

176) Marzipanfrüchte.

Von der vorhin beschriebenen Marzipanmasse werden Früchte verschiedener Art, als Aepfel, Birnen, Aprikosen, Pflaumen in Holz- oder Gypsformen ausgedrückt oder auch aus freier Hand bossirt, gewöhnlich in der Größe, daß jede Frucht ein Loth wiegt, und 6—7 Tage an einem warmen Ofen getrocknet; dann werden die Früchte an dem Ort, wo der Stiel hinkommen soll, an Stricknadeln oder kleine Hölzer von ähnlicher Größe befestigt. Hierauf wird von fein gestoßenem Raffinadzucker Eiweißguß gerührt und damit die Früchte nach ihren natürlichen Farben glasirt.

Die Glasur zu Pflaumen mit Blauholzfarbe, zu Aepfeln und Birnen mit Saffran oder Curcume, die Kirschen mit Fernambuk oder mit Carmin, Pfirsiche mit Saffran und etwas blauem Carmin. Die Glasur muß nicht zu schaumig, sondern mehr fest sein. Die angesteckten Früchte werden nun langsam in die Glasur gedrückt und ganz vorsichtig wieder herausgenommen, damit sie überall gleich mit der Glasur bedeckt sind und werden dann kalt getrocknet. Sind die Früchte kalt geworden, so werden die angesteckten Stäbe behutsam herausgedreht und die Stiele der Früchte von feinem Birkenreisig geschnitten, befestigt und oben die Blume von Chokolade darauf gemacht, mit Carmin geschminkt und kleine Pinselstriche mit Cochenille gegeben, wodurch sie natürlicher werden.

177) Gefüllter Marzipan.

Von der vorhin beschriebenen Marzipanmasse werden 4—5 Zoll breite Streifen ausgetrieben, an beiden Seiten mit Ei bestrichen und fingerbreite Streifen darauf gelegt und wieder mit Ei bestrichen. Den noch frei gebliebenen Raum bestreicht man nun mit eingemachten Johannis- oder Himbeeren und bäckt es bei schneller Hitze. Wenn es aus dem Ofen kommt, wird es in zwei Finger breite Streifen geschnitten.

178) Makaronen von Marzipan.

1 Pfd. abgeröſteter Marzipan wird mit Eiweiß verdünnt, noch 1 halbes Pfd. Zucker dazu gethan, auf dem Spatel mit dem Meſſer zart gearbeitet und wie die andern Makaronenmaſſen behandelt.

179) Marzipan-Nüſſe.

Man nehme ein Stück Marzipanteig, knete es mit fein geſtoßenem Zimmt tüchtig durch und dehne die Maſſe mit dem Mangelholze bis zur Dicke eines halben Fingers; man ſchneide ſie in kleine Stücke und fülle damit Formen (von Birnbaumholz), in welchen zwei Nußſchalen mit ihren Narben, Reifen u. ſ. w. eingeſchnitten ſein müſſen. Dieſe Formen werden zuvor mit Mehl eingepudert und der Teig in dieſelben feſt eingedrückt, mit einem Meſſer aber wird das Ueberflüſſige abgeſtrichen. Iſt dies geſchehen, ſo ſchlage man den Teig aus den Formen, verwende ſo fortwährend die übrige Maſſe, lege die Marzipan-Nußſchalen, die hohle Seite nach unten, auf Papier und laſſe ſie 4 Tage lang trocknen; darauf bringe man ſie eine Viertelſtunde in einen ſchwach geheizten Ofen, überziehe ſie mit einer Glaſur von Waſſer und Zucker, und laſſe ſie ein paar Minuten zum Trocknen im Ofen liegen. — Nun fülle man das Innere jeder Nußſchale mit einem beliebigen Compot, beſtreiche die Ränder mit einer Auflöſung von Gummi arabicum und füge ſie zwei und zwei zuſammen. — Bis zur Täuſchung ähnlich werden dieſe Nüſſe Auge und Zunge befriedigen. —

180) Bratwürſtchen von Marzipan.

Man ſetze 1 Viertelpfund Chocolade auf einer Blechplatte über Kohlenfeuer, um ſie zu erweichen und zu ſchmelzen, werfe ſie dann in ein irdenes Gefäß, um ſie mit ein wenig Waſſer aufzulöſen, füge 1 Pfd. Marzipanteig, 1 Loth fein geſtoßenen Zimmt, 6 bis 8 pulveriſirte Gewürznägelein oder auch etwas Vanille hinzu und färbe die Maſſe roth. Man knete dieſe Maſſe wohl durch und bilde dann daraus die Würstchen; den Tisch, auf welchem man dieselben rollt, bestreue man mit grob gehackten Mandeln. — Die sich hier und da ansetzenden Mandelfragmente ahmen gut das Fett der Wurst nach. Die fertigen Würstchen lasse man einige Tage auf Papier liegen, damit sie trocknen, dann aber bei mäßiger Hitze backen.

181) Blutwurst von Marzipan (Cervelas).

Auf 1 Pfd. rothen nehme man 1 halbes Pfd. weißen Marzipanteig, schneide alles in kleine unregelmäßige Stücke und menge sie durcheinander. — Nun nehme man ganz trockene, durchsichtige, von allem Fett befreite Schweinedärme, stopfe die gemengten Marzipanstückchen recht fest hinein und presse sie wohl zusammen. Man befeuchte seine Hände bei dieser Arbeit mit Mandelöl, wodurch die Wurst glänzend wird. Diese Blutwurst wird nicht allein bis zur Täuschung ähnlich, sondern auch vortrefflich von Geschmack sein.

182) Marzipan-Schinken.

Man nehme 8 Pfd. Marzipanteig, wirke ihn mit feingestoßenem Zucker und theile die Masse in 2 ungleiche Theile von 5 und 3 Pfd. Den größern Theil färbe man roth, durchwürze ihn mit 1 Loth Zimmt, 1 Loth Gewürznägelein (alles fein gestoßen) und bilde daraus die bekannte Schinkenform.

Mit einem Messer mache man nun in der Mitte des rothen Teiges, welcher das magere Fleisch vorstellt, Einschnitte, und fülle sie mit weißem Teige, der das Fett darstellt, aus; ferner dehne man den Rest des übrigen weißen Marzipanteiges mit dem Mangelholze aus und lege ihn als obere Fettlage 2 oder 3 Finger hoch auf; dies muß geschickt und mit Beachtung der Natürlichkeit gemacht werden. Um die Schwarte des Schinken darzustellen, koche man 1 Viertelpfund Chokolade in Wasser recht dick und bestreiche mehrmals die Oberfläche des Schinkens damit, wodurch der Zweck erreicht sein wird. Die Chokolade muß warm aufgetragen werden. Will man dies Confect noch wohlschmeckender machen, so nehme man etwas Vanille unter die Chokolade und bestreue die Schwarte mit gebröckelten Macronen, wie die Köche den gekochten Schinken mit einer Brotkruste zu überziehen pflegen. Diese Marzipanschinken sind eine deutsche Erfindung.

183) Himbeeren von Marzipan.

Man nehme 1 Pfd. Marzipanteig, den Saft von 4 Citronen, 1 Viertelpfund Himbeergelée und etwas Cochenille und rühre Alles mit einem hölzernen Spatel gut durcheinander. — Da durch Zufügung gedachter Flüssigkeiten die Masse etwas dünn wird, so verdichte man sie durch einen Zusatz von gestoßenem Zucker und einigen Händen voll Mehl. — Aus diesem Teig bilde man nun die himbeerähnlichen Kügelchen und lasse sie auf Papier 8 bis 10 Tage wohl trocknen. Wenn dies geschehen, so gieße man 1 Viertelquart Himbeersaft in ein tiefes irdenes Gefäß, thue etwas pulverisirten Zucker und etwas Cochenille hinzu, werfe eine Hand voll Marzipanhimbeeren hinein und färbe dieselben darin. Zugleich halte man ein Gefäß mit Hagelzucker (à la grèle) bereit. Dieser Hagelzucker wird nämlich folgender Art verfertigt. — Durch ein seidenes Sieb trennt man vom gestoßenen Zucker den ganz feinen Zuckerstaub ab. Das Residuum siebt man durch ein Haarsieb und was nun in diesem zurück bleibt, nennt man Hagelzucker. — In diesem Hagelzucker wälze man die mit Himbeersaft angefeuchteten Marzipanfrüchte, daß die Körnchen sich an denselben festsetzen, und lege sie behutsam zum Trocknen hin. — Diese Himbeeren werden zum Erstaunen ähnlich erscheinen.

184) Weißes Marzipan (au naturel).

Man wirke den Marzipanteig mit Zucker wohl durch, dehne ihn bis zur Stärke eines Messerrückens, und schneide mit dem Backrädchen allerlei Figuren daraus, als: Herzen, Sterne, Rosetten u. s. w., umsetze diese Figuren mit einem Finger breiten Marzipanrand und kneipe ihn mit einem Kneipeisen, daß er kraus aussieht. Nun lasse man den Marzipan 8 Tage lang wohl trocknen, dann aber in einem schwach geheizten Ofen hellgelb backen. Man koche etwas Zucker in Orangeblüthwasser (zur großen Perle) und bestreiche damit die Ränder des Marzipans, dessen Grund man mit dem oben beschriebenen weißen Zuckerguß bezieht. Man halte feine, schmale, fadenartig geschnittene, überzogene Pomeranzenschale und rautenförmige Citronenblättchen bereit. Erstere lege man zweig- oder stielartig auf den vom Guß noch feuchten Marzipangrund, füge das Citronat als Blätter an und lege schließlich allerlei farbige, in Zucker eingemachte Früchte auf, als: Wallnüsse, Kirschen, Mirabellen, Aprikosen u. s. w. Hat man den Marzipan auf diese Weise sauber und geschmackvoll belegt, so lasse man den Guß im Ofen trocknen und glänzend werden, darauf bestreiche man die obere Seite der Ränder mit irgend einem Zuckersaft und bestreue sie mit Nonpareille.

185) Rosa-Marzipan.

Man verfahre ganz so wie oben gelehrt worden, nur thue man zu der Zuckerglasur ein wenig Cochenille und einige Tropfen Rosenessenz. Auch nimmt man dazu statt des Orangeblüthwassers Rosenwasser.

Fünfter Abschnitt.

Von den Bonbons, Boltiers, Drops, Caramels, Morsellen, Plätzchen, Zuckerbildern, glasirten und candirten Früchten u. s. w.

1) Von dem Zucker.

Da der zu Caramel gesottene Zucker sowohl zu Confituren, als auch zu Verzierungen der Desserts in verschiedenen Farben vielfältig gebraucht wird, so scheint es von Nutzen, hier noch auf manche Vorsicht aufmerksam zu machen. Wasser, welches viel Gyps oder Kalkerde bei sich führt, muß man vermeiden, weil bei Anwendung desselben der Zucker leicht abstirbt und trübe wird. Man muß also statt solchen Wassers lieber Regen- oder Flußwasser nehmen, oder auch das Brunnenwasser vorher abkochen, damit sich die Gyps- oder Kalkerde zu Boden setze.

Will man ordinären Melis-Zucker dazu anwenden, so muß man selbigen, weil er viel Kalk und Schaum bei sich führt, wodurch der Bonbon ebenfalls leicht abstirbt, gut ausläutern und abschäumen.

Je feiner der Zucker ist, desto schöner werden die Bonbons.

Man nehme schönen Zucker, thue ihn in die Zuckerpfanne und gieße auf 2 Pfd. desselben 3 Obertassen voll Wasser, schöpfe allen, während des Kochens sich bildenden Schaum ab, gieße etliche Tropfen Essig oder Citronensaft dazu und koche ihn so lange, bis er den Grad des Caramels erlangt hat, dessen Probe folgende ist: Man tauche mit einem angefeuchteten glatten Stöckchen, oder einem thönernen Pfeifenstengel in den Zucker und dann geschwind in das kalte Wasser. Ist derselbe so hart geworden, daß er, zwischen die Zähne genommen, kracht und sich nicht mehr zäh an dieselben anhängt, so ist er gut. Man gebraucht ihn in diesem Zustande auch zum Glasiren eingemachter Früchte ꝛc. Wenn man Figuren, Portale und Galerien davon gießen will, so bestreicht man vorher die zinnerne Form ganz dünn mit Mandelöl, faßt die Figurenform in eine Serviette, doch so, daß die Oeffnung zum Einguß frei bleibt, gießt den Caramel hinein und läßt den übrigen Zucker, welcher sich nicht angehängt hat, wieder heraus laufen; dann dreht man die Form in grader Richtung so lange ganz langsam um, bis der Caramel nur noch laulich warm ist und löst die Theile der Form mit einem spitzigen Messer behutsam ab, worauf man die Figuren vollends kalt werden läßt. Da die Caramelfiguren öfters wegen der Stellung nicht im Ganzen gegossen werden können, so werden diejenigen Theile, die man ansetzen muß, und das Glied, an welches man sie setzt, mit einem heißen Eisen oder Messer bestrichen, sodann der Theil welchen man ansetzen will, in heißen Caramel getaucht und daran befestigt. Caramel, welcher in flache Formen als Galerien oder Portale gegossen wird, lüftet man mit einem spitzen Messer und legt selbigen noch warm auf ein kupfernes Blech zum Erkalten. Will man aber farbigen Caramel haben, so setzt man von den oben angegebenen Farben eine beliebige hinzu, welche aber zuvor mit etwas Wasser fein gerieben, oder aufgelöst sein muß. Dasselbe gilt auch bei den farbigen Bonbons. Uebrigens vgl. das im ersten Abschnitte §. 3 Gesagte.

3) Caramel en Filigrane.

Wenn der Caramel nach Nr. 1 gesotten ist, so bestreicht man die Rückseite eines zinnernen Tellers oder einer Porzellan-Schale ganz leicht mit Mandelöl, setzt ihn auf ein kupfernes Blech und läßt durch einen Trichter mit einer engen Dölle den Zucker in allerhand dünnen Zügen darauf fließen, (man kann auch statt des Trichters einen Löffel oder ein geschältes Birkenreisig nehmen) tauche eine eingemachte Nuß oder Reineclaude in den nämlichen Zucker und befestige sie anstatt des Griffes in die Mitte; ziere ihn dann mit allerhand farbigen Pastillen aus und decke ihn über Compotte, Crèmes und dergleichen. Auf diese Weise kann man auch allerhand Pyramiden und Tempel in beliebiger Form machen. Die Formen werden willkürlich von Papier gefertigt, alsdann läßt man den Zucker, wie oben gezeigt, durch den Trichter hinein laufen, und wenn er kalt ist, weicht man das Papier mit einem nassen Schwamm ab.

3) Bonbons von Ananas.

Man reibe die Schale einer Ananas auf Zucker ab, thue das Abgeschabte nebst 2 bis 3 Pfd. Raffinad-Zucker in die Zuckerpfanne, gieße 3 Tassenköpfe voll Wasser darüber und koche ihn, wobei der sich zeigende Schaum fleißig mit dem Schaumlöffel abgenommen werden muß. Sobald er den 5. Stärkegrad (siehe

Abtheilung I. §. 3) das heißt zum Bruch, erhalten hat, nimmt man ihn vom Feuer und gießt ihn auf eine mit etwas Mandelöl bestrichene Marmorplatte, rollt dann mit der Blechrolle kreuzweis, lüftet mit einem großen Messer denselben vom Steine, bricht ihn und wickelt denselben in buntes Papier. Gießt man ihn aber auf eine kupferne Platte, so schneidet man ihn mit einem großen Messer in egale Stücken von beliebiger Größe.

Die Rolle besteht aus einem hohlen Cylinder von weißem Blech, auf welchem so viele Scheiben von gleicher Höhe und zollweiter Entfernung von diesem Bleche aufgelöthet sind, als die Länge des Cylinders aufnimmt. Durch denselben geht eine gedrehte Walze von Holz, wie bei den Kuchenwälgern.

4) Althee-Bonbons.

Man gießt auf 2 Loth geschnittene Altheewurzel 1/4 Kanne kochendes Wasser, läßt es eine Stunde bedeckt stehen und gießt dann die Flüssigkeit durch ein Sieb. Dann werden 3 Pfund Zucker zum Bruch gekocht, der Althee zugegossen, und wenn der Zucker die nöthige Probe hat, wie gewöhnlich verfahren.

5) Bonbons von Bergamotte.

Man kocht den Zucker nach dem achten Grade zum Caramel, nimmt ihn dann vom Feuer, gießt 3 Tropfen Bergamottöl dazu und schüttelt es gut durch. Zuvor wird eine Marmorplatte mit Tafelöl, jedoch nicht zu fett, bestrichen und nun der Zucker darauf gegossen, wo möglich so, daß er ein Viereck bildet, und mit einer Degenklinge oder einem Wiegemesser der Länge nach in 3/4 Zoll breite Streifen geschnitten und dasselbe der Breite nach wiederholt, wo dann viereckige Stücke daraus werden. Auch hat man zum Schneiden blecherne Formen und die in dem vorigen §. erwähnten Walzwerke Das Ganze wird, wenn es etwas verkühlt ist, mit der Degenklinge von der Marmorplatte losgemacht, ein Blech darunter geschoben und dann die fettige Seite mit Löschpapier abgewischt, in Stücke gebrochen, welche gleich in Papier eingepackt oder in bedeckte Gefäße gethan werden. Statt des Bergamottöls kann man auch noch folgende Oele und Essenzen in den Zucker gießen, als: Citronen-, Zimmt-, Nelken-, Anis-, Neroli- und Rosenöl. Oder auch die Essenzen von Vanille-, Rosen-, Reseda- und Orangeblüthen. Die Rosenbonbons werden gewöhnlich mit Cochenille roth gefärbt.

6) **Birnen-Bonbons.**

Hierzu nimmt man Birnenäther, färbt 2 Dritttheile des Zuckers mit Gelbholz-Extract und $^1/_3$ mit Cochenille, überzieht den gelben Zucker von einer Seite mit dem rothen und läßt ihn durch die Walzen gehen.

7) **Brustbonbons.**

4 Loth Altheewurzeln werden in kleine Stücken geschnitten, nebst 2 Loth Capilairkraut und 2 Loth Wollblumen mit 1 Maß Wasser etwas eingekocht, dann schüttet man Alles durch ein Sieb, damit der Absud hell ablaufe, gießt ihn anstatt des Wassers über Zucker, mischt etwas aufgelöste Cochenille darunter und siedet ihn bis zum Bruch. Nun schüttet man noch etliche Tropfen Peru-Balsam und Orangeblüth-Geist zu, schüttelt Alles gut unter einander, gießt die Bonbons rund von der Größe eines Dreipfennigstücks auf die Marmorplatte und wickelt solche dann in feines Papier.

8) **Kaffee-Bonbons.**

Man koche 4 Loth frisch gebrannten Kaffee mit einem Nösel Wasser und ein wenig Hausenblase, damit er recht hell wird, filtrire ihn und gieße ihn über Zucker, welchen man bis zum Bruch kocht rc.

9) **Cedra-Bonbons.**

Da man nicht immer frische Cedra haben kann, deren Schale man auf Zucker abreibt und mit dem Zucker kocht, so thut man unter den zum Bruch gekochten Zucker etliche Tropfen Cedra-Essenz.

Dasselbe Verfahren findet statt bei jeder Sorte von Bonbons, welchen man den Geschmack eines ätherischen Oels oder einer Blumen-Essenz beibringen will.

10) Cholera-Bonbons.

Man koche 2 Pfd. Zucker zum Bruch und gieße 12 Tropfen Krausemünzöl darunter.

Von dieser Art von Bonbons wurde während der Zeit der Cholera bedeutender Absatz gemacht, indem solche von den Aerzten als Präservativ-Mittel gegen die Cholera empfohlen wurden.

11) Chokolade-Bonbons.

8 Loth feine Chokolade reibe man auf dem Reibeisen, koche sie mit 3 Tassen Wasser klar und gieße sie zu 1 Pfund Zucker, welchen man zum Bruch kocht u. s. w.

12) Citronen-Bonbons.

Man reibt eine Citronenschale auf Zucker ab, schabt das abgeriebene Gelbe vom Zucker herunter und rührt es in einer Obertasse mit dem Safte einer Citrone zu einem dünnen Brei. Dann werden 3 Pfd. Zucker zu Caramel gekocht, vom Feuer genommen, der angerührte Citronenzucker dazu gegossen, durchgeschüttelt und wie gewöhnlich behandelt.

13) Gefüllte Bonbons.

3 Pfd. Zucker werden zu Caramel gekocht und möglichst dünn auf eine Marmorplatte ausgegossen. Die eine Hälfte wird dann mit Himbeer-, Aprikosen- oder Hanebuttenmarmelade dünn bestrichen, die andere Hälfte des Zuckers darüber geschlagen und geschnitten.

14) Himbeer-Bonbons.

Man nimmt von eingemachten Himbeeren 3 Eßlöffel voll Saft weg, kocht ungefähr 2 Pfd. Zucker zum Bruch, gießt den Saft nebst 4 Tropfen Himbeeräther dazu, läßt ihn noch einige Mal aufwallen und bereitet sie, wie die übrigen.

15) Bonbons von Königskerzen.

Zwei Loth Königskerzenblüthen werden mit $^1/_4$ Kanne Wasser bis zu einer Obertasse voll eingekocht, durch ein Tuch gegossen und zu 2 Pfd. geläutertem Zucker gethan und wie die andern Bonbons gekocht und geschnitten.

16) Kräuterbonbons.

2 Loth isländisches Moos, 2 Loth braune Malvenblüthen, 1 Loth Huflattig, 1 Loth Altheewurzeln, werden mit einer halben Kanne Wasser 5 Minuten gekocht, dann die Flüssigkeit abgegossen und mit 3 Pfd. Zucker zu Caramel gekocht.

17) Liqueurbonbons.

Koche $^1/_2$ Pfd. Raffinad-Zucker bis zu dem Grade der kleinen Feder, lasse ihn ein wenig abkühlen, schütte ein Schnapsglas voll Liqueur von einer beliebigen Sorte darunter, gieße ihn dann in einen Zoll ins Quadrat gefertigte viereckige und runde papierne Käpselchen, stelle sie eine Nacht in das Trockenstübchen oder auf den warmen Ofen, und löse sodann das Papier mit einem Schwamme behutsam ab, bringe sie auf ein Sieb und lasse sie noch einige Stunde in der Wärme stehen.

Man muß dabei vorsichtig sein, daß kein Wasser an die Bonbons gebracht wird, sonst zerbrechen dieselben sogleich. Der Liqueur muß in den Bonbons, wenn man sie umdreht, wie in einem Barometer in die Höhe steigen.

Auch gibt man denselben nach Art des Liqueurs, den man ihnen beimischt, eine beliebige Farbe.

Man kann auch den Liqueur bei nachstehenden Gegenständen weglassen und dem Zucker einen beliebigen Geschmack, als von Vanille, Orange, Kaffee, Rosen, Citronen oder Zimmt geben und eine willkürliche Farbe beimischen.

18) Candirte Liqueurbonbons.

Hierzu nimmt man etwas weniger Liqueur und hält die Farbe etwas lebhaft, trocknet sie 6—8 Tage und verfährt wie beim Candiren angegeben ist.

19) **Malzbonbons.**

Stoße $^1/_4$ Pfd. Luftmalz gröblich und koche es mit 1 Nösel Wasser auf, schütte die durchgeseihte Würze über 2 Pfd. Zucker, koche solchen zum Bruch, gieße ihn auf die Marmorplatte, schneide denselben in Täfelchen und wickle ihn in weißes Papier. Diese Bonbons sind von guter Wirkung bei Schnupfen und Husten.

20) **Mohrrübenbonbons.**

4 große Mohrrüben werden geschabt, auf dem Reibeisen gerieben und durch ein Tuch gepreßt, der ausgepreßte Saft zu 2 Pfund geläutertem Zucker gethan und zu Caramel gekocht.

21) **Rahmbonbons.**

Auf 3 Pfd. Zucker nimmt man eine Obertasse guten Rahm, welchen man zugießt, wenn der Zucker den Bruch erreicht hat. Der Zucker wird dann fertig gekocht und noch 2 Tropfen feines Zimmtöl zugegossen.

22) **Rosenbonbons.**

Koche 2 Pfd. Zucker mit einem Zusatz von aufgelöster Cochenille zum Bruch, schütte 2 Tropfen Rosenöl dazu und verfahre nach Nr. 3.

23) **Vanillebonbons.**

Man schneide eine Schote Vanille in kleine Stückchen, thue sie in ein Töpfchen, gieße $^1/_2$ Nösel kochendes Wasser darüber, binde es fest zu und lasse die Vanille etliche Stunden auf heißer Asche ausziehen, gieße dann das Decoct durch ein Tuch über 2 Pfd. Zucker, koche ihn zum Bruch und verfahre nach Nr. 3.

24) **Weintraubenbonbons**

bereitet man wie die Aprikosenbonbons, gibt ihnen den Geschmack mit Traubenäther, aber läßt sie weiß.

25) **Gerstenzucker.**

Der Zucker wird zur gewöhnlichen Probe gekocht und auf 3 Pfd. eine Obertasse voll guter Weinessig dazu gethan und auf die Platte gegossen, dann, wenn der Zucker anfängt zu verkühlen, erst um den Rand herum und dann ganz auf einen Klumpen zusammen geschlagen, mit einer Scheere kleine Stücke abgeschnitten, welche lang gezogen, etwas gedreht und gerade auf ein Blech gelegt werden, wo man sie hart werden läßt.

Man macht ihn für den Ladenverkauf weiß und roth. Den Zucker zu dem rothen Gerstenzucker läßt man erst bis zum schwachen Bruch kochen, ehe man die Cochenille zugießt, weil sich der Zucker dann schöner roth erhält. Auch muß die Farbe von dem untern Satze abgegossen sein, damit von letzterm nichts dazu kommt, da dieser den Zucker klebrig macht und auflöst. Dieses ist daher bei jedem rothgefärbten Caramel zu beobachten.

26) Strohzucker.

Schöner weißer Melis wird geläutert, dann, wie bei dem Gerstenzucker, Weinessig dazu gethan und ebenso gekocht und zusammen geschlagen. Man nimmt ihn auf einen eisernen Haken, welcher in der Mauer befestigt ist und zieht ihn so lange, bis er ganz weiß geworden ist, jedoch daß er noch geschmeidig bleibt. Er wird dann noch einmal so stark, wie Gerstenzucker, gezogen und auf Bleche gelegt.

Die Schönheit des Strohzuckers besteht darin, daß er schön weiß, egal gezogen und leicht und porös ist. Dieses letztere wird dadurch erreicht, daß man die Probe stark nimmt, heiß zusammenschlägt und von dem Haken aus in möglichst lange Dimensionen zieht. Man färbt auch den Zucker roth und vermengt ihn beim Verkauf mit weißem Strohzucker.

27) Strohzucker mit bunten Streifen.

Der Zucker wird wie zu dem vorigen gekocht und gezogen und bei dem Ausgießen des Zuckers ein kleiner Theil in ein kleines Pfännchen gegossen, in welches zuvor etwas Cochenille gethan ist, und der Zucker wird wieder auf das Feuer gesetzt und wieder zur Probe gekocht. Es muß ein zweiter Arbeiter indessen den weißen Zucker fertig ziehen, und wenn dies geschehen, wird der rothe, welcher indeß warm zusammen geschlagen und nur halb fertig gezogen ist, auf den weißen Zucker in einem der Länge desselben genau angemessenen Streifen gelegt, jedoch so, daß die rothen Streifen auf beiden Seiten nach außen kommen. Dies geschieht noch zwei Mal, so daß vier rothe Streifchen nach oben, und eben so viel nach unten zu liegen kommen. Der Zucker wird dann auf einen hölzernen, mit Speck bestrichenen Kuchendeckel gethan, wie der vorige gezogen und auf Bleche gelegt. Man macht außer dem rothen auch Strohzucker mit blauen und orangegelben und violetten Streifen.

28) Hamburger Boltjes.

Man verfährt eben so wie bei dem farbigen Strohzucker, nur daß hier der Zucker blos halb fertig gezogen und mehr Farbiges dazu genommen wird. Auch nimmt man die Probe etwas schwächer und zieht dann den Zucker in eben solche Streifen, wie den vorigen, welchen man mit einer Scheere rautenförmig in der Größe einer kleinen Haselnuß schneidet und auf Bleche legt. Man braucht hierzu zwei bis drei Arbeiter.

29) Benitzucker von Kaffee.

Koche 4 Loth frischgebrannten Kaffee mit ein wenig gezupfter Hausenblase, damit er recht klar und hell wird, gieße solchen mit etwas Rahm auf 2 Pfd. Raffinadzucker und koche ihn zum Bruch. Gieße etwas davon auf ein mit Mandelöl bestrichenes kupfernes Blech, streue feinen Puder darüber und lege mit einem Messer die Kante desselben immer so lange nach der Mitte zusammen, bis sich der Zucker mit den Händen angreifen läßt. Dann ziehe ihn über einen glatt polirten Haken, welcher über dem Tische an der Wand angebracht ist, so lange auf und ab, bis er matt wird; drehe in Form der Dochte kurze Stücken, oder ziehe 2 fingerbreite Stücke Band davon, wickele sie um ein rundes Holz, und lasse solche erkalten.

30) Benitzucker von Chokolade.

Man koche 2 Pfund Zucker zum Bruch, gieße davon auf das bestrichene kupferne Blech, streue auf einem Reibeisen feingeriebene Chokolade darüber, arbeite solche vermittelst eines mit Mandelöl bestrichenen Messers darunter, und mache es dann am Haken vollends fertig, wie bei Nr. 29.

Bei dieser Art Zuckerbereitung gehört wenigstens noch ein Gehilfe dazu, damit einer dem andern in die Hand arbeitet.

31) Benitzucker von Orangeblüthen.

2 Pfd. Raffinadzucker koche man zum Bruch, gieße 2 Tropfen Orangeblüthenöl darunter und verfahre nach Nr. 29.

Auf dieselbe Weise verfertigt man Benitzucker von allen ätherischen Oelen, als Zimmt-, Nelken-, Muskat-, Violen-, Citronen-, Anis-, Tuberosen- und Rosenöl, indem man dem zum Bruch gekochten Zucker etliche Tropfen von einer beliebigen Sorte dieser Oele beimischt; auch kann man nach Gattung der Oele dem Zucker eine passende Farbe beigeben.

32) Benitzucker von Vanille.

Man schneide eine Schote Vanille in kleine Stückchen, thue sie in ein Töpfchen, gieße 1 halbes Nösel Wasser darunter, verbinde es wohl und lasse es eine Nacht in der Wärme ausziehen. Den folgenden Tag gieße man es durch eine Serviette auf 2 Pfd. Raffinadzucker und verfahre nach Nr. 29.

33) Benitzucker von Pommeranzen.

Die Schale von zwei Pommeranzen, Apfelsinen oder Citronen wird auf Raffinadzucker abgerieben, davon abgeschabt und feingedrückt; dann kocht man 2 Pfd. Raffinadzucker zum Bruch und verfährt nach Nr. 30. ꝛc.

34) Harlequins.

Diese werden erst eben so wie die Boltjes vorgerichtet, nur daß man mehre Farben zugleich nimmt, um den Zucker bunt zu machen; doch muß weiß immer vorherrschend sein. Blau kann man auch trocken mit Ultramarin und gelb mit Schweizergelb färben. Dies geschieht, wenn man von dem Zucker, welcher ausgegossen und noch warm ist, kleine Stücken abschneidet und mit trockner Farbe färbt. Ist der Zucker fertig, so läßt man ihn durch Walzen gehen, auf welche halbe Kugeln gravirt sind und verfährt dann wie Nr. 71. bei den englischen Drops beschrieben werden wird.

35) Victoria-Zucker.

Hier wird der Zucker ebenso, wie bei den Boltjes, behandelt und mehre Farben dazu genommen, dann gezogen und in 12 Zoll lange Stücke geschnitten, welche stark gedreht werden, daß solche ein gewundenes Ansehen bekommen.

36) Von den Conserven, Morsellen und Plätzchen.

Die Conserven und Conserve-Plätzchen, auch Morsellen und Schmelztäfelchen genannt, sind nicht nur ein sehr angenehmes Confect, sondern auch als Desserts eine Zierde für Tafeln.

Der wesentliche Bestandtheil derselben ist Zucker; man gibt ihnen einen angenehmen Geschmack oder Geruch durch Beimischung von Gewürzen, wohlriechenden Essenzen, ätherischen Oelen u. s. w.

Sie haben überdies einen schönen Glanz, und erhalten den Pflanzen, die in ihre Mischung kommen, ihre ganzen Kräfte. Sie sind endlich nicht zu verfälschen, weil sie alsdann ihren Glanz verlieren.

Die Conserven müssen fest, brüchig und nicht klebrig sein, auch muß man Alles vermeiden, was ihnen einen unangenehmen Geschmack geben kann, wie z. B. zu viel Gummi, ölige Substanzen, die ranzig werden, mineralische Säuren, welche die Krystallisation des Zuckers aufheben, Salze die zerschmelzen oder verdünsten u. s. w.

Sie werden in papierne Kapseln gegossen, welche man auf

einen wagerecht stehenden Tisch legt; nachher gibt man ihnen eine beliebige Figur mit der Fächerform, oder zerschneidet sie mit einem Messer. Man gießt sie von der Dicke eines Thalers, und verwahrt sie in gut verschlossenen Gläsern oder Schachteln vor aller Feuchtigkeit, welche den Conserven sehr nachtheilig ist.

Bedingungen, welche zum Glanz der Conserven und Plätzchen erfordert werden:

1) Man wähle einen guten und trocknen Zucker, welcher reinschmeckend ist.

2) Putze man die Seiten der Zuckerpfanne während des Kochens immer mit einem nassen Schwamme ab, damit sie nicht braun oder roth anlaufen.

3) Wenn der Zucker den gehörigen Grad durch Kochung erlangt hat, so läßt man ihn erst ein wenig abkühlen, bevor man ihn umrührt, denn wenn er zu heiß umgerührt (tablirt) wird, so würden die Conserven sich bläsern und keinen Glanz bekommen. Auch thut man die dazu bestimmten Ingredienzen nun erst hinzu.

37) Ananas-Conserve.

Eine Ananas wird auf einem großen Stück Zucker abgerieben, und das Abgeriebene mit einem Messer abgeschabt. Hat man auf diese Art die Schale ganz abgerieben, so siedet man 2 Pfd. Zucker bis zum 4. Grade, das ist zur großen Feder, oder zum Breitlauf, nimmt ihn dann vom Feuer und läßt ihn 3 bis 4 Minuten ruhig stehen, damit er etwas abkühle. Dann thut man den abgeschabten Ananas-Zucker und etwas von der Ananas ausgepreßten Saft dazu, und rührt (tablirt) mit einem hölzernen Löffel einen Theil des Zuckers immer am Rande der Zuckerpfanne, bis er weiß und dicklich wird, endlich rührt man etliche Mal Alles in der Mitte untereinander, damit es gleichflüssig wird, gießt die Masse schnell in die papierne Kapsel, und schneidet, wenn sie erstarrt ist, mit einem Messer oder der Fächerform Stücken von beliebiger Größe.

Es ereignet sich öfters, daß der Zucker im Sieden etwas zu dick gerathen ist, welches man daran erkennt: wenn er beim Tabliren gleich zu dick werden will, oder gar in der Zuckerpfanne anfängt zu steigen. Diesem muß man gleich damit abhelfen, daß man etliche Tropfen Wasser, nach Erfordern mehr oder weniger, zugießt und untereinander rührt.

38) Apfelsinen-Conserve.

Reibe die Schale von 4 Stück Apfelsinen auf Zucker ab, koche 2 Pfund Zucker zum Breitlauf, thue das Abgeriebene und das Abgeschabte hinein, tablire den Zucker und verfahre wie bei Nr. 37. angegeben ist.

Um alle Wiederholungen bei jeder einzelnen Conserve, rücksichtlich der Anfertigung, abzukürzen, bemerke ich: daß jede derselben nach Nr. 37. zu behandeln ist, wenn ein besonderes Verfahren nicht angegeben wurde.

39) Berberisbeer-Conserve.

Man nimmt Berberisbeer-Saft, rührt ihn unter gestoßenen und durchgesiebten Zucker, so daß es eine dicke Masse wird, rühre diese so lange auf gelindem Feuer, bis der Zucker ganz heiß, aber nicht kochend ist, thue die Pfanne vom Feuer, rühre noch ein wenig um und gieße die Masse in papierne Kapseln. Wenn die Conserve kalt geworden, so schneidet man sie mit einem spitzen Messer und zieht sie vom Papiere ab.

Damit beim Abziehen des Papiers kein Zucker daran hängen bleibt, dreht man die Kapsel um, befeuchtet das Papier mit einem nassen Schwamme, und es wird sich baldigst bequem abziehen lassen.

Will man Plätzchen davon gießen, so nimmt man die Zuckerpfanne in die linke Hand, neigt den Schnabel derselben und läßt den Zucker allmälig fließen, indem man ihn mit einer Stricknadel (oder mit einem Hölzchen), die man in der rechten Hand hält, so abtheilt, daß er in Form von größern oder kleinern Kügelchen auf das Blech fällt. Man gießt sie reihenweis und sucht eins so groß, wie das andere darzustellen, welches nur insofern gelingt, als man die linke Hand recht fest hält.

40) Kaffee-Conserve und Plätzchen.

Man koche recht starken Kaffee, filtrire ihn, gieße ihn anstatt des Wassers über 2 Pfd. Zucker, und siede ihn wie bei Nr. 37. u. s. w.

41) Chokolade-Conserve und Plätzchen.

Koche 2 Pfund Zucker zum Breitlauf, tablire 1 halbes Pfd. auf dem Reibeisen geriebene Chokolade, gieße noch etwas Wasser darunter, und verfahre wie bei Nr. 37.

42) Citronen-Conserve.

Die gelbe Schale von 4 Citronen reibe auf Zucker ab, rühre das Abgeschabte unter 2 Pfd. zum Breitlauf gesottenen Zucker und tablire ihn wie Nr. 37.

43) Citronensaft-Conserve.

Gröblich gestoßenen Raffinadzucker mache man mit Citronensaft an, und behandele das Uebrige wie Nr. 39.

44) Conserve von eingemachten Früchten.

Die eingemachten Früchte wovon man Conserven zu machen wünscht, werden in einem Mörser kleingestoßen, dann mit einem hölzernen Löffel durch ein Sieb gerieben und zu einem halben Pfunde dieses Markes siedet man 1 und 1 halbes Pfund Zucker zum Breitlauf, tablirt ihn, thut dann das Mark darunter, gießt es in die papiernen Kapseln, schneidet es in Stücken und verwahrt es.

45) Conserve von Himbeeren.

Ganz reife Himbeeren werden ausgepreßt, und der Saft mit gestoßenem Zucker angemacht, wie bei Nr. 39. bemerkt ist.

46) Conserve von vier Früchten.

Ein Viertelpfund ausgekernte Kirschen, desgleichen Johannisbeeren, Himbeeren und Erdbeeren von jedem ein Viertelpfund, werden zerquetscht und durch ein Sieb getrieben, worauf man das Durchgetriebene über Feuer bis zur Hälfte einkocht; dann kocht man zwei und ein halbes Pfd. Zucker zum Bruch, gießt den Saft dazu, läßt ihn nochmals aufkochen, und verfährt dann wie bei den übrigen Conserven.

47) Dreifarbige Conserve.

Man formirt eine Papierkapsel, welche einen fingerhohen Rand hat, macht von einem halben Pfd. Zucker Rosenconserve und gießt sie so hinein, daß der Boden überall bedeckt wird, dann wird ein halbes Pfd. Maraschino-Conserve darauf gegossen und auf diese wieder ein halbes Pfd. blaue Veilchen-Conserve. Ist die zuletzt aufgegossene geronnen, so wird mit einem Federmesser dieselbe in egale Stücken behutsam bis auf das Papier durchschnitten, und die Conserve abgemacht.

48) Exotische Conserve.

2 Loth Ingber, 1/4 Loth Safran, 3 Gran Moschus, 1 Gran Ambra, 8 Gran Gewürznelken, 8 Gran Cubeben, werden zu Pulver gestoßen und mit 3 Pfd. ebenfalls gestoßenem Zucker in einer Schüssel vermischt. Ferner thut man 2 Loth Marum in ein Glas, gießt 1/2 Nösel kochendes Wasser darüber und läßt es 3 Stunden ziehen, die Flüssigkeit durch ein Tuch laufen, und vermischt sie mit dem gestoßenen Zucker. Nun thut man die Masse in eine Zuckerpfanne, setzt sie auf starkes Kohlenfeuer, und wenn der Zucker anfängt ringsum in der Pfanne sich zum Kochen zu zeigen, so wird er stark untereinander gerührt. Dasselbe Verfahren wiederholt man noch zwei Mal, ohne daß derselbe allgemein kochen darf; alsdann nimmt man die Pfanne vom Feuer, tablirt den Zucker, gießt solchen in die dazu gefertigten Papierformen,

und wenn er etwas erkaltet ist, so schneidet man ihn in Täfelchen.

49) Jasmin-Conserve.

Man mache den gestoßenen Zucker mit abgezogenem Jasmin-Wasser an, und verfahre nach Nr. 39.

50) Ingber-Conserve oder gebackner Ingber.

Man kocht 2 Pfd. Zucker zum Breitlauf; wenn derselbe etwas abgekühlt ist, rührt man vier Loth gestoßenen und feingesiebten Ingber darunter, und verfährt nach Nr. 37. weiter.

Man kann auch sowohl diese als andere Conserven auf mit Mandelöl bestrichene Bleche gießen, nur müssen sie schön rein geputzt sein.

51) Johannisbeer-Conserve.

Nimm abgebeerte reife Johannisbeeren, zerdrücke sie, und presse den Saft derselben durch ein Tuch aus, mit diesem Safte mache nach Nr. 39. gestoßenen Zucker an u. s. w.

52) Kirschen-Conserve.

Die von Stielen befreiten Kirschen werden gestoßen, und in einer Schüssel verdeckt an einem kühlen Orte über Nacht stehen gelassen. Dann wird der Saft durch ein leinenes Tuch gepreßt und mit selbigem so viel gestoßener Zucker nach Nr. 39. angemacht, als man zu verarbeiten wünscht. Wenn man keine frischen Johannisbeeren, Himbeeren, Kirschen oder andere Früchte mehr bekommen kann, so nimmt man etwas von den vorräthigen Säften oder Marmeladen derselben, und verdünnt sie mit Wasser oder Wein, jedoch nicht zu stark, damit keins von beiden vorschmeckt.

53) Lambertsnuß-Conserve.

Man schlage die Lambertsnüsse auf, gieße kochendes Wasser darüber und schäle sie wie die Mandeln, stoße 1/4 Pfd. derselben mit etwas Wasser so fein als möglich, gebe aber Acht, daß sie nicht ölig werden. Nun siede man 1$^{3}/_{4}$ Pfd. Zucker zum Breitlauf, nehme ihn vom Feuer, rühre die gestoßenen Lambertsnüsse darunter, lasse ihn nochmals aufkochen und tablire den Zucker wie bei Nr. 37. gesagt worden.

54) Liqueur-Conserve.

Den gestoßenen Raffinadzucker mache man mit einer beliebigen Sorte von Liqueur, als Maraschino, Persico u. s. w. an, und verfahre nach Nr. 39. weiter.

55) Magen-Morsellen-Conserve.

Koche 2 Pfund Zucker zum Breitlauf, und wenn er tablirt ist, so rühre nachstehende Mischung, welche schon vorher zugerichtet sein muß, schnell darunter, gieße die Masse auf ein Blech oder in papierne Kapseln, und wenn sie erkaltet ist, so wird sie in Täfelchen geschnitten.

Folgende Ingredienzen werden in der Regel bald mehr oder weniger genommen, als: kleingehackte Rosenblätter $^{1}/_{2}$ Loth, desgl., Kornblumen $^{1}/_{4}$ Loth, gestoßene Nelken $^{1}/_{4}$ Loth, desgl. Zimmt $^{1}/_{2}$ Loth, kleingeschnittene Pistazien und Mandeln von jedem $^{1}/_{2}$ Loth, desgl. Orangeschalen 1 Loth.

56) Orangeblüth-Conserve.

Siede 2 Pfd. Raffinadzucker zum Breitlauf, thue eine Hand voll schöne weiße, ausgelesene und ein wenig zerschnittene Orangeblüthen hinein und lasse sie nur ein Mal mit aufwallen. Wenn der Zucker ein wenig abgekühlt ist, so verfahre wie bei Nr. 39.

57) Orangeblüth-Conserve auf andere Art.

Man nimmt gestoßenen Raffinadzucker, rührt so viel Orangeblüth-Wasser dazu, daß es eine dicke Masse wird, und behandelt solche weiter nach Nr. 39.

58) Orange-Conserve.

Die gelbe Schale von 4 Orangen wird auf einem großen Stück Zucker abgerieben, abgeschabt, unter 2 Pfd. zum Breitlauf gekochten Zucker gerührt, und nach Nr. 37. fertig gemacht.

59) Preißelbeer-Conserve.

Nimm ausgelesene Preißelbeeren, thue sie in ein irdenes Gefäß, bedecke sie mit einem Deckel und setze sie in einen Brat- oder Backofen. Wenn sie weich geworden sind, so presse man den Saft durch ein leinen Tuch, mache 2 Pfd. gestoßenen Zucker nach Nr. 39. damit an, und verwahre den übrigen Saft in einer Flasche.

60) Pfeffermünz-Conserve.

Siede 2 Pfund Raffinadzucker zum Breitlauf, und wenn er nach Nr. 37. tablirt ist, rührt man 1 Loth Pfeffermünzöl darunter, gießt ihn aus und schneidet ihn in Stücken. Oder man gießt Plätzchen.

61) Potpourri-Conserve.

8 Tropfen Jasmin-Geist, eben so viel Jonquillen-, Tuberosen- und Resedageist, 4 Tropfen Ambra- und 2 Tropfen Moschus-Essenz werden mit 2 Pfd. gestoßenem Raffinad vermischt, dann der Zucker mit Orangewasser Nr. 39. angemacht und ausgegossen.

62) Rosen-Conserve.

Man mache den gestoßenen Zucker mit Rosenwasser zu einer dicken Masse, thue ein wenig aufgelöste Cochenille darunter, und verfahre übrigens damit, wie bei Nr. 39.

63) Saffran-Conserve.

2 Pfd. Zucker macht man mit dem Decoct von 16 Gran Saffran, welcher mit 1/2 Rösel Wasser aufgesotten und durch ein Tuch gedrückt wurde, nach Nr. 39. fertig.

64) Schlüsselblumen-Conserve.

Nachdem man 6 Loth gereinigte Schlüsselblumen mit einem Nösel Wasser bis zur Hälfte hat einkochen lassen, preßt man den Absud durch Leinewand, kocht ihn dann mit Zucker zur gehörigen Probe und verfährt, wie bei den übrigen Conserven.

65) Vanille-Conserve.

Nimm 2 Stengelchen Vanille, schneide sie in kleine Stückchen, koche sie mit einer Tasse Wasser in einem kleinen Töpfchen, welches mit einem gut passenden Deckel bedeckt ist, seihe das Decoct durch und gieße es auf 2 Pfd. Raffinadzucker, welcher zum Breitlauf gesotten und nach Nr. 37. behandelt wird.

66) Veilchen- oder Violen-Conserve.

Thue 1/4 Pfund abgepflückte frische Veilchenblätter in einen porzellanenen Topf oder Büchse, gieße 1/2 Nösel kochendes Wasser darüber und lasse sie 12 Stunden auf einem warmen Ofen wohl verdeckt stehen. Dann presse sie durch eine Serviette und schütte den Saft in eine Flasche. Nun gießt man soviel als nöthig ist auf 2 Pfd. gestoßenen Zucker, setzt etwas aufgelösten Indigo und Cochenille hinzu, damit es die violette Farbe erhalte, und behandelt es übrigens wie bei Nr. 39. gesagt wurde.

In Ermangelung des Veilchensaftes kann man auch 2 Loth gestoßene Florentinische Violen-Wurzel anwenden.

67) Zimmt-Conserve.

2 Pfd. Zucker werden zum Breitlauf gesotten, 2 Loth sehr feingesiebter Zimmt darunter gerührt und nach Nr. 37. gefertigt.

Oder man macht von 2 Pfd. gestoßenem Raffinad-Zucker die Masse nach Nr. 39. und gießt einige Tropfen Zimmtöl darunter, so erhält man schöne und weiße Täfelchen, statt daß jene, wo das Zimmtpulver darunter ist, zimmtbraun ausfallen.

68) Schneezucker.

Zwei Pfund ganz feinen Raffinadzuckers werden mit einer Viertelkanne Wasser auf das Feuer gesetzt, abgeschäumt, zum Flug gekocht und vom Feuer genommen; dann wird ein Eßlöffel Eiweißguß, jedoch ohne Citronensaft, dazu gethan und gut durchgerührt, und wenn der Zucker zum zweiten Male steigt, in die Papierkapsel gegossen, und das warme Kasserol darauf gehalten. Will man dem Schneezucker Farbe geben, so wird die Glasur gefärbt und der Zucker auch etwas, roth mit Carmin, gelb mit Saffran und blau mit blauem Carmin. Auf dieselbe Weise gibt man ihm auch den Geschmack und rührt einige Tropfen Citronen-, Rosen- oder Nelkenöl unter die Glasur. Man gebraucht diesen Zucker zu Aufsätzen, um die Felsenpartien vorzustellen.

69) Schneezucker von Orangeblüthen.

Nimm zu 3 Pfund feinem Raffinadzucker eine Hand voll schöne weiße Orangeblüthen, koche den Zucker zum Bruch; thue die Orangeblüthen, wenn sich der Zucker gesetzt hat (d. h. wenn die Blasen auf demselben verschwunden sind) nebst ½ Eßlöffel voll Glasur hinein, und rühre es so lange mit dem Kochlöffel ganz langsam herum, bis der Zucker anfängt zu steigen. Alsdann gieße ihn auf ein kupfernes Blech, welches mit einem nassen Schwamme befeuchtet ist, oder in papierne Kapseln mit einem 3 Zoll hohen Rande, und schlage den Zucker in beliebige Stücken.

Man macht den Schneezucker von verschiedenem Geschmack, als von Vanille, Citronen, Zimmt, Chokolade, Rosen 2c., und da man ihn auch braucht, um Felsen damit darzustellen, so mischt man ihm von den oben angegebenen Farben bei.

70) Schneezucker von Chokolade.

Zwei Pfund Zucker werden mit einer Viertelkanne Wasser über das Feuer gesetzt und abgeschäumt, und wenn er bis zum

Flug gekocht ist, ein Viertelpfund Vanille-Chokolade, welche man warm macht und mit einer halben Obertasse voll Wasser anrührt, dazu gegossen, der Zucker zum Bruch gekocht, vom Feuer genommen, ein Eßlöffel Glasur darunter gerührt und übrigens wie bei den vorigen verfahren.

71) Englische Drops.

Hierzu Fig. 1—4.

Zur Bereitung der Drops ist ein Walzenwerk erforderlich, zu welchem eben so viel Walzen, als man Sorten und Façons machen will, gehören. Die gangbarsten Drops sind die von Ananas, Erdbeeren, Himbeeren und Birnen. Die Figuren 1—4 werden das nöthige Walzenwerk, welches übrigens sehr einfach ist, näher erklären.

Die Walzen sind von Messing, haben eine Länge von 3¼ Zoll bei 2¼ Zoll im Durchmesser, und es ist auf jeder eine Hälfte der Bonbons gravirt. Es wird von dem Zucker ein Stück von ¾ bis 1 Pfd. abgeschnitten, welches der eine Arbeiter unter beständigem Drehen zwischen die beiden Walzen hält, während der zweite das zwischen den Walzen hervorgehende ungefähr 3 Zoll breite Band vorsichtig auf ein Blech zieht. Ist aller Zucker durchgegangen und die Bonbons sind erkaltet, dann werden sie in einem groben Siebe nachgesiebt, wodurch der bei dem Pressen sich bildende Spahn abfällt. Durchaus nothwendig ist, daß beide Walzen genau auf einander passen und daß sie während des Pressens mehrere Mal mit Mandelöl bestrichen werden, damit sich die Bonbons ablösen.

Sind diese Vorrichtungen beendet, so werden 4 Pfd. Raffinadzucker mit ausreichendem Wasser und 2 Loth Cremor Tartari auf das Feuer gesetzt, bei dem Kochen einige Mal mit Wasser abgeschreckt, abgeschäumt und dann abgenommen. Man gießt den Zucker durch ein feines Haarsieb, um den Bodensatz des Weinsteins zurückzuhalten, weil dieser den Zucker leicht anbrennen läßt. Der Zucker wird nun zum Bruch gekocht, und wenn er vom Feuer ist, so viel als wie 2 Theelöffel Ananas-Aether (oder sonstiger Fruchtäther) dazu gethan, durchgeschüttelt und auf die Platte ausgegossen. Es wird nun 1 Loth feingestoßenes Acidum tartari oder Weinsteinsäure auf den Zucker gestreut, dieser zusammengeschlagen, etwas durcheinander gezogen und so geht er durch die Walzen. Diese Bonbons werden auch orange gefärbt, wenn die Walzen die Form der Ananas-Frucht haben. Sind sie jedoch in Rosettenform, so bleiben diese Bonbons weiß.

72) Englische Himbeerbonbons.

Hier nimmt man Himbeeräther und färbt den Zucker mit Cochenille roth. Die übrige Behandlung ist wie bei den vorigen.

73) Englische Rocks.

4 Pfd. Raffinadzucker werden mit 3 Loth Cremor Tartari und ausreichendem Wasser auf das Feuer gesetzt und etwas schwächer, als bei den Drops gekocht und ausgegossen. Nachdem man etwas Weinsteinsäure auf den Zucker gestreut und letztern zusammengeschlagen hat, werden so viel wie 3/4 Pfd. wie Benitzucker weiß gezogen, und ungefähr 1/4 Pfd. roth, eben so viel gelb gefärbt, was mit trockner Farbe geschieht. Der rothgefärbte Zucker wird nun in einer Länge von ungefähr 6 Zoll mit den Händen ausgerollt und etwas von dem nicht gezogenen Zucker darumgeschlagen. Dann wird der gelbe Zucker in derselben Länge flach gedrückt und der angefangene damit umwickelt. Um diesen wird wieder der weißgezogene und um Letztern der noch übrige Zucker geschlagen und in einer Länge von 12—15 Zoll mit den Händen gerollt. Man legt nun den Zucker zusammen, daß er 2 Theile bildet, schneidet den Zucker an dem zusammenhängenden Ende mit der Scheere durch, rollt ihn wieder aus, legt ihn wieder zusammen und wiederholt dies noch zwei Mal. Der Zucker wird nun in der Dicke eines Zeigefingers gerollt, in mehrere

Stücken geschnitten und auf Bleche gelegt. Ist er erkaltet, so wird er mit einem Messer, welches auf ein Bret geschroben ist, geschnitten. Das Bret hat in der Mitte eine kleine Erhöhung, auf welche man den Zucker legt und mit dem Messer, welches auf und nieder geht und nach allen Seiten gedreht werden kann, schneidet, indem man es gelind auf den Zucker drückt. Man schneidet die Rocks in der Stärke eines $^1/_3$ Zolles, und sie müssen 16 kleine Blumen haben, wenn man behutsam und aufmerksam gewesen ist.

Will man ein Muster mit Früchten machen, so ist Form und Farbe der Frucht wie z. B. ein Apfel oder eine Birne, mit braunem Stiel, Gröbst und grünem Blatt, erst von dem Zucker herzustellen, und zwar in einer Länge von 6—8 Zoll. Der übrige Zucker wird dann weiß gezogen, um die lang formirte Frucht herumgeschlagen, und bis zur Stärke eines Zeigefingers ausgerollt und auf die vorhin beschriebene Weise geschnitten.

Im Winter muß man die Marmorplatte, auf welche man gießt, warm machen, und auch einen warmen Ofen in Bereitschaft halten.

74) Farbige Liqueurbohnen und Flaschen.

Man fülle einen flachen Kasten zwei Zoll hoch mit gesiebtem Puder an, und lasse selbigen zwei Tage ruhig auf dem Ofen stehen, dann drücke man mit einer Bohne, welche mit Wachs an einem 3 Zoll langen Hölzchen befestigt ist, deren Modell in dem Puder so vielmal ab, als man derselben zu gießen wünscht, desgleichen auch das von Holz geschnitzte Liqueurfläschchen.

Nun koche man den Zucker, wenn er den Vanille-Geschmack haben soll, mit nach Nr. 32. abgekochter Vanille und etwas Indigo-Farbe ab, und wenn der Zucker ein wenig abgekühlt ist, so wird er vermittelst eines kleinen Pfännchens mit langem spitzen Schnabel in die eingedrückten Modelle des Puders gegossen, und eine Nacht auf den Ofen zum Abtrocknen gestellt, dann nimmt man jede einzeln heraus, und bürstet dieselben mit einer kleinen Bürste ab.

75) Weintrauben und Johannisbeeren als Essenz-Bonbons.

Man drücke in den Puderkasten Vertiefungen nach der Größe, wie die Beere werden soll, und gieße dieselben mit farbigem und mit einem beliebigen Geschmacke versehenen, zum kleinen Flug gekochten Zucker, lege in jede Beere einen Stiel, von einem Zoll in der Länge zerschnittenen, grün übersponnenen Drath, und lasse sie bis zum andern Tage auf dem warmen Ofen stehen. Dann bürstet man den Puder behutsam ab und formirt Trauben davon, sowohl von den Johannisbeeren, als auch von den Weinbeeren, welche man an einem dickern Drathstengel mit Seidenfaden befestigt.

Außer diesen gibt es noch eine Menge von Gegenständen, als Ringel, Herzen, Lyras, Buchstaben, Urnen, Rosetten, Vögel, Vasen, Fische rc., welche alle auf gleiche Weise gemodelt und in dem Puderkasten abgedrückt werden können. Verschiedene dieser Gegenstände werden, wenn sie gehörig abgetrocknet sind, kandirt, und die andern werden theils mit feinem Spritzguß, Farben, Gold und Silber verziert.

76) Champignons von Schneezucker.

Man kocht den Raffinadzucker zum Bruch und gibt ihm nach Belieben Geschmack und Farbe; dann rührt man von schönem weißem schaumigem Guß, welcher von Eiweiß und feingesiebtem Zucker gefertigt ist, einen halben Löffel voll dazu und rührt solchen langsam darunter, bis er anfängt zu steigen. Wenn er sich gesetzt hat, bringt man ihn durch wiederholtes Rühren abermals zum Steigen, und gießt den Zucker in die von Blech gefertigten Formen, welche etwas mit Mandelöl bestrichen sein müssen. Die Form muß 8 Zoll hoch und 9 Zoll im Durchmesser haben und aus zwei Theilen bestehen, um den Champignon leicht herausnehmen zu können.

Man verfertigt dergleichen auch in Form von Pyramiden, Vasen, Säulen u. s. w. sowohl von Blech, als Papier.

77) Hamburger Zuckerbilder.

Nimm feinen Raffinadzucker, koche denselben mit destillirtem, oder wenigstens zuvor abgekochtem Wasser (wer dieses beobachtet, wird schöne weiße Zuckerbilder erhalten) zum Flug, und schäume ihn während des Kochens gut ab; dann tablire ihn recht weiß. Zuvor müssen die hölzernen Formen zwei Tage in Wasser eingeweicht und recht rein gebürstet werden. Dann nehme man abgeschälte Birkenreiser; das erste, welches etwas stärker sein muß, als die andern, ist das Mittelreis, dieses muß in der Mitte des Körpers, vom Kopf bis zu den Füßen gelegt werden, dann nimm ein feineres Reis, knicke es mit dem Messer ein, und lege es inwendig um den Kopf herum. Hierauf belege die Arme und knicke sie ebenfalls da, wo sie gebogen werden sollen. Die Enden aller Reiser müssen aber auf dem mittelsten zu liegen kommen; dann belege die Füße und zwar so, daß die Enden derselben zum Boden herausstehen, lege aber die Reiser jedesmal in den Hintertheil der Figur, dann lege man vorsichtig das Vordertheil der Form darüber und presse sie zwischen einer Presse zusammen, lege die Schraube so auf den Tisch, daß die Köpfe alle unten und die Füße nach oben zu stehen kommen. Dann gieße den tablirten Zucker ganz fein und langsam an dem Mittelstock in die Formen, bis sie voll sind. Wenn die Figuren kalt geworden sind, so schraube man die Presse auf, nehme beide Theile einer jeden Form auseinander, und hebe die Figuren bei dem dicken Mittelreis aus der Form, lege sie auf einen Tisch, oder auf ein Sieb, und lasse sie in der Wärme trocknen. Nun putze man sie mit einem scharfen Federmesser aus, male sie mit in Milch dickgekochtem Fernambuck, welchem man etwas Alaun und aufgelöstes arabisches Gummi zusetzt. Die Augen male man mit Tusche schneide Gold- und Silberstreifen, und verziere die Figuren nach Belieben damit.

78) Glasirte Kastanien.

Mache in jede Kastanie einen Schnitt durch die Schale, lege sie in eine Kaffeetrommel und brenne sie so lange, bis sie anfangen zu knacken; dann mache die Schale davon los, stecke an jede Kastanie ein spitzes Hölzchen, und tauche sie in zum Bruch gekochten Zucker, wie die Apfelsinen.

79) Glasirte Pommes de Sine.

Die gelbe Schale der Apfelsine wird behutsam abgezogen, und die noch ansitzende weiße Schale so weit abgeputzt, daß man die dünne Haut des Fleisches nicht beschädige. Dann theilt man sie ebenso vorsichtig in Achtelstücke, steckt an jedes Stückchen ein spitz geschnittenes Hölzchen, taucht sie in zum Bruch gekochten Zucker, und wenn kein Zucker mehr abtropft, dreht man solche so lange zwischen den Fingern, bis der Zucker hart ist.

Das Drehen geschieht deshalb, damit der Zucker sich gleichförmig ansetze, und keine unförmige Höcker bilde; auch gehören mehrere Personen zu dieser Arbeit.

80) Glasirte Kirschen.

Gieße von eingemachten Kirschen den Saft ab, und lasse solche in einem Siebe 24 Stunden auf dem Ofen stehen, damit sie gut abtrocknen. Dann steckt man jede einzeln, oder in Verbindung mit einer Glaskirsche oder Stachelbeere, an ein Hölzchen, taucht solche in zum Bruch gesottenen Zucker, dreht sie so lange, bis der Zucker beinahe hart ist, und wenn sie auf dem Bleche völlig erkaltet sind, macht man die Hölzchen ab und legt die Früchte auf Dessertteller.

81) Pommeranzen- oder Citronenschalen.

Nimm eingeweichte Pommeranzen- oder Citronenschalen, schneide solche in kleine viereckige Stückchen, stecke sie an Hölzchen und caramelire sie, wie die Kirschen. Auf diese Art macht man auch Haselnüsse, geschälte Pistazien, eingemachte abgetrocknete Himbeeren, Stachelbeeren und Pasten.

82) Caramelirte Haselnüsse.

Große Hasel- oder Lambertsnüsse werden behutsam aufgeklopft, die Kerne herausgenommen, an kleine Hölzer gesteckt, in Caramelzucker getaucht und wie die übrigen gefüllten Bonbons behandelt. Hat man die Hölzer herausgenommen, so werden sie in citronengelbes Papier gewickelt, welches an den Enden ganz fein geschnitten ist, das Bonbon hineingelegt, das Papier oben und unten zugedreht, daß das Ausgeschnittene ein kleines Büchschen bildet.

83) Caramelirte Erdbeeren.

Man nimmt schöne große Ananas-Erdbeeren, wo möglich frisch von den Stöcken, nimmt das obere grüne Sternchen ab, steckt sie an kleine Hölzer und taucht sie in Caramelzucker. Man darf nicht zu tief eintauchen, damit das Holz nicht mit in den Zucker kommt, indem sonst der Zucker abspringen und ein schlechtes Ansehen bekommen würde. Auch muß man ihnen durch fleißiges Umdrehen, bis sie ganz kalt sind, eine schöne Façon geben. Sie werden nicht eingewickelt und halten sich nur einige Stunden. Dasselbe Verfahren kann auch mit gelben oder rothen Kirschen stattfinden.

84) Candirte Birnen.

Unter candirten Früchten versteht man gewöhnlich ganze Früchte, welche erst in abgeklärtem Zucker eingemacht, dann getrocknet und candirt werden, wodurch sie ein krystallartiges Ansehen bekommen.

Von eingemachten Birnen lasse man den Saft abtropfen, und setze sie, in Siebe gelegt, auf den Ofen. Sobald sie aber trocken sind, werden sie in den Candirkasten gelegt, dann kocht man geläuterten Zucker zum 3. Grade (das heißt: zum kleinen Faden) und wenn er soweit abgekühlt ist, daß man einen Finger darin halten kann, ohne sich zu verbrennen, so gießt man ihn über die Früchte in den Kasten und läßt ihn über Nacht in der Wärme stehen. Nachher gießt man den Zucker ab, legt die candirten Früchte auf Siebe und läßt sie in der Wärme abtrocknen. Die Früchte, welche man candiren will, müssen trocken sein, sonst löst sich der Zucker davon ab; auch sind weiche Früchte, als Aprikosen u. s. w., nicht gut anwendbar; dagegen lassen sich Reineclaudes, Nüsse, Aepfel, Pasten und Quittenbrot auf obige Art gut candiren.

85) Pasten-Candirtes.

Man schäle Borsdorfer Aepfel, koche sie in Wasser weich und reibe sie durch ein Sieb, nehme zu jedem Pfd. Mark 1 Pfd. gestoßenen Zucker, und koche Beides unter stetem Rühren über Kohlenfeuer so dick, daß, wenn man als Probe etwas davon hat erkalten lassen, solches sich mit dem Messer schneiden läßt.

Man macht dieses Mark von verschiedenen Farben, als: Roth, Gelb, Grün und Blau, und gibt ihm auch verschiedenen Geschmack durch Citronen und Gewürze. Von diesen gefärbten Pasten, so wie auch von Quitten und andern Früchten bereitet, schneidet man schmale dünne Streifen, formirt allerhand Figuren, als: Buchstaben, Ringel, Herzen, Kronen u. dgl. mehr, legt solche auf Papier und läßt sie so lange in der Wärme stehen, bis sie ganz trocken geworden sind; jedoch müssen dieselben alle Tage umgewendet werden. Alsdann legt man solche schichtweise in den Candirkasten, gießt zum 3. Grade geläuterten Zucker darüber, läßt ihn in mäßiger Wärme 24 Stunden ganz ruhig stehen, dreht dann den Kasten um und läßt den dünnen Zucker rein ablaufen. Nun legt man die candirten Pasten auf Breter, und läßt solche abtrocknen.

86) Candirte farbige Mandeln.

Die Mandeln werden geschält und in dem Dragé-Kessel überzogen (s. d. folgenden Abschnitt) ohne sie zu glätten, dann werden sie verschiedenartig gefärbt, und wenn sie trocken geworden sind, schichtweise in den Candirkasten gelegt. Nachher gießt man abgeklärten, bis zum 2. Grade gekochten Zucker darüber und setzt den Kasten 8 Stunden in den Trockenofen. Nachher läßt man den Kasten 3 Stunden abtropfen, schüttet die candirte Masse auf den Tisch, sondert die Mandeln davon ab, und setzt sie bis zum andern Morgen in den Trockenofen. Dann werden sie wieder in den Candirkasten gelegt und der Zucker bis zum 3. Grade gekocht, abgekühlt, darüber gegossen und 6 Stunden in den Trockenofen gesetzt. Endlich läßt man sie abermals abtropfen, sondert die Mandeln aus, und läßt solche vollends abtrocknen.

87) Franz-Candirtes.

Koche Raffinadzucker zum kleinen Flug und schütte ihn in eine große tiefe blecherne Kapselform. Nun melire länglich geschnittene Pistazien, roth und gelb gefärbte Mandeln, eingemachte in kleine Stückchen zerschnittene Nüsse, Orangeschalen und Citronat, mische Alles zu gleichen Theilen wohl untereinander, und streue es ganz dicht auf den Zucker, drücke es mit einem Kartenblatt unter denselben, und lasse es im Trockenstübchen bis zum andern Tage stehen. Dann gieße den dünnen Zucker ab, lege das Candirte auf ein Bret, lasse es abtrocknen, und schlage es in kleine Stücken.

88) Traganth-Candirtes.

Man verfertigt von Traganthmasse Figuren und Früchte, welche lebhaft bemalt werden. Hierzu muß der Traganth ohne Zusatz mit reinem Zucker angewirkt und auch beim Arbeiten mit Zuckerpuder bestäubt werden. Aufgesetzte Dragées von mittler Größe sind am Passendsten dazu und die Früchte in der Größe von Lambertsnüssen. Sind die Figuren bemalt, so läßt man sie 6—8 Tage gut austrocknen und setzt sie in das Candirbecken.

Man läutert nun soviel Raffinadzucker, daß er zwei Finger hoch über das Eingesetzte geht, kocht ihn zum nicht zu starken Faden, nimmt ihn vom Feuer, läßt ihn kalt werden und gießt ihn dann in das Becken. Dieses wird schon zuvor in den Trockenofen gesetzt, welcher wie beim Candiskochen zuvor geheizt und das Becken auch so gestellt wird. Man läßt es so 24 Stunden stehen, gießt den dünnen Zucker ab, läßt es noch 2 Stunden in der Wärme stehen und nimmt die Figuren dann gleich aus dem Becken, indem man einen Boden oder eine Schicht nach der andern heraus- und die Figuren abnimmt.

Was in dem Becken oben liegt, wird weit schwächer candirt sein, als das Untere, da sich der Zucker immer mehr nach unten zieht und daher oben weniger Kraft hat. Daher sind alle Gegenstände, welche in den untersten Schichten liegen, beim ersten Candiren schon fertig. Das Uebrige wird nun auf Siebe oder Flechten gesetzt und 2 Tage in den Trockenofen gestellt, dann wieder in das Becken eingesetzt.

Hat man sich beim Candiren der Flechten von spanischem Rohr oder der Boden von Holzsieben bedient, so werden diese abgewaschen und gut getrocknet, ehe man sie das zweite Mal einsetzen kann. Bei dem zweiten Einsetzen wird so verfahren, daß die Stücke, wo der Zucker am Wenigsten angesetzt hat, nach unten zu liegen kommen.

Ist dies geschehen, so nimmt man etwas frischen Zucker, läutert ihn, gießt den vom ersten Male abgegossenen Zucker dazu und kocht ihn zum Faden, gießt ihn in das Becken und verfährt in Allem, wie das erste Mal.

89) Candirter Marzipan.

Man macht hier die Figuren von Marzipanmasse (s. Anhang), statt von Traganth, welche aber recht weiß sein muß.

Der Marzipan darf hier nicht glasirt, sondern blos gemalt und sehr gut ausgetrocknet sein, ehe man ihn in das Becken setzt. Der Zucker wird gereinigt, zum Faden gekocht und darüber gegossen, übrigens wie bei dem vorigen verfahren.

90) Candirte Mandeln.

Die Mandeln werden im Kessel überzogen (s. d. folgenden Abschnitt), jedoch nicht zu dick, und auf verschiedene Art gefärbt und gut abgetrocknet. Man legt sie in das Candirbecken, gießt gut abgeklärten und zum großen Faden gekochten Zucker darüber und setzt sie 10 Stunden in den Trockenofen. Man gießt nun den dünnen Zucker ab, läßt das Becken noch einige Stunden abtropfen, stürzt es dann auf den Tisch, sucht die Mandeln heraus und stellt sie einige Tage in den Trockenofen. Sie werden dann noch einmal in das Becken gesetzt, der Zucker zum großen Faden gekocht und in Allem wie das erste Mal verfahren.

91) Candirte Orangeblüthen.

Man nimmt hierzu weiß grillirte Orangeblüthen, legt diese der Reihe nach auf die Dräthe oder Flechten des Candirbeckens und beschwert die Letztern mit einem Gewichte, damit sie vom gekochten Zucker nicht in die Höhe getrieben werden. Der Zucker wird zum großen Faden gekocht, darüber gegossen und 8 Stunden in den Trockenofen gestellt. Man gießt nun den Syrup ab, läßt das Becken einige Stunden austropfen, stürzt es dann auf einen Tisch und liest die Orangeblüthen ab, welche man noch einen Tag in den Trockenofen stellt.

92) Pralins von Chokolade.

Drei Pfund feiner reinschmeckender Zucker wird zum starken Faden gekocht und auf eine mit Mandelöl bestrichene Marmorplatte ausgegossen und nach 6—8 Minuten mit einem hölzernen Spatel durchgearbeitet, daß er weiß und fest wird. Ist er dies geworden, so bleibt er einige Minuten liegen und es wird ein halbes Quentchen gestoßene Vanille darunter und die Masse wieder weich und zart gearbeitet. Man rührt nun unter 1 Pfund feingeriebenen warmen Cacao 12 Loth Staubzucker nebst etwas Vanille, formirt von der erstbereiteten Masse kleine runde Kugeln von der Größe einer Haselnuß, überzieht diese mit der warmen Cacaomasse, indem man sie mit einem Theelöffel in die Masse bringt, wieder herausnimmt und auf ein weißes Blech legt. Sind sie kalt geworden, so können sie für den Verkauf aufbewahrt werden.

93) Pralins mit Mandeln.

Drei Pfund Zucker werden zum trocknen Flug gekocht und 1 Pfd. gehackte und blaßgelb geröstete Mandeln in den Reibstein gethan, der Zucker darauf gegossen und beides zusammen gearbeitet, bis die Masse weich und zart geworden ist. Es kommt dann noch 1 Quentchen Vanille darunter und die Pralins werden wie die vorigen fertig gemacht.

94) Pralins mit Lambertsnüssen.

Statt der Mandeln werden $^3/_4$ Pfd. gehackte Lambertsnüsse nebst 1 Loth feingestoßenem Ceylon-Zimmt zum Zucker gethan und wie die vorigen behandelt, geformt und überzogen.

95) Pralins mit Punschgeschmack.

Man gieße Liqueur-Bonbons, welchen man mit feinem Arac und einigen Tropfen Citronenöl Geschmack gibt, und überzieht sie mit nicht zu stark schmeckender feiner Punschglasur, welche man einige Minuten in einem nur mäßig erwärmten Ofen trocknet.

Auf dieselbe Weise kann man Pralins mit Citronen-Geschmack, welche man gelb, und mit Rosen-Geschmack, die man roth glasirt, bereiten, und beim Verkauf mehre Farben durcheinander mengen.

96) Harte Pralins.

Ein Viertelpfund gelb geröstete und geschnittene Mandeln werden mit 12 Loth Cacao warm untergerieben, etwas gestoßene

Vanille und soviel Staubzucker hinzu gethan, daß man kleine Kugeln davon formen kann, welche, wenn sie kalt geworden sind, mit der oben beschriebenen Cacaomasse überzogen werden.

97) Praline-Bonbons.

Ein Viertelpfund geröstete Mandeln wird mit Milch gerieben, etwas gestoßene Vanille zugethan und dann soweit mit Milch verdünnt, daß es sich ausgießen läßt. Man formt zuvor viereckige Bonbons in Puder, kocht dann 1 Pfund Zucker zum schwachen Bruch, gießt die verdünnten Mandeln hinzu und läßt das Ganze noch einmal aufkochen und gießt es in Puder aus. Die Bonbons werden am andern Tage blos mit feingeriebenem Cacao überzogen.

98) Figuren von Conserven.

Man stößt feinen Raffinadzucker, siebt ihn durch ein Haarsieb und macht davon in einer Schüssel mit Wasser eine ziemlich feste Masse. Diese wird in eine Pfanne gethan und auf dem Feuer unter beständigem Umrühren so lange gewärmt, bis sie flüssig wird, dann werden die Formen davon voll gegossen. Diese werden zuvor gereinigt, in Wasser gelegt und mit Bindfaden fest zusammengebunden. Sind die Formen kalt geworden, so nimmt man die Bilder heraus, welche einen Tag getrocknet und dann bemalt werden.

Sie werden in Gypsformen gegossen, welche zuvor in Firniß gelegt und gehärtet worden sind.

99) Conserven-Früchte.

Man nimmt rohe Früchte, schneidet sie in der Mitte durch und gießt sie in Gyps ab. An der Stelle, wo der Stiel ist, wird eine Oeffnung in die Form gemacht, wo man den Zucker eingießen kann. Die Formen werden in Wasser gelegt und zusammengebunden.

Man bereitet nun die Masse, wie bei den Conservefiguren

angezeigt worden, gibt ihr jedoch dieselbe Farbe, wie die Früchte haben, welche man gießen will. Manche färben auch die Masse nicht, sondern bemalen die Früchte. Hat man nun den Zucker warm gemacht und in die Form gegossen, so läßt man sie 2 Minuten stehen, sticht an der Stelle, wo der Stiel hinkommen soll, mit einem spitzen Holze in die Früchte und läßt wieder etwas Zucker herauslaufen; dadurch werden die Früchte hohl, wiegen leichter und sind dem Verderben weniger ausgesetzt. Man läßt sie, bis sie kalt geworden, stehen, dann werden sie herausgenommen, einige Stunden getrocknet, mit Carmin geschminkt und in das Geschminkte wieder ganz feine Pinselstriche mit Cochenille gemacht.

100) Figuren von Caramel.

Man hat hierzu Zinnformen, welche mit Oel bestrichen und zusammengebunden werden. Der Raffinadzucker wird geklärt und zu Caramel gekocht, eine Minute stehen gelassen und dann in die Formen gegossen.

Man färbt den Caramel roth, blau und gelb. Um das zeitige Absterben zu vermeiden, thut man etwas Apfelgelée oder einige Tropfen Saft dazu.

Sechster Abschnitt.

Von den Kesselarbeiten, Tragantharbeiten und Pasten.

A) Von den Kesselarbeiten oder Dragés.

Dragés sind kleine trockene Confituren, die aus wohlschmekkenden kleinen Früchten, Samenkörnern, Rinden, Wurzeln und dergleichen bereitet und mit verschiedenen Schichten von hartem und weißem Zucker überzogen werden, dem man mancherlei Farben geben kann.

1) Geräthschaften, die zu den Dragés erforderlich sind.

Man braucht vorerst einen kupfernen, unten etwas gewölbten Kessel, welcher an beiden Seiten Henkel, und zwischen diesen eine Handhabe hat, damit man ihm beim Glätten der Dragés eine gleiche Bewegung geben kann. Um mit diesem Kessel schwebend zu arbeiten, werden an den Seiten-Henkeln zwei eiserne oder kupferne Ringe befestigt, durch welche 2 Stricke gezogen werden, die man an den beiden Enden eines horizontal hängenden Hebels einhängt, der mittelst einer Kette, oder eines starken Strickes, an der Decke befestigt ist. Auf diese Art kann der Kessel leicht nach jeder Richtung hinbewegt werden. Unterhalb desselben, in einer Entfernung von 5 Zollen wird eine Kohlpfanne mit glühenden Kohlen gestellt. Der Kessel darf nicht verzinnt sein, weil sonst die Waaren eine schwärzliche Farbe erhalten würden. Zu den Perl- oder Kraus-Dragés wird ein Trichter genommen. Man steckt eine hölzerne Spindel durch einen Ring, der mit Bindfaden so an beide Henkel befestigt wird, daß er gerade in der Mitte der oberen Oeffnung steht. Diese Spindel muß den untern Theil des Trichters anfüllen und dient dazu, den Zucker zu regieren, ob er schwach oder stark tropfen soll.

Auch werden mehre Siebe mit größeren und kleineren Oeffnungen gebraucht, um die Dicke der Dragés bestimmen zu können.

2) Allgemeine Regeln bei Bereitung der Dragés.

1) Müssen die Einträge stets nach der Menge von Dragé, den man im Kessel hat, abgemessen werden, d. h. man darf nicht zu viel flüssigen Zucker auf einmal auftragen, weil sich sonst der Dragé zusammenballen und am Boden des Kessels ansetzen würde.

2) Muß man nach jedem Aufguß gut trocknen, damit die Dragés nicht gelb werden.

3) Wenn man aufgetragen hat, muß man die Dragés mit der Hand umrühren, um sie anzufüllen.

4) Das Feuer muß man so regieren, daß die Dragés beim Schwenken nur heiß und nicht brennend, beim Bleichen aber nur lauwarm werden.

5) Das arabische Gummi wird gestoßen, mit hinlänglichem Wasser über gelindes Feuer gesetzt, und so lange umgerührt, bis es ganz zergangen und zum Fadenziehen eingedickt ist; dann wird es durch ein Haarsieb gegossen und zum Gebrauch verwahrt.

Es wird deshalb angewendet, um den Dragés mehr Festigkeit zu geben, und daß die Mandeln besonders sich nicht bläsern sollen.

6) So oft man Zuckerstaub auf den Boden des Kessels sieht, müssen die Dragés durchgesiebt werden, sonst setzt sich dieser Staub darauf, und macht sie unförmlich.

3) Weiße Vanille-Mandeln.

Man setzt 4 Pfund schöne Mandeln mit Wasser über Feuer, und wenn sie einmal aufgewallt sind, schüttet man solche in ein Sieb, gießt wieder kaltes Wasser darüber und schält sie. Nun läßt man dieselben 2 bis 3 Tage auf Sieben an der Luft trocknen, bevor man sie im Trockenofen hart werden läßt, außerdem würden sie sich spalten und halbiren.

Wenn sie ganz trocken sind, werden sie in den schwebenden Kessel gethan; dann kocht man 3 Pfd. Zucker zum Faden und sucht ihn warm zu erhalten. Jetzt fängt man damit an, daß man erst zwei Mal von dem aufgelösten arabischen Gummi, jedesmal ungefähr eine halbe Tasse voll, aufträgt und trocken arbeitet; dann trägt man 6 — 8 Mal von dem Zucker auf, doch dürfen die ersteren Aufgüsse nur halb so stark, als jene des Gummis sein, damit solche nicht zu feucht werden, weil sie dann schwer zum Trocknen gebracht werden können.

Nach den ersten 6 Aufgüssen verstärkt man die folgenden,

und so oft 8 Füllungen eingearbeitet sind, giebt man eine, welche zur Hälfte aus Zucker und Gummi besteht, fährt mit der Hand durch und darüber, damit Alles gleich wird und nicht zusammenklebt. Immer nach 5 bis 6 Aufgüssen werden die Mandeln ausgesiebt, und der Kessel ausgekratzt. Sind die Mandeln zur Hälfte stark genug, so mischt man fein gestoßene Vanille (2 Schoten) mit abgeklärtem Zucker und trägt davon drei Füllungen auf. Wenn die Mandeln stark genug sind, so setzt man sie in den Trockenofen bis zum andern Tage. Dann werden zwölf Füllungen Zucker, der mit Quell- oder Flußwasser abgeklärt und zum Faden gekocht wurde, aufgetragen. Nach der ersten und achten Füllung trägt man etwas Gummi auf, unterhält die Mandeln lauwarm und trocknet sie gut nach jeder Füllung, damit sie schön weiß werden, und durch zu große Hitze nicht ins Gelbe fallen.

Den dritten Tag werden sie mit dem feinsten weißen Zucker, der mit Quellwasser abgeklärt worden, gebleicht. Man trägt von Viertelstunde zu Viertelstunde eine Füllung auf, welche bei jedesmaligem Wiederholen um etwas vermindert wird, während man die Mandeln immer lauwarm erhält und beständig mit der Hand umrührt. Zehn solcher Füllungen sind zum Bleichen hinreichend.

Den vierten Tag endlich, werden die Mandeln oder andern Dragés mit Zucker überzogen, der blos zum kleinen Faden gesotten ist (erster Grad) und man trägt drei Füllungen davon auf, ohne Feuer unter dem Kessel zu haben. Diese Aufgüsse dürfen nur halb so stark, wie die vorigen sein, und werden noch stufenweise vermindert. Alle Dragés werden nun noch eine halbe Stunde lang umgerührt, damit sie schön weiß werden.

4) Verhüllte Rosen-Mandeln.

Vier Pfd. Mandeln werden wie die obigen zubereitet, drei Pfd. Zucker mit Rosenwasser bis zum Fadenziehen gesotten, und wenn sie zur Hälfte fertig sind, mischt man unter so viel Zucker, als 3 Aufgüsse erfordern, in einem Geschirr so viel aufgelöste Cochenille oder Carmin, daß der Zucker eine schöne rothe Farbe bekommt, welche nun, durch Auftragung auf die Mandeln, denselben mitgetheilt wird. Die Kohlen werden unter dem Kessel weggezogen, der Zucker leicht aufgetragen, und die Mandeln mit der Hand umgearbeitet, damit sie nicht zusammen hängen.

Nun schüttet man sie in ein Sieb und läßt sie 2 bis 3 Stunden im Trockenstübchen trocknen; dann thut man sie abermals in den Kessel und fängt wieder an, aufzutragen, doch so: daß die sechs ersten Aufgüsse ganz gering genommen werden, um die Farbe nicht aufzulösen. Bei der siebenten thut man etwas Gummi dazu, und fährt so fort, bis das Rothe ganz bedeckt ist; dann werden sie in den Trockenofen gesetzt, und den andern Tag wie oben weiter bearbeitet.

5) Rosen-Mandeln.

Die Mandeln werden, wie vorhergehend, zugerichtet, der dazu verbrauchte Zucker aber mit Rosenwasser abgekocht und mit Cochenille gefärbt. Nun wird dieselbe Behandlung, wie in beiden vorhergehenden Vorschriften, angewendet, nur daß beim Glätten der Mandeln drei Mal ungefärbter Zucker aufgetragen wird, um ihnen einen schönen Glanz zu geben.

Auf dieselbe Art macht man Mandeln von verschiedenem Geschmack, indem man dem Zucker einen Geschmack von Bergamotten, Pommeranzenblüthen, Citronenöl, Jasmin, Reseda u. s. w. gibt, und so auch die Farben, als Blau, Lilla, Grün und Gelb.

6) Pistazien, 7) Haselnüsse, 8) Kirschkerne, 9) geschälte Melonenkerne und dergleichen,

werden alle nach den allgemeinen Regeln bei Bereitung der Dragés, und nach Nr. 3 bereitet.

10) Weiße und farbige Cacaobohnen.

5 Pfd. Cacaobohnen werden geröstet und geschält, die dabei zerbrochen werden, hebt man auf zum Chokolademachen. Diejenigen aber, welche ganz geblieben, thut man in den Dragékessel (jedoch ohne Feuer darunter), gießt eine Ladung Gummi darü-

der, und wenn sie überall befeuchtet sind, schüttet man gestoßenen Zucker darüber, setzt den Kessel in Bewegung, und rührt sie mit der Hand um, damit der Zucker sich überall anhänge. Dann wird die Waare 3 Stunden zum Trocknen in die Wärme gesetzt, der klare Zucker durch ein Sieb abgesondert, die vorige Arbeit zum zweiten Male wiederholt, und der Cacao eine Nacht in den Trockenofen gesetzt. Den andern Tag kocht man 2 Pfd. Zucker bis zum Faden, trägt ihn in 10 bis 12 Ladungen über den Dragé, setzt noch eine mit Gummi hinzu, und verfährt wie gewöhnlich.

11) Zimmt-Mandeln.

Wenn die Mandeln blos weiß überzogen sind, so befeuchtet man sie mit etwas geläutertem Zucker und Gummi, streut eine Quantität fein gestoßenen Zimmt darüber, und läßt sie auf einem Siebe abtrocknen, dann wiederhole man diese Operation noch einmal.

12) Ueberzogener Anis.

Wenn der Anis rein ausgelesen, gewaschen und getrocknet ist, so reibe man ihn mit einem Tuche in einem Drathsiebe, damit die Stielchen abgehen, thue ihn in den Schwenkkessel und wenn ungefähr 4 Mal Zucker aufgetragen ist, dann mache man in einem andern Geschirr einen dünnen Brei von geläutertem Zucker und Stärkemehl, gieße so viel darauf, daß die Körner durchgängig davon benetzt werden, rühre sie mit der Hand wieder trocken, und fahre so abwechselnd fort, ein mal Zucker, das andere Mal von dem Brei aufzutragen, bis die Aniskörner groß genug sind. Dann gibt man ihnen den andern Tag die Politur.

13) Coriander, bunt und gekraust.

Der Coriander wird gewaschen, damit sich die Schalen abschwemmen, dann wieder getrocknet, in den Dragé-Kessel gethan und wie der Anis bearbeitet. Wenn die Körner groß genug geworden sind, so hängt man den Nr. 1 angegebenen Krausetrichter mitten über den Kessel, füllt diesen Trichter mit zur kleinen

Perle gekochtem ganz heißem Zucker, und läßt ihn unter unaufhörlichem Umschwenken abtropfen, bis er gänzlich mit kleinen Perlen bedeckt ist.

Auf diese Weise werden alle gekrausten Dragé-Confituren, als Anis, Cubeben, Citronenschalen, Orangeschalen und dergleichen gemacht.

Wenn der Coriander bis zum andern Tage gestanden hat, so theilt man ihn in so viel Theile, als man ihm Farben zu geben wünscht, schütte aber ja nicht zuviel aufgelöste Farbe daran, sonst löst sie das Gekrauste wieder ab.

14) Himbeer-Dragés.

Man löst 2 Loth Gummi-Traganth mit 8 Loth Wasser auf, ringt ihn dann durch ein Tuch in einen Reibasch, und rührt solchen nebst einem Zusatz zu einem dicken Teige, nimmt ihn theilweise auf die Marmorplatte, rollt den Teig in lange Streifen, zerschneidet ihn in erbsgroße Stückchen, rundet sie unter den Fingern und drückt mit einem Hölzchen eine Vertiefung ein, um die Himbeeren nachzubilden.

Wenn dieselben auf dem Ofen ganz trocken geworden, werden sie in den Dragé-Kessel gethan, wie der Coriander überzogen und geperlt. Man färbt sie theils roth mit Cochenille, theils gelb mit Curcumä.

15) Zuckerstengel.

Koche 1 Pfd. Zucker mit einem halben Nösel Wasser auf, schütte solchen in eine Schüssel, schlage 3 ganze Eier dazu, und mache Alles mit Mehl zu einem Teige, rolle ihn auf dem Kuchenbrete aus und schneide ihn in 2 Zoll breite Streifen, und diese wieder in 1/8 Zoll schmale Stengel, welche auf ein mit Mehl bestreutes Blech zum Backen gelegt werden. Nachher werden diejenigen, welche zusammengeklebt sind, von einander gebrochen, und die Stengel durch ein Sieb vom Mehle befreit; dann thut man sie in den Dragé-Kessel und trägt 3 Ladungen Zucker auf. Bei den nachfolgenden Aufgüssen wendet man ein um das andere Mal Stärkemehl mit an, welches man durch ein Drathsieb auf die angefeuchteten Stengel aufträgt. Wenn sie dick genug geworden und trocken sind, färbt man sie mit beliebigen Farben.

16) Nonpareille oder Streuzucker.

Thue ein Viertelpfund gepulverte Veilchenwurzel in den Dragé-Kessel und mache nur wenig Feuer darunter. Anfangs gibt man ganz kleine Ladungen mit abgeklärtem und bis zum zweiten Grade gekochtem Zucker, arbeitet Alles mit der flachen Hand wieder trocken und vermehrt die Ladungen allmälig; endlich wird die Nonpareille beim Größerwerden durch ein Sieb von den darunter befindlichen kleinen Körnern gesondert. Dann trägt man wieder eine Zeitlang Zucker auf, bis man für nöthig findet, die Gleichheit der Körner durch ein Sieb wieder herzustellen. Diejenige Nonpareille, welche nun groß genug ist, thut man bei Seite zum Färben, und bringt durch mehres Auftragen von Zukker den noch zu kleinen Streuzucker dem schon fertigen gleich. Dieser Dragé wird nicht weiß, wenn man ihn nicht nach jeder Ladung vollkommen trocken werden läßt. Befolgt man diese Methode genau, so erhält man eine vollkommen gleiche, runde und wohlriechende Nonpareille.

17) Gewürz-Dragé.

Außer obigen Dragés hat man auch noch die mit Zucker überzogenen Gewürze. In neuerer Zeit hat man es aber für zweckmäßiger gefunden, dieselben pulverisirt mit angemachtem Gummi-Traganth und Zucker zu einem Teige zu machen, aus welchem man verschiedene Figuren, als Ringelchen, Röschen und Herzchen, oder ovale und runde Küchelchen formirt, welche, wenn sie ganz trocken geworden sind, in dem Dragé-Kessel überzogen werden. Man macht dergleichen Dragés mit Chokolade, gestoßenen Muskatnüssen, Nelken, Zimmt, Kaffee, Violen, Bergamotten 2c.

B) Von den Tragantharbeiten oder Pastillen.

1) Traganthmasse zu Pastillen.

Gieße über ein Viertelpfund schönen weißen Gummi-Traganth, 1 Nösel Wasser, und lasse ihn 24 Stunden weichen, presse ihn dann durch ein leinen Tuch und reibe ihn mit fein gesiebtem Zucker an, bis er sich wie Seidenfaden spinnt, wirke ihn alsdann auf einer Marmorplatte mit Puder und Zucker zu einer festen Masse, und gib dieser den Geschmack von einer beliebigen Essenz.

Von dieser Masse kann man sowohl allerhand Figuren modelliren, als auch Portale, Säulen, Nischen, Galerien und dergleichen in gestochenen hölzernen Formen ausdrücken, solche mit einem scharfen Messer abschneiden und mit der nämlichen Masse, welche man ein wenig befeuchtet, herausheben, in der Wärme trocknen lassen und zu Desserts gebrauchen. Man kann dieser Masse auch alle bereits angegebenen Farben geben, welche mit Wasser zart gerieben unter die Traganthmasse gemischt werden.

Von dieser Masse macht man kleine Figuren, Schuhe, Pantoffeln, Tabakspfeifen, Früchte u. s. w., läßt sie trocknen, malt sie mit lebhaften Farben und candirt sie dann, wie oben angegeben ist.

2) Traganth-Blumen.

Schöne nach der Natur modellirte Traganth-Blumen sind eine wahre Zierde auf Tafeln und in Conditor-Läden, und es sollte sich jeder junge Mensch, der sich dem Conditorei-Geschäfte widmet, bemühen, um es im Modelliren aller Gegenstände, besonders aber im Bossiren von Traganthblumen zu einer besondern Fertigkeit zu bringen.

3) Kleine Traganth-Früchte.

Eben von solchem gefärbten Traganth-Teig bildet man im Kleinen alle Sorten von Früchten nach; mischt sie getrocknet unter einander, und füllt Bonbonnièren damit an.

4) Naturell-Pastillen.

Sie bestehen aus allerhand kleinen modellirten Gegenständen, als: Ordensbändern, Bleistiften, Briefen, Billets, Brieftaschen, Eiern, Hüten, Schemeln, Karten, Lichtern, Nadelbüchsen, Nägeln, Rauchkerzen, Siegellack, Ringen, Tabakspfeifen, Trompeten, Posthörnern, Bällen, Butter, Würfeln, Würsten, Trommeln, Tambourins, Garnrollen, Taubennestern, Raupen, Käfern, Zuckerhüten, Stiefeln, Hämmern u. s. w.

C) Von den Pasten.

Mit der Benennung „Pasten" bezeichnet man in der Conditorei diejenigen trocknen Confituren, welche aus dem Marke der Früchte, mit einem Zusatz von Zucker, vermittelst des Feuers in dem Grade verdickt werden, daß man die Masse aus den Pastenformen durch Ausblasen bequem trennen kann. Die Pasten müssen trocken sein und so viel Consistenz haben, daß sie sich beim Serviren weder an die Teller, noch an die Finger anhängen.

1) Apfel-Pasten.

Ein Dutzend Reinetten-Aepfel werden geschält, der Gröbst ausgeschnitten und die Apfelstücken mit einem Glas Wasser zu Mus gekocht. Dieses reibt man durch ein Haarsieb, setzt halb so viel gestoßenen Zucker, als das Mark schwer ist, nebst etwas abgeriebener Citronenschale hinzu, kocht Beides unter beständigem Umrühren mit einem hölzernen Löffel so dick, daß, wenn man etwas zur Probe hat erkalten lassen, solches geschnitten werden kann. Nun fülle man das Mark in die dazu bestimmten Förmchen von gebranntem Thon oder Blech, oder in deren Ermangelung in papierne Kapseln, welche einen einen kleinen Finger hohen Rand haben, und setze sie eine Nacht in das Trockenstübchen. Wenn sie auf der oberen Seite trocken sind, so blase man sie aus dem Förmchen, welches dadurch bewirkt wird, daß man die Pasten mit einem spitzen Messer auf einer Seite des Förmchens etwas lüftet und stark dazwischen bläst; auf diese Weise können sie bequem aus den Formen genommen werden. Jene in Papier-Kapseln werden von selbigen abgezogen und in 2 Glied lange und fingerbreite Stücke geschnitten, auf Siebe gelegt und nochmals getrocknet. Dann verwahrt man sie zwischen Papier in Schachteln.

2) Aprikosen-Pasten.

Man schäle recht reife Aprikosen und lasse sie über gelindem Feuer bis auf die Hälfte einkochen. Nun setze man eben so schwer, wie das Mark ist, gestoßenen Zucker dazu, und lasse es unter beständigem Rühren so lange allmälig kochen, bis es glatt vom Rührlöffel abfällt; dann füllt man die Masse ganz heiß in die Formen und läßt sie abtrocknen. Das Weitere wie bei Nr. 1.

3) Berberisbeer-Pasten.

Man koche 2 Pfd. abgezupfte Berberisbeeren weich, schütte dieselben auf ein Sieb und reibe sie durch; dann setze man ein Pfd. Apfel-Mark dazu und röste Beides trocken ab. Rühre 2 Pfd. gestoßenen Zucker unter das eingedickte Mark, lasse es gelinde aufkochen und fülle es in die Förmchen u. s. w. Man kann auch runde Plätzchen auf Schiefertafeln oder erwärmte Glasscheiben setzen, und wenn sie getrocknet und abgeschnitten sind, doppelt zusammenlegen, alsdann in Schachteln aufbewahren.

4) Birn-Pasten.

Es lassen sich alle Gattungen von Birnen dazu gebrauchen, nur müssen sie gut sein. Man röstet oder bäckt die Birnen in dem Backofen ganz weich und reibt deren Mark mit einem Rührlöffel durch ein Sieb. Nun nimmt man an Gewicht halb so viel Zucker als das Mark der Birnen schwer ist, und läßt es unter beständigem Umrühren wie bekannt einkochen u. s. w.

5) Durchsichtige Pasten, auch Glaszelten genannt.

Man nimmt gleiche Theile Quittenäpfel und Birnen, zerschneidet solche in vier Theile und wirft sie in frisches Wasser. Dann setzt man sie in einem Kessel über Feuer und läßt sie schnell weich kochen. Nun wird Alles in ein großes Sieb gegossen, damit der Saft in eine untergesetzte Schüssel abläuft, welcher dann, wenn er noch nicht hell sein sollte, durch den Filtrirbeutel geklärt werden muß.

Alsdann wird zu jedem Quart Saft 2 Pfd. Raffinadzucker genommen, Beides in einem Kessel über's Feuer gesetzt und bis zu einer starken Gelée eingekocht. Bevor man aber den geklärten Saft mit dem Zucker zum Feuer bringt, nimmt man so viele Loth Hausenblase, als man Quarte von dem Safte hat, klopft sie mit einem Hammer tüchtig, zerschneidet solche dann mit einer Scheere in kleine Stücken und kocht sie mit Wasser so lange, bis sie vollkommen aufgelöst ist. Alsdann seihet man sie durch ein leinen Tuch und schüttet sie zu dem kochenden Gelée, welcher, wenn er bis zu dieser Consistenz gesotten ist, in thönerne Pastenförmchen gefüllt wird.

Wenn nun die Pasten in den Förmchen gehörig erkaltet sind, so lüftet man sie mit dem Messer auf einer Seite und sucht sie durch starkes Darunterblasen aus den Formen zu bringen. Hierauf legt man dieselben auf gekräuselte Papierchen und verwahrt sie an einem kühlen Orte. Sie halten sich jedoch nicht länger, als 6 bis 8 Wochen.

Man kann die Masse auch mit Cochenille roth färben, sie darf aber erst hinzugegossen werden, wenn der Saft beinahe gahr gekocht ist.

6) Erdbeer-Pasten.

Die Erdbeeren werden durch ein Sieb gerieben und zu einem Pfd. Mark ein und ein Viertelpfund gestoßener Zucker genommen. Beides läßt man unter beständigem Umrühren bis zur gehörigen Dicke einkochen, und füllt dann das Mark in die Förmchen, oder setzt sie als runde Plätzchen auf Schiefertafeln und verfährt, wie mit den vorhergehenden Pasten.

Unter den Erdbeeren werden Wald-Erdbeeren verstanden, weil diese aromatischer und minder wässrig, als Garten-Erdbeeren sind.

7) Hagebutten-Pasten.

Schöne große reife Hagebutten schneide man von einander, mache die Kerne heraus, thue die Hagebutten in ein hölzernes Gefäß, schüttele sie täglich etlichemal um, und wenn sie mürbe sind, so reibe man sie durch ein Haarsieb. Thue dann zu zwei Pfd. Hagebutten-Mark ein Pfd. Aepfel-Mark, rühre nach und nach bei gelindem Feuer 3 Pfd. gestoßenen Zucker unter das Mark, lasse es unter beständigem Umrühren so lange kochen, bis es sich vom Kessel ablöst. Setze dann runde Plätzchen davon auf Glas oder Schiefertafeln und lasse sie so lange in der Wärme abtrocknen, bis sie auf der einen Seite trocken sind; schneide sie mit einem Messer, welches man öfters in warmes Wasser taucht, ab, doublire solche und lasse sie noch eine Nacht auf dem Siebe im Trockenstübchen stehen. Dann rangire man sie in Schachteln und lege zwischen jede Lage ein Papier.

Man muß auch etwas Citronat ganz schmal und dünn in Form eines Stiels schneiden, und solchen beim Doubliren, statt eines Stiels, dazwischen legen.

8) Heidelbeer-Pasten.

Man reibe die Heidelbeeren durch ein Sieb, röste das Mark unter stetem Rühren trocken ab, bedecke es einstweilen mit Papier, läutere und koche zu einem Pfunde Mark ein und ein halbes Pfund Zucker zum starken Flug, rühre ihn unter das Mark, lasse es einmal aufkochen und fülle es in die Pasten-Förmchen u. s. w.

9) Himbeer-Pasten.

Man nehme das Himbeer-Mark, welches bei Anfertigung der Gelée zurückgeblieben ist, reibe es durch ein Haarsieb und wende zu einem Pfd. desselben ein Pfd. gestoßenen Zucker an; koche beides über schwachem Feuer so lange, bis es sich ablöst und fülle es in die Förmchen u. s. w.

10) Johannisbeer-Pasten.

Das bei Anfertigung der Johannisbeer-Gelée zurückgebliebene Mark reibe man durch ein Haarsieb, thue zu 1 Pfd. Mark 2 Pfd. gestoßenen Zucker und lasse es unter beständigem Umrühren auf nicht allzustarkem Feuer einmal aufkochen, fülle es dann in die Förmchen, oder setze es mit einem Löffel rund auf Schiefertafeln und verfahre übrigens wie mit den vorhergehenden Pasten.

11) Kirschen-Pasten.

Man läßt 4 Pfd. ausgekernte Kirschen über dem Feuer sieben bis acht Sode thun und reibt sie mit einem Rührlöffel durch ein Sieb. Das durchgeriebene Mark wird wieder auf das Feuer gesetzt und dick eingekocht, dann thut man 2 Pfd. gestoßenen Zukker darunter, kocht es unter beständigem Umrühren, bis es sich ablöst, und füllt es in die Pasten-Förmchen, läßt sie abtrocknen u. s. w.

12) Mandel-Pasten von grünen Mandeln.

Man nehme fünf Hände voll durchgesiebte Asche und lasse solche in Wasser so lange kochen, bis sie eine Lauge bildet, die sich sanft und fett mit den Fingern anfühlen läßt. In diese thut man die unreifen Mandeln, von welchen die innere Schale noch weich sein muß und rührt sie mit dem Schaumlöffel beständig um, damit nicht die Asche auf dem Boden des Gefäßes liegen bleibt. Sobald die weichen Haare von den Mandeln leicht abgehen, nehme man sie vom Feuer, reinige sie einzeln und werfe sie sogleich in frisches Wasser. Man läßt alsdann Wasser sieden, thut die Mandeln in dasselbe und läßt sie weich kochen. Dann werden sie in einem Mörser gestoßen und mit dem Rührlöffel durch ein Haarsieb gerieben. Diese Marmelade kocht man nun mit ebensoviel gestoßenem Zucker, als jene am Gewichte beträgt, so lange, bis sie nicht mehr am Gefäße anhängt; rührt sie aber während des Kochens beständig mit einem Rührlöffel um, damit sie nicht anbrenne. Man fülle nun die Förmchen, oder setze runde Plätzchen davon auf Glas oder Schiefertafeln und lasse sie auf dem warmen Ofen trocken werden.

13) Maronen-Pasten.

Dreißig Stück große Maronen werden in siedendes Wasser geworfen und gekocht, bis sie sich leicht schälen lassen. Nachdem sie geschält sind, stößt man solche mit etwas Wasser in dem Mörser zart und reibt sie mit einem Rührlöffel durch das Sieb. Auf höchstens drei Viertelpfund dieser Marmelade setzt man ein Viertelpfund Aepfelmarmelade. Ferner koche man ein und ein Viertelpfund Zucker zum Flug, rühre unter denselben die Maronen- und Aepfelmarmeladen, und wenn Alles die gehörige Consistenz erlangt hat, füllt man es in die Förmchen.

14) Maulbeer-Pasten.

Man vermische das durchgeriebene Mark der Maulbeeren mit eben so viel Aepfelmarmelade und lasse beide wie gewöhnlich dick einkochen; setze dann eben so schwer gestoßenen Zucker hinzu und lasse es unter beständigem Umrühren bis zur gehörigen Dicke einkochen, formire darauf runde Plätzchen auf Schiefer- oder Glastafeln, lasse sie gehörig abtrocknen, dann doublire man sie, lege einen Stiel von dünn geschnittenem Citronat dazwischen und verwahre sie in Schachteln.

15) Melonen-Pasten.

Schneide die Melone in Stücken, schäle sie und nimm die Kerne nebst dem Fasrigen davon, dann koche sie in Wasser weich. Hierauf zerrühre die Stücke mit der Rührkeule in einer Schüssel und treibe dieses mit dem Rührlöffel durch ein Haarsieb, nimm eben so viel gestoßenen Zucker, als das Mark wiegt, drücke den Saft von einer Citrone dazu und lasse es unter beständigem Umrühren so lange langsam kochen, bis es sich ablöst; dann fülle das Mark in die Förmchen oder Papierkapseln.

16) Mispel-Pasten.

Man nimmt schöne große, aber teigige Mispeln, bricht sie von einander und reibt sie durch ein Haarsieb, läutert und kocht zu einem Pfd. Mark ein Pfd. Zucker zum Flug, rührt ihn nach und nach auf gelindem Feuer unter das Mark, thut ein halbes Loth fein gestoßenen Zimmt darunter, und wenn es zur gehörigen Dicke eingekocht ist, setze man es mit einem Eßlöffel rund oder länglich auf Schieferplatten und lasse die Pasten trocknen.

17) Orange-Pasten.

Die Orangen schneide man in zwei bis vier Stücken, drücke den Saft heraus und koche sie ganz weich, thue sie auf ein Spahnsieb, damit sie abtropfen, und reibe sie in dem Reibasche recht klar, rühre das Geriebene durch ein Haarsieb und nimm zwei Mal so viel Aepfelmark, als dieses beträgt, dazu, röste Beides trocken ab und koche zu einem Pfd. Mark ein und ein halbes Pfund Zucker zum Flug, rühre ihn nach und nach unter das Mark, damit es kleine Klumpen gibt, lasse es unter beständigem Umrühren ein Mal aufkochen, fülle die Förmchen damit an, und wenn sie abgetrocknet sind, verfahre man nach vorhergehender Art.

18) Pfirschen-Pasten.

Man schäle schöne reife Pfirschen, schneide sie klein und koche sie klar, dann reibe man sie durch ein Sieb, nehme so viel Zukker, als die Pfirschen an Gewicht betragen, reibe solchen auf dem Reibeisen, setze ihn zu den Pfirschen und koche Beides unter stetem Umrühren so lange, bis es sich ablöst, fülle nun das Mark in die Pasten-Förmchen und verfahre, wie oben angegeben wurde.

19) Pommeranzenblüth-Pasten.

Von einem Pfd. Pommeranzen-Blüthen werden die Blätter abgepflückt und in Wasser, wozu der Saft von einer Citrone gepreßt wurde, so weich gekocht, daß sie sich leicht mit den Fingern zerdrücken lassen. Hierauf schüttet man Alles auf ein Sieb, fängt das abgelaufene Wasser in einer untergesetzten Schüssel auf und benutzt es nun, die Aepfel darin zu kochen, wovon das Mark zu diesen Pasten mit angewendet werden soll.

Die weich gekochten Blüthen werden nun mit einem Rührlöffel durch das Sieb gerieben und mit ein und einem halben Pfunde Aepfelmark und zwei und einem halben Pfunde gestoßenem Raffinadzucker unter beständigem Umrühren auf gelindem Kohlenfeuer so lange gekocht, bis sich das Mark ablöst. Dann setzt man runde Plätzchen in der Größe eines Fünfgroschenstücks auf Schiefer oder erwärmte Glastafeln und läßt sie abtrocknen, schneidet solche dann mit einem dünnen Messer ab, legt sie auf Siebe, so daß der obere Theil nach unten zu liegen kommt, und trocknet sie nochmals; dann legt man sie in Schachteln zwischen Papier.

20) Quitten-Pasten.

Man schneide die Putzen aus reifen Quitten, koche sie in Wasser ganz weich und schäle sie. Das Mark schabe man mit einem Messer ab, reibe es durch ein Sieb, nehme eben so schwer, als das Mark am Gewichte ist, gestoßenen Zucker dazu, und röste Beides auf gelindem Feuer bis zur gehörigen Consistenz ab, fülle dann die Pasten-Förmchen damit an und lasse sie abtrocknen. Hierauf nimmt man sie nach dem gewöhnlichen Verfahren heraus und legt sie in Schachteln.

21) Reineclaude-Pasten.

Reife Reineclauden legt man in kochendes Wasser und läßt sie so lange darin, bis sie in selbigem in die Höhe steigen, legt sie dann auf ein Sieb, damit das Wasser abtropfen möge, macht die Kerne heraus, reibt das Mark durch ein Sieb, nimmt eben so schwer, als das Mark an Gewicht hat, Zucker, kocht ihn zum Flug, schüttet ihn unter das Mark, kocht es auf dem Feuer so lange, bis es in Lappen von dem Spatel herab fällt, und füllt dann die Pastenförmchen.

22) Gelbe Rüben- oder Möhren-Pasten.

Die Möhren werden geschabt und abgewaschen, weich gekocht, erst auf einem Reibeisen gerieben und dann das Mark wieder durch ein Haarsieb getrieben. Man läutert und kocht zu einem Pfd. Mark 1 Pfd. Zucker, rührt ihn nach und nach unter das Mark, drückt den Saft von 2 Citronen dazu, und läßt es unter beständigem Umrühren bis zur gehörigen Dicke einkochen.

23) Rothe Rüben-Pasten.

Wasche die Rüben im Wasser rein ab, und koche sie weich, schäle sie, und reibe solche alsdann zu Mark. Rühre es nun durch ein Haarsieb und röste das Mark ein wenig ab, wiege zu einem Pfunde Mark ein Pfund gestoßenen Zucker, und verfahre wie bei den vorangegangenen Pasten.

24) Stachelbeer-Pasten.

Man blanchire die ausgeputzten Stachelbeeren weich, reibe sie durch ein Sieb, röste das Mark trocken ab und drücke, wenn es gewogen ist, einen Bogen Papier darauf, damit es keine Haut zieht. Läutere und koche zu einem Pfd. Mark ein und ein halbes Pfd. Zucker zum Flug; rühre ihn nach und nach auf dem Feuer darunter und lasse es aufkochen, dann fülle man die Förmchen und lasse sie trocknen.

25) Veilchen-Pasten.

Ein Pfund ausgelesene Veilchen-Blätter reibe man mit etlichen Tropfen Citronensaft in einem Reibstein recht zart, passire solche durch ein Sieb, thue ein Pfd. schönes weißes Aepfelmark dazu und röste beides bei gelindem Feuer ein wenig ab. Koche 3 Pfd. Raffinadzucker zum Flug, rühre ihn nach und nach unter das Mark, lasse es unter beständigem Umrühren zur gehörigen Dicke einkochen und fülle es dann in die Förmchen.

26) Weinbeer-Pasten.

Man zerdrücke die abgepflückten Weinbeeren und lasse sie kochen, hernach reibe man Alles bis auf die Kerne durch ein

Sieb, setze etwas Aepfelmark dazu, nehme eben so viel gestoßenen Zucker, als das Mark an Gewicht hat, koche es unter beständigem Umrühren, bis es sich ablöst, und setze runde Plätzchen auf Schiefertafeln zum Abtrocknen u. s. w.

27) Grüne Zwetschen-Pasten.

Man koche die grünen Pflaumen weich, und reibe sie durch ein Haarsieb, läutere und koche zu einem Pfd. Mark ein und ein halbes Pfund Zucker zum Flug, rühre ihn nach und nach unter das Mark und lasse es bei schwachem Feuer so lange kochen, bis es sich ablöst. Fülle es dann in die Förmchen, lasse sie eine Nacht abtrocknen, blase die Pasten aus den Formen, trockne sie nochmals und lege solche in Schachteln zwischen Papier an einen trocknen Ort.

Siebenter Abschnitt.

Von dem Einmachen der Früchte, den Fruchtsäften, Gelées, Marmeladen, Mußen und Crêmes.

1) Johannisbeersaft.

Die Johannisbeeren werden ausgepreßt und der Saft gemessen. Zu einem Nösel oder einem Pfd. Saft thut man drei Viertelpfund Zucker in einen Krug oder eine Bouteille, schwenkt oder rührt es um, bis sich der Zucker auflöst, filtrirt dann den Saft durch ein Filtrirtuch, füllt ihn wieder in Bouteillen oder Krüge, bindet ihn fest zu, und bewahrt ihn auf. Man kann auch den Saft mit dem Zucker kochen, ihn dann filtriren und, ist er abgekühlt, in Bouteillen füllen.

2) Orangeblüthsaft.

Die Orangeblüthen werden ausgelesen und in eine Glas-Bouteille gethan, welche man warm macht und die Blüthen dann mit geläutertem zum kleinen Flug gekochten Raffinadzucker heiß übergießt, so daß sie völlig bedeckt sind. Man läßt sie 10 bis 12 Tage fest zugebunden stehen, preßt den Saft dann durch ein Tuch rein aus, füllt ihn in Bouteillen, bindet sie fest zu, und verwahrt sie an einem kühlen Orte.

3) Kirschsaft.

Reinige die Kirschen von den Stielen, stoße sie mit den Kernen recht fein und lasse sie einen Tag verdeckt stehen. Presse sie dann aus und koche zu einem Pfd. Saft drei Viertelpfund Zukker zum Flug, gieße den Saft durch ein feines Sieb dazu und lasse ihn ein Mal aufkochen, schäume ihn wohl ab, und fülle ihn in gewärmte Bouteillen. Wenn er völlig kalt ist, so binde die Bouteillen zu und bewahre sie an einem kühlen Orte auf. Auch kann man den Kirschsaft auf folgende Art bereiten. Wenn der Saft, wie oben gezeigt, ausgepreßt ist, so fülle ihn in Glas-Bouteillen, thue zu einem Pfd. Saft ein Pfd. kleingeschlagenen oder gestoßenen Zucker und etwas Zimmt und Nelken. Bedecke die Oeffnung der Bouteillen, doch ohne sie zuzubinden, und schwenke sie öfters herum, damit sich der Zucker auflöst. Wenn sie 8 Tage gestanden, so filtrire den Saft, fülle ihn wieder in Bouteillen, binde sie fest zu und stelle sie an einen kühlen Ort.

4) Himbeersaft.

Presse die Himbeeren in einer Presse durch ein gutes leinenes Tuch. Thue zu einem Nösel Saft drei Viertelpfund gestoßenen Zucker, rühre ihn oft um, damit sich der Zucker auflöst, filtrire ihn dann und fülle ihn in Bouteillen. Man kann auch den Zucker zum Flug kochen, den Saft dazu thun und ihn ein Mal aufkochen lassen, wohl abschäumen und in gewärmte Bouteillen füllen.

5) Quittensaft.

Man kocht und preßt die Quitten, wie bei der Gelée gezeigt, thut zu einem Pfd. Saft ein Pfd. kleingeschlagenen Raffinadzucker, läßt es einige Mal gelinde aufkochen und füllt es wohl abgeschäumt in gewärmte Bouteillen.

6) Veilchensaft.

Man rupfe die Veilchenblätter ab und lese sie aus, damit nichts Grünes darin bleibt. Thue sie in eine zinnerne Frierbüchse oder auch in eine andere Büchse von Steingut u. dergl., gieße dann nach Verhältniß der Blumen kochendes Wasser darüber, binde sie wohl zu und lasse sie einen Tag an einem warmen Orte stehen. Dann presse sie durch eine Serviette und wäge zu einem Nösel Saft ein Pfd. feinen Raffinadzucker, thue es zusammen in einen zinnernen Kessel oder in einen neuen irdenen Tiegel, drücke den Saft einer Citrone dazu und lasse den Zucker auf gelindem Feuer darin schmelzen. Wenn der Saft heiß ist und sich eine weißliche Haut darauf zeigt (er darf nicht kochen), so hebt man ihn vom Feuer, schäumt die Haut wohl ab und füllt ihn in gewärmte Bouteillen. Wenn er kalt ist, bindet man ihn zum Aufbewahren zu. Diesen Saft darf man durchaus nicht in ein kupfernes Gefäß bringen; er würde in demselben sogleich seine schöne blaue Farbe verlieren.

7) Aepfel, Borsdorfer, eingemachte.

Man schäle 30 Stück schöne Borsdorfer Aepfel, stoße mit einem runden Ausstecher das Kernhaus durch und blanchire sie nach und nach in kochendem Wasser. Denn wenn man zu viel von den zu blanchirenden (erweichenden) Früchten in das Gefäß thut, so werden zu viele zu Brei gekocht, welche man nicht benutzen kann. Sobald sie in die Höhe steigen, sind sie gahr, werden sogleich mit einem Schaumlöffel herausgenommen und in ein Sieb gelegt, damit das Wasser vollends abläuft. Nun kocht man vier Pfd. Zucker zum Breitlauf, thut die Aepfel dazu und läßt sie einmal darin mit aufwallen, dann thut man sie in Gläser.

8) Aepfel-Gelée.

Man schäle 2 Schock saftige Aepfel, schneide sie in Achtelstücke, mache die Kerne heraus, und lege sie in Wasser, damit sie schön weiß bleiben. Dann setzt man solche übers Feuer und kocht sie so lange, bis sie ganz weich geworden sind. Hierauf schüttet man das Mark in ein Haarsieb, welches auf einer irdenen Schüssel aufgestellt ist, damit der Saft von den Aepfeln hell ablaufe.

Zu diesem Safte, welcher ungefähr ein und ein halbes Quart beträgt, nehme man 3 Pfd. Zucker, schlage denselben in kleine Stücken, thue ihn in einen Kessel, gieße diesen Saft darüber, nebst dem Safte von zwei Citronen, setze den Kessel auf das Feuer, und siede die Flüssigkeit unter beständigem Abschäumen bis zur Dicke des Breitlaufs. So ist der Gelée von schöner weißer Farbe fertig, welcher sogleich in erwärmte Gläser gefüllt wird.

Will man auch farbige Gelées zum Verzieren der Torten haben, wozu sich der Aepfel-Gelée am besten eignet, so darf man nur unter den gewonnenen Aepfelsaft zum blauen Gelée etwas Heidelbeersaft, zum grünen ein wenig ausgepreßten Spinatsaft, zum gelben etwas mit Essig ausgezogenen Safran, zum rothen den Saft von rothen Rüben oder Preiselbeeren mischen.

9) Aepfel-Marmelade.

Zu dem zurückgebliebenen Aepfelmark des oben beschriebenen Gelée nehme man 3 Pfd. klaren Zucker, die kleingehackte Schale von 2 Citronen, nebst dem Saft derselben, setze dies in einem Kessel über Feuer und lasse es unter beständigem Umrühren mit einem Kochlöffel so lange darauf, bis es kocht; dann verwahrt man es in steinernen Büchsen.

10) Ananas einzumachen.

Die reife Ananasfrucht wird mit einem dünnen und scharfen Messer geschält und in federspulendicke Scheiben geschnitten, welche man in eine Assiette legt. Nun wird 1 Pfd. Zucker zum Bruch (oder bis zum 5. Grade der Zuckerprobe) gesotten und über die Ananas gegossen, welche man wohl verdeckt ein paar Tage an einem warmen Orte stehen läßt. Die Scheiben werden dann in ein Einmacheglas gelegt und wenn der Saft nicht zu dünn geworden ist, so wird er darüber gegossen, das Glas zugebunden und wohl verwahrt. Findet man aber, daß der Saft nicht dick genug wäre, so schüttet man ihn in die Zuckerpfanne und siedet solchen wieder bis zum 4. Grade (oder Breitlauf). Ist er etwas abgekühlt, so wird er über die Früchte gegossen.

11) Apfelsinen einzumachen.

Die Apfelsinen schneidet man in Viertel, nimmt die gelbe Schale ab und thut ebenso schwer Zucker dazu, als man Apfelsinen hat. Diesen siedet man bis zum Breitlauf, thut die Früchte hinein und läßt sie einmal mit aufwallen. Dann schüttet man sie in eine Schüssel, die man bis zum andern Tage stehen läßt. Sieht man, daß der Saft noch nicht dick genug geworden ist, so gießt man ihn durch einen Durchschlag, damit die Früchte zurückbleiben, wieder in den Kessel, siedet ihn nochmals bis zum Breitlauf und schüttet ihn heiß über die Früchte.

12) Apfelsinen-Gelée.

Man reibe die Schale von 2 Apfelsinen auf Zucker ab, füge von Letzterem so viel zu, daß es 1 Pfd. wird, und vermische ihn mit dem ausgepreßten Safte von 4 Apfelsinen, 2 Citronen und einem Quart Rheinwein. Nun giebt man 2 Pfd. aufgelöstes und gereinigtes Hirschhorn dazu, läßt es so lange kochen, bis sich, wenn man etwas herausgenommen hat und erkalten lassen, eine Gallerte bildet. Die Masse wird durch einen Geléebeutel so oft gegossen, bis sie klar durchläuft und dann in die bestimmten Gefäße gethan.

13) Apfelsinen-Marmelade.

Man kocht die Apfelsinen im Wasser weich und schält sie ab; nach dem Erkalten nimmt man die Kerne heraus und macht alles Uebrige ganz klein. Dann nimmt man auf 6 Früchte ein Pfd. Zucker, läßt ihn kochen, schäumt ihn ab, thut das Gehackte nebst dem Safte von einer Citrone hinein, rührt es wohl um und füllt die Masse, wenn sie dick ist, in ein Einmacheglas.

14) Aprikosen, eingemachte.

Zu einem Pfd. Aprikosen braucht man 3 Viertelpfund Zucker. Die reifen Aprikosen werden geschält, von einander geschnitten, und wenn der Zucker bis zum Breitlauf gesotten ist, werden die Aprikosen dazu gethan, welche man einmal mit aufwallen läßt. Nun schüttet man sie wieder in die Schüssel und läßt sie bis zum andern Tage stehen; dann wird der Zuckersaft wieder abgegossen, nochmals bis zum Breitlauf gesotten, über die Aprikosen gegossen, und wenn sie erkaltet sind, in Gläsern verwahrt.

Die ganzen Aprikosen, sowohl reife, wie unreife, werden ebenso behandelt, nur müssen die Früchte vorher blanchirt werden. Mit jenen, welche man in Branntwein einmachen will, verfährt man ebenso, doch mit dem Unterschiede, daß man, wenn die Früchte fertig eingemacht sind, die Hälfte von ihrem Saft zurück läßt, und den übrigen Saft mit eben so viel gutem Franzbranntwein vermischt, der über die eingemachten Früchte gegossen wird.

Den zurückgelassenen Saft kann man zu Gelée oder Marmelade gebrauchen.

15) Aprikosen-Gelée.

Man setze eine beliebige Quantität reife entkernte Aprikosen mit Wasser zum Feuer und koche sie weich; dann schütte man sie in ein Haarsieb, damit der Saft ablaufe. Zu einem Quart Saft nimmt man 2 Pfd. Zucker, siedet ihn bis zum Breitlauf, schüttet die Masse sofort in ein erwärmtes Glas oder in eine Steinbüchse, und die Gelée ist fertig.

16) Aprikosen-Marmelade.

Reife Aprikosen werden, wenn sie geschält und entkernt sind, nach ihrem Gewichte mit halb so viel gestoßenem Zucker in einem Kessel über Feuer bei stetem Umrühren so lange gekocht, bis die Stücke ziemlich klar geworden sind, dann wird die Marmelade aufbewahrt.

17) Berberisbeeren, eingemachte.

Zu 2 Pfd. recht reifer großer Beeren siede man 2 und ein halbes Pfd. Zucker zum Flug, thue die Beeren hinein und lasse sie etliche Mal mit aufsieden. Dann schüttet man sie in ein Sieb, läßt den Saft nochmals bis zum Breitlauf einkochen, thut die Beeren wieder dazu, und wenn sie halb erkaltet sind, füllt man sie in Büchsen.

18) Berberisbeeren = Gelée.

Von recht reifen Beeren macht man die Kerne aus, und gießt so viel Wasser darauf, bis sie ganz davon bedeckt werden. In diesem Wasser läßt man sie bei starkem Feuer, damit sie nicht schwarz werden, 20 Sode thun, und das Decoct durch ein Sieb laufen. Diesen Saft wiegt man und nimmt ein gleiches Maß geläuterten Zucker; setzt beides vermischt auf das Feuer, schäumt es ab, und kocht es bis zum Breitlauf, d. h. bis, wenn man den Schaumlöffel eingetaucht hat und in die Höhe hält, der Saft in breiten Streifen von dem Schaumlöffel fällt.

19) Bergamotten und Cedra=Früchte einzumachen.

Man macht bei jeder Frucht unten am Stiel eine kleine Oeffnung, legt sie in Wasser und läßt sie so weich kochen, daß man mit einer großen Stecknadel bequem hinein stechen kann. Hierauf legt man sie in frisches Wasser zum Abkühlen und macht mit einem kleinen Theelöffelchen von unten das Mark heraus. Nun nimmt man so viel halbe Pfd. Zucker, als man Früchte einmachen will, siedet den Zucker zum Faden, thut die Früchte hinein und läßt sie 5 bis 6 Sode thun. Dann schüttet man sie in eine Schüssel, die bis zum andern Tage stehen bleibt, gießt nachher den Saft ab, bringt ihn wieder auf das Feuer, setzt noch ein Stück Zucker hinzu, und wenn er kocht, thut man die Früchte wieder hinein, läßt sie nochmals aufwallen und wieder eine Nacht stehen. Zum dritten Male läßt man die Früchte abtropfen, den Saft mit frischem Zusatz von Zucker drei bis vier

Mal aufsieden, gießt ihn über die Früchte und läßt sie 2 Nächte stehen. Zum vierten Mal läßt man die Früchte 3 Tage stehen, und zum fünften Mal bringt man sie zu Ende, indem man ihnen noch mehr Zucker giebt, wenn es für nöthig befunden wird, denn die Früchte müssen schwimmen. Der Saft muß bei dem letzten Sieden zur großen Perle gesotten sein; man thut dann die Früchte hinein, läßt sie mit aufwallen, und dann sind sie fertig. Wenn sie abgekühlt sind, werden die Früchte so in die Gläser eingelegt, daß ihre Oeffnungen oben sind, und dann wird der Saft darüber gegossen.

20) Birnen, eingemachte.

Hierzu eignen sich vorzüglich Muskatellerbirnen, oder Beurré Blanc, die man schält, in Stücken schneidet und ins Wasser legt. Nun siedet man halb so schwer, wie die Birnen wiegen, Zucker zur Perle, läßt die abgetrockneten und mit Zimmt und Nelken gespickten Birnen verdeckt darin weich kochen, nimmt sie dann heraus, kocht den Zucker bis zum Breitlauf und hebt ihn vom Feuer. Dann legt man die Birnen in Einmachgläser und gießt den Saft darüber.

21) Bohnen, eingemachte.

Schöne grüne Bohnen werden von den Fasern befreit, in Wasser weich gekocht und zu einem Pfd. derselben 3 Viertelpfund Zucker zum Breitlauf gesotten, und die Bohnen dazu gethan, damit sie einmal mit aufwallen, worauf sie fertig sind.

Sie werden zu Verzierungen bei Torten u. s. w. gebraucht.

22) Brombeeren-Gelée.

Man koche die Brombeeren mit etwas Wein und Wasser in einer Kasserole auf, lasse den Saft durch ein Sieb laufen, thue zu einem Pfd. Saft 3 Viertelpfund Zucker und koche den Gelée zur gehörigen Consistenz.

NB. Alle Gelées werden bis zum Breitlauf eingesotten.

23) Cichorienwurzeln oder Hindläufte.

Die Cichorienwurzeln werden gewaschen und abgeschabt, dann in 3 bis 4 Zoll lange Stücken geschnitten und in Wasser weich gekocht, worauf man sie in ein Sieb schüttet, damit das Wasser abläuft. Nun setzt man eben so schwer, wie die Cichorien wiegen, Zucker auf das Feuer, siedet ihn zum Faden, thut die Wurzeln hinzu, läßt sie ein paar Mal aufwallen und hernach bis zum andern Tage stehen. Dann wird der Saft abgegossen, bis zur Perle eingesotten und wieder über die Wurzeln gegossen. Den dritten Tag wiederholt man dasselbe Verfahren, und siedet den Zucker zum Breitlauf, thut die Wurzeln auch dazu, und läßt sie ein paar Mal mit aufkochen. Den vierten Tag gießt man den Zucker nochmals rein ab, läßt ihn zum starken Flug sieden, nimmt sodann den Kessel vom Feuer und tablirt den Zucker so lange mit einem Kochlöffel, bis er abstirbt. Nun thut man die Wurzeln hinzu und rührt solche mit dem Kochlöffel so lange um, bis sich sämmtlicher Zucker angehängt hat; dann schüttet man sie auf reine Breter und läßt sie in der Wärme vollends trocknen.

24) Citronat, eingemachter.

Hierzu nimmt man gern recht dickschalige Citronen, welche wenig Saft haben. Man schneidet sie der Länge nach von einander, macht das Mark heraus und kocht sie weich. Die übrige Behandlung ist, wie bei den Pommeranzenschalen (s. d. A. Nr. 60).

25) Erdbeeren, eingemachte.

Man siede 2 Pfd. Zucker zum Breitlauf, thue 3 bis 4 Pfd. schöne ausgelesene Erdbeeren hinein, ohne sie mit kochen zu lassen, nehme den Kessel gleich vom Feuer, rüttele ihn, damit Alles unter einander komme, schütte die Erdbeeren in eine Schüssel, und wenn sie erkaltet sind, fülle man sie in Gläser.

NB. Beim Sieden dieses Zuckers kann man anstatt des Wassers 3 Viertel Nösel weißen Wein nehmen.

26) Erdbeeren-Marmelade.

3 Pfd. Zucker werden zum Flug gekocht und eben so viel zerquetschte Erdbeeren dazu gethan, damit sie ein paar Mal mit aufkochen. Nun wird Alles mit einem hölzernen Löffel durch ein weites Haarsieb gerührt, das Durchgeriebene aber noch etwas eingekocht und dann aufbewahrt.

27) Feigen, eingemachte.

Man nimmt schöne grüne, noch nicht völlig reife Feigen, sticht mit einer Stricknadel in jede Frucht vier bis fünf Mal und blanchirt sie so lange, bis ein Stecknadelknopf leicht durchgestochen werden kann; dann thut man sie in frisches Wasser zum Abkühlen und nachher in ein Sieb zum Abtropfen. Nun nimmt man eben so schwer Zucker, wie Feigen, siedet ihn bis zum ersten Grad (den Faden) und gießt ihn kalt über die Feigen. Dies wiederholt man 3 Tage und kocht den Zucker immer um einen Grad stärker. Bei den 2 letzten Malen thut man die Feigen bei Erreichung des Grades hinein und läßt sie ein paar Mal gelinde mit aufwallen. Abgekühlt thut man sie in Gläser.

28) Hagebutten, eingemachte.

Wenn die Kerne aus den Hagebutten entfernt sind, werden sie in Wasser gethan und gewaschen, sodann in ein Sieb geschüttet, damit das Wasser vollends abläuft. Nun nimmt man eben so viel Zucker, wie man ausgekernte Hagebutten hat, und wenn der Zucker kocht, thut man die Hagebutten hinein und läßt sie eine Minute lang mit kochen. Dann nimmt man sie mit einem Schaumlöffel heraus und siedet den Zucker bis zum Breitlauf, gießt ihn über die Früchte, und wenn sie erkaltet sind, verwahrt man sie in einem Glase. Man verbraucht dieselben hauptsächlich zum Verzieren der Torten.

29) Hagebutten- oder Rosenäpfel-Marmelade.

Hierzu nimmt man lieber Rosenäpfel, weil sie noch einmal so groß, als die Hagebutten sind. Man macht die Kerne aus, kocht sie in Wasser weich, schlägt sie durch ein Haarsieb und kocht das Durchgeschlagene mit auf Zucker abgeriebener Citronenschale, etwas gestoßenem Zimmt nebst Wein und Zucker zu einem dicklichen Brei.

30) Heidelbeeren, eingemachte.

Man siede 2 Pfd. Zucker zum Breitlauf, und schütte zwei Quart schöne, ausgelesene Heidelbeeren darunter, ohne solche mit kochen zu lassen.

31) Heidelbeeren-Gelée.

Man nehme eine beliebige Menge Heidelbeeren, setze sie mit etwas Wasser über Feuer und lasse sie zerkochen. Dann schütte man solche in ein Sieb, damit der Saft ablaufe. Von diesem Safte nehme man auf das Quart 5 Pfd. Zucker und siede ihn bis zum Breitlauf.

32) Himbeeren, eingemachte.

4 Pfd. Zucker siede man zum Flug, thue 8 Pfd. Himbeeren hinzu und lasse sie ein paar Mal mit aufwallen. Nun nehme man den Kessel vom Feuer, schütte die Himbeeren in ein Sieb, damit der Saft abläuft und siede nun den Saft bis zum Breitlauf, thue die Himbeeren wieder dazu und lasse sie noch einmal mit aufwallen, dann sind sie fertig.

33) Himbeer-Gelée.

Wird eben so gemacht, wie die von Heidelbeeren, nur daß man den vierten Theil Johannisbeersaft mit dazu nehmen kann.

34) Himbeer-Marmelade.

Hierzu kann man die von der Himbeer-Gelée zurückgebliebenen Beeren, von denen der Saft abgelaufen ist, nebst eben so viel frischen Beeren nehmen; dann nimmt man halb so viel Zucker, als Beeren, siedet ihn zum Bruch, thut erst die ganzen Beeren hinein und läßt sie mit aufkochen; dann bringt man die von der Gelée zurückgebliebenen auch dazu, und wenn Alles tüchtig aufgekocht hat, schüttet man die Marmelade in eine Schüssel.

25) Ingwer, eingemachter.

Man weiche 1 Pfd. Ingwer 24 Stunden in Lauge ein, gieße dieselbe nach Verlauf dieser Zeit ab und thue den Ingwer nun 24 Stunden in reines Flußwasser. Dann kocht man denselben in Flußwasser so lange, bis man den Kopf einer Stecknadel bequem hinein drücken kann. Nun siedet man 2 Pfd. Zucker zum Faden und gießt ihn kalt über den in eine Schüssel gelegten Ingwer. Den andern Tag wird der Zucker abgegossen, um einen Grad stärker gekocht und warm über den Ingwer gegossen; den dritten Tag wird er abermals um einen Grad stärker gesotten und heiß übergegossen. Den vierten Tag fügt man einen Zusatz von ½ Pfd. frischem Zucker bei, läßt ihn bis zum Breitlauf sieden, thut den Ingwer dazu, damit er auch einmal mit aufwallt, schüttet ihn wieder in die Schüssel, und wenn er erkaltet ist, verwahrt man ihn in Büchsen.

36) Johannisbeeren, eingemachte.

3 Pfd. Zucker werden zum Flug gekocht und 4 Pfd. abgestreifte Johannisbeeren dazu geschüttet, die man einmal mit aufwallen läßt. Nun wird Alles in einen Durchschlag geschüttet, damit der Saft ablaufe, welchen man wieder auf das Feuer setzt und bis zum Breitlauf einsiedet, wobei das Abschäumen, wie bei jeder andern Frucht, die man einmacht, nicht vergessen werden darf. Dann thut man die Beeren wieder dazu und läßt sie noch einmal mit aufwallen.

37) Johannisbeeren-Gelée.

Man setzt die abgestreiften Johannisbeeren übers Feuer und rührt sie mit einem Kochlöffel fleißig, damit sie während des Kochens ihren Saft völlig von sich lassen. Diesen läßt man nun durch ein Sieb, ohne darin zu rühren, ablaufen. Dann nehme man auf 1 Quart Saft 3 Pfd. Zucker und siede ihn, wenn er gut abgeschäumt ist, bis zum Breitlauf.

38) Johannisbeer-Marmelade.

3 Pfd. Zucker siede man zum Flug, thue die von der Johannisbeer-Gelée zurückgebliebenen Beeren dazu und rühre sie wohl unter einander. Wenn sie aufgekocht sind, füllt man sie in Büchsen und verbraucht die Marmelade zum Füllen der Torten oder anderm Backwerke.

39) Kalmus, eingemachter.

Die Wurzeln werden gewaschen und geschält, dann in 3 bis 4 Zoll lange Stücken geschnitten, welche man 8 Tage lang einwässert und ihnen täglich frisches Wasser gibt. Hernach kocht man dieselben, bis man einen Stecknadelknopf hinein drücken kann, thut sie nochmals 24 Stunden in frisches Wasser und gießt es alsdann ab. Nun tritt dasselbe Verfahren ein, wie bei dem Ingwer angegeben wurde.

40) Kalmus, trocken eingemachter.

Die Behandlung ist der Obigen gleich, nur mit dem Unterschiede, daß die Wurzeln in Scheibchen geschnitten werden, der Zucker den letzten Tag zum Flug gesotten wird und man den hinzugethanen Kalmus in demselben so lange auf dem Feuer rührt, bis sich alle Flüssigkeit so verdickt hat, daß fast aller Zucker am Kalmus hängt. Nun bringt man ihn vom Feuer, nimmt eine Kelle voll aus dem Kessel und wirft ihn in das auf dem Tische liegende Mehl mit Zucker vermengt, melirt den Kalmus rasch darunter, damit sich etwas davon anhänge, thut diesen schnell bei Seite und fährt in dieser Weise so lange fort, bis aller Kalmus aus dem Kessel den Weg durch das Zuckermehl gemacht hat. Man läßt ihn noch eine Nacht in der Wärme auf Bretern stehen.

41) Kirschen, eingemachte.

Zu 12 Pfd. ausgekernten Kirschen siede man 6 Pfd. Zucker zum Flug, thue dann die Kirschen dazu, lasse solche mit aufkochen, gieße sie hierauf in ein Sieb, damit der Saft ablaufen kann. Nun setze man denselben wieder aufs Feuer, siede ihn bis zum Breitlauf, thue die Kirschen wieder hinzu und lasse sie noch einmal aufwallen, dann sind sie fertig. Wenn sie kalt geworden sind, verwahrt man sie in Büchsen.

42) Kirschen-Gelée.

Man zerkoche eine beliebige Menge ausgekernte Sauerkirschen, und schütte sie in ein Sieb, damit der Saft ablaufe. Von diesem Safte nehme man auf das Pfund eben so viel Zucker und siede ihn, während er gut abgeschäumt werden muß, zum Breitlauf.

43) Kirschen-Muß.

Zu 20 Pfd. ausgekernten Herzkirschen nehme man 3 Pfund Zucker, koche sie in einem großen Kessel unter beständigem Umrühren ganz klar und so dick ein, daß sich, etwas in einen Eßlöffel genommen, kein Saft mehr davon ausscheidet; dann ist das Muß gahr, wird in steinerne Büchsen gethan und zugebunden aufbewahrt.

44) Grüne Mandeln, unreif eingemachte.

Man mache von Holzasche eine gewöhnliche Lauge, setze sie auf das Feuer und wenn sie kocht, thue man die unreifen grünen Mandeln hinein und lasse sie nur so lange darin, bis die weichen Haare von den Mandeln gut abgehen. Alsdann nehme man sie vom Feuer, schütte dieselben in ein Sieb oder einen Durchschlag, reinige jede einzeln und werfe sie sogleich in frisches Wasser. Hierauf bestecke man sie mit einer Stecknadel, setze sie mit Wasser nur so lange auf das Feuer, bis sie schäumen, wobei aber das Gefäß bedeckt sein muß, damit sie ihre grüne Farbe wieder erhalten. Wenn dies geschehen, so schüttet man das Wasser ab, thut die Mandeln in eine Schüssel, schüttet zum Faden gesottenen Zucker kalt darüber und läßt sie bis zum andern Tage stehen. Nun schüttet man die Mandeln in einen Durchschlag, kocht den Saft um einen Grad stärker und schüttet ihn heiß über die Mandeln. Den dritten Tag gießt man den Zucker wieder ab, läßt ihn bis zum Breitlauf sieden, thut dann die Mandeln auch hinzu, damit sie auch einmal mit aufwallen; dann sind sie fertig und man füllt sie erkaltet in Gläser.

45) Maronen oder Kastanien, eingemachte.

Die Märonen werden von der äußern braunen Schale befreit, in Wasser so lange gekocht, bis man einen Stecknadelknopf einstechen kann. Nach diesem hebt man sie vom Feuer, zieht einer nach der andern, so lange sie noch warm sind, die inwendige Schale ab und wirft sie in Wasser, worein man den Saft einer Citrone gedrückt hat, damit sie schön weiß bleiben. Alsdann bringt man sie in eine Schüssel, gießt eben so viel geläuterten Zucker, worin der Saft von einer Citrone, heiß darüber, stellt sie auf einen warmen Ofen und läßt sie so 24 Stunden stehen. Hernach siedet man den Zucker wieder auf, läßt die Maronen auch einmal mit aufwallen, setzt sie nochmals 24 Stunden auf den warmen Ofen und schüttet sie dann in ein Sieb, damit sie abtropfen. Nun siedet man den Zucker zur großen Perle, thut die Maronen hinein, läßt sie nochmals mit aufwallen und verwahrt sie in Gläsern.

Will man die Maronen trocken eingemacht aufbewahren, so wird der Zucker beim letzten Male Sieden anstatt zur Perle, zum Flug gesotten; man thut die Maronen hinein und läßt sie ein Mal mit aufwallen. Nachdem hebt man sie vom Feuer und wenn der Zucker ein wenig abgekühlt ist, rührt man ihn mit einem Kochlöffel am inneren Rande des Kessels herum (tablirt ihn). Sobald er auf einer Seite weiß wird, nimmt man mit einer Gabel eine Marone nach der andern und kehrt sie ganz behutsam in dem weiß gewordenen Zucker um; man muß sich aber in Acht nehmen, daß sie nicht zerbrechen. Aus dem Zucker legt man sie auf ein Drathgitter, läßt sie vollends trocken werden und hebt sie zum Gebrauch auf.

46) Maulbeeren, eingemachte.

Sie werden ganz so, wie die Erdbeeren, behandelt (siehe Nr. 25), oder auch mit einem Zusatze von 1/2 Quart Essig auf 1 Pfd. Zucker, mit etwas Zimmt und Nelken.

47) Mehlbeeren, eingemachte.

Man lese alle Unreinigkeiten von den Beeren, wasche sie aber nicht, weil sie solches nicht vertragen, und setze sie in einem Kasserole über Kohlenfeuer. Sie geben bald ihren Saft von sich, und in diesem müssen sie gahr kochen; dann verwahrt man sie in Steintöpfen oder Einmachgläsern. Beim Gebrauche versüßt man eine beliebige Portion mit gestoßenem Zucker und Zimmt.

48) Melonen, eingemachte.

Wenn die Melonen geschält und in fingerbreite Streifen geschnitten sind, kocht man sie in Wasser einmal auf und schüttet sie sogleich in dünn geläuterten Zucker. Man gießt diesen mehre Tage hinter einander ab, kocht ihn immer um einen Grad stärker, bis man denselben am vierten Tage zum Breitlauf gebracht hat. Die Melonen läßt man einmal mit aufwallen und verwahrt sie dann in Gläsern.

49) Melonen mit Essig.

Die in Streifen von der Breite zweier Finger geschnittenen Stücken werden mit Zimmt und Nelken gespickt; auf 1 Pfund Melonen rechnet man dann 3/4 Pfd. Zucker und 1/4 Quart Weinessig, welchen man kocht und abschäumt. Dann thut man 10 bis 12 Stück Melonen hinein, läßt sie einmal aufwallen, nimmt sie sogleich mit dem Schaumlöffel wieder heraus, thut sie in das dazu bestimmte Glas und fährt so fort, bis alle Melonenstücke diesen Weg gemacht haben. Nun hebt man den Sud vom Feuer, läßt ihn ein wenig abkühlen und schüttet ihn über die Früchte.

50) Mirabellen, eingemachte.

Die Mirabellen werden mit einer Nadel gestochen, dann blanchirt man sie, das ist: man wirft immer nicht mehr als 12

Stück auf einmal in kochendes Wasser und wenn sie in die Höhe steigen, nimmt man sie mit einem Schaumlöffel heraus und thut sie wieder in kaltes Wasser. Die übrige Behandlung ist der wie bei den süß eingemachten Melonen gleich. (Siehe Nr. 48.) Dem Gewichte nach nimmt man eben so viel Zucker, als Früchte.

51) Mispeln, eingemachte.

Hierzu nimmt man schön mürbe gewordene Mispeln, scheidet die Putzen ab, läßt sie mit abgeschäumtem Zucker aufkochen, schöpft sie mit einem Schaumlöffel heraus, siedet den Zucker bis zur Perle, schüttet ihn nun wieder über die Mispeln und verwahrt sie.

52) Nüsse, grüne, eingemachte.

Wenn die Wallnüsse halb reif sind (ungefähr zu Anfang Juli), so durchsticht man sie dreimal mit einer Packnadel, wirft sie in Wasser, welches man täglich, 8 Tage hintereinander, abschüttet und wieder frisches aufgießt. Den 9. Tag aber kocht man sie in Wasser weich, bespickt sie mit Zimmt, Nelken und länglich geschnittenen Streifchen von Citronenschalen, legt sie dann in einen großen Topf und gießt dünn geläuterten Zucker kalt darüber. Den zweiten Tag wird der Zucker abgegossen; den dritten Tag wieder etwas stärker gesotten und heiß darüber gegossen; den vierten Tag aber kocht man den Zucker bis zur Perle, läßt die Nüsse auch mit aufkochen und füllt sie dann in Büchsen. Sollte der Zucker nach einiger Zeit wieder zu dünn werden, so gießt man ihn ab und kocht ihn wieder dicker ein. Zu einem Schocke Nüsse braucht man ungefähr 6 Pfd. Zucker.

53) Nüsse, weiße, eingemachte.

Junge Nüsse, die noch nicht ausgewachsen sind, werden bis auf das Weiße geschält und in kaltes Wasser geworfen. Alsdann werden sie aus dem kalten Wasser genommen und in einen Kessel, worin sich heißes, aber noch nicht siedendes Wasser befindet, geschüttet, und wenn das Wasser auf dem Feuer anfängt zu kochen, werden die Nüsse herausgenommen, in anderes, wirklich siedendes Wasser, worein man etwas gestoßenen Alaun gethan hat, gelegt, und so lange darin gelassen, bis sie so weich sind, daß sie von der Nadel fallen, mit der man sie durchsticht. Nun nimmt man die Nüsse mit dem Schaumlöffel heraus, thut sie in frisches Wasser, worein der Saft von einer Citrone gedrückt wurde und läßt sie darin abkühlen. Dann siedet man eben so viel an Gewicht, als die Nüsse schwer sind, Zucker zum Flug, läßt ihn in einer Schüssel kalt werden, thut die abgeträufelten Nüsse hinein, läßt sie bis zum andern Tage stehen, wo man den Zucker abgießt, bis zum Faden siedet und lauwarm über die Nüsse schüttet. Den dritten Tag wird der Zucker bis zur Perle gesotten und so warm über die Nüsse gegossen, wie man einen Finger darin leiden kann.

54) Pfirschen, eingemachte.

Die Pfirschen werden etwas unreif genommen, mit einer Nadel gestochen, dann blanchirt man sie weich und legt sie in kaltes Wasser. Man braucht eben so viel Zucker, als das Gewicht der Pfirschen beträgt und verfährt übrigens wie bei den Melonen. (Siehe Nr. 48.) Man kann die Pfirschen auch schälen und halbiren, ihre Kerne aufklopfen und dieselben abgebrüht mit in die Gläser zu den Pfirschen thun, so wie bei den Aprikosen dasselbe geschieht.

55) Pfirschen-Gelée.

Man schäle eine Quantität ganz reife Pfirschen, zerschneide dieselben in kleine Stücken, gieße so viel Wasser darauf, daß es gerade darüber steht, schäle auch den vierten Theil soviel Aepfel, welche ebenfalls klein geschnitten dazu gethan werden und lasse Alles auf dem Feuer zerkochen; dann wird die Masse in ein Haarsieb geschüttet, damit der Saft hell ablaufe. Zu diesem Safte nehme man auf das Quart 3 Pfd. Zucker und siede ihn, nachdem er abgeschäumt ist, bis zum Breitlauf.

56) Pfirschen-Marmelade.

Hierzu nimmt man das von dem Gelée zurückgebliebene Mark, nebst noch einem Zusatz von frisch geschälten, in kleine Stücken geschnittenen reifen Pfirschen und dem Gewichte nach den vierten Theil weniger gestoßenen Zucker dazu, setzt Beides in einem Kessel über Kohlenfeuer und läßt es unter beständigem Umrühren so lange sieden, bis die Stücken weich und zerkocht sind. Dann rühre man die Marmelade durch einen blechernen Durchschlag, gleich jeder andern, die von Fruchtarten gemacht wird.

57) Pflaumen, eingemachte.

Schöne große Reineclauden werden in ganz schwach kochendem Wasser blanchirt, dann in kaltes Wasser gelegt, welches, wenn man mit dem Blanchiren fertig ist, wieder abgegossen wird. Auf 100 Stück Reineclauden nimmt man ungefähr $2^{1}/_{2}$ Pfund Zucker, läutert solchen und gießt ihn kalt darüber. Den andern Tag schüttet man den Zucker wieder davon ab, siedet ihn bis zum Faden und gießt ihn warm über die Früchte. Den dritten Tag wird der Saft bis zur Perle gesotten und heiß über die Früchte in einen blechernen Durchschlag gegossen, damit der Saft rein ablaufe, man siedet diesen bis zum Breitlauf, thut von den Früchten immer nicht mehr als 12 bis 16 Stück hinein, und wenn sie ein Mal gekocht sind, hebt man den Kessel vom Feuer und thut sie mit dem Schaumlöffel sogleich in das dazu bestimmte Glas. Nun bringt man wieder eben so viele andere Reineclauden in den Kessel, setzt ihn gleichfalls auf das Feuer, und fährt so fort, bis alle Früchte diesen Prozeß bestanden haben; dann gießt man den Saft vollends darüber.

58) Pflaumen-Marmelade.

Man nehme eine Gattung von Pflaumen, welche man will, entferne die Kerne daraus, gieße ein wenig Wasser hinzu und lasse sie weich kochen. Dann schüttet man sie in ein Sieb oder blechernen Durchschlag und rührt sie mit einem hölzernen Löffel durch. Nun nehme man eben so schwer, als die Pflaumen sind, gestoßenen Zucker, thue diesen zu dem Mark und lasse es so lange kochen, bis sich kein dünner Saft mehr davon ausscheidet.

Nach diesen beiden Vorschriften werden alle Sorten von Pflaumen sowohl eingemacht, als auch die Marmeladen gefertigt.

59) **Pommeranzeneinmachen.** (Siehe Apfelsinen Nr. 11.)

60) Pommeranzenschalen, eingemachte.

Die Früchte werden halb von einander geschnitten und das Mark mit einem Blechlöffel heraus gemacht, dann kocht man die Schalen weich, siedet Zucker bis zum Faden und gießt ihn warm über die Schalen. Den zweiten Tag wird der Zucker abgegossen, um einen Grad stärker gesotten und die Schalen läßt man ein Mal mit aufwallen. Den dritten Tag gießt man den Zucker wieder ab, siedet ihn zum Flug, nimmt den Kessel vom Feuer, tablirt den Zucker, thut nun die Schalen hinein und rührt sie mit einem hölzernen Löffel so lange darin um, bis sich aller Zucker angehängt hat. Dann stellt man sie einzeln auf ein Bret und läßt sie am warmen Ofen vollends trocknen.

61) Quitten, eingemachte.

Man schält schöne große Quitten, schneidet sie in Achtel und sondert das Kernhaus ab, legt sie in frisches Wasser, kocht sie nachher in anderm reinen Wasser weich und schüttet sie in ein Sieb, damit das Wasser abläuft. Nun nimmt man eben so viel an Gewicht Zucker, als die Quitten wiegen, gießt etwas Wasser darauf und siedet ihn bis zur Perle. Dann thut man die Quitten dazu, läßt sie etliche Mal mit aufkochen und hebt sie in Gläsern auf.

62) Quittenbrot.

Man kocht die Quitten weich, schabt das Fleisch fein ab, oder reibt es auf einem Reibeisen und rührt zu einem Pfunde dieses Markes ein Pfund gestoßenen Zucker. Man kocht dieses auf mäßigem Kohlenfeuer unter beständigem Umrühren so lange, bis er sich vom Kessel ablöst. Nun thut man etwas gestoßenen Zimmt, abgeriebene Citronenschale und klein geschnittenen Citronat darunter, füllt die Masse in blecherne Formen und läßt sie in der Wärme trocknen.

63) Quitten-Gelée.

Wird wie Aepfel-Gelée gemacht (m. s. d. A. Nr. 8).

64) Quitten-Marmelade.

Wie Aepfel-Marmelade (m. s. d. A. Nr. 9).

65) Reineclauden einzumachen. (S. d. A. Pflaumen Nr. 57.)

66) Rosenäpfel, mit Essig eingemacht.

Die Rosenäpfel sind größer und viel feiner als die Hagebutten, eignen sich deshalb auch sehr gut zum Dessert auf die Tafel, besonders wenn sie auf nachstehende Weise zubereitet sind.

Die Rosenäpfel werden halbirt, die Kerne rein ausgemacht, und sie in Wasser vollends gereinigt. Alsdann wird zu einem Pfunde Früchte 1 Pfd. Zucker mit $^1/_2$ Quart Weinessig gekocht und abgeschäumt; die Rosenäpfel hinzugethan, welche man etliche Mal mit aufkochen, dann erkalten läßt und in einem Einmachglase aufbewahrt.

67) Schlehen, eingemachte.

Man lege die reifen Schlehen in Einmachegläser oder Steintöpfe, streue etwas Zimmt und Nelken dazwischen, siede 1 Pfund Zucker in einem Quart Essig, welchen man, wenn er abgekühlt ist, darüber schüttet.

68) Schlehen, mit Essig eingemacht.

Man schichtet die Schlehen mit etwas Senfkörnern in Steintöpfe, kocht Essig mit eben so viel Wasser verdünnt und gießt ihn darüber.

69) Sellerie, eingemachter.

Der Sellerie wird gewaschen und rein abgeputzt, die Knollen sodann in Wasser weich gekocht und wenn er abgekühlt ist, in beliebige Stücken geschnitten. Nun siedet man 1 Quart Weinessig, worin 1 Pfd. Zucker aufgelöst worden, schäumt ihn gut ab und schüttet ihn über den in das Einmacheglas gelegten Sellerie.

70) Stachelbeeren, eingemachte.

Es werden 2 Pfd. große unreife Stachelbeeren abgeputzt, in heißes Wasser zum Blanchiren gethan und, sowie sie darin in die Höhe steigen, mit einem Schaumlöffel weggenommen, in kaltes Wasser gethan und, wenn sie alle blanchirt sind, in ein Sieb geschüttet, damit das Wasser rein ablaufe. Nun siedet man 2 Pfd. Zucker zum Faden, und nachdem er etwas abgekühlt ist, schüttet man ihn in eine Schüssel über die Stachelbeeren. Den andern Tag wird der Saft abgegossen und bis zum Breitlauf eingesotten; die Stachelbeeren werden dazu geschüttet, welche man ein Mal mit aufwallen läßt. Jetzt nimmt man sie vom Feuer und wenn sie abgekühlt sind, verwahrt man sie in Töpfen.

71) Stachelbeer-Gelée.

Man nimmt noch nicht ganz reife Stachelbeeren, setzt sie mit etwas Wasser auf das Feuer und läßt sie ganz zerkochen; dann schüttet man sie in ein Sieb und läßt den Saft ablaufen. Zu diesem Safte nimmt man halb so schwer Zucker und siedet Beides unter beständigem Abschäumen bis zum Breitlauf.

72) Stachelbeer-Marmelade.

Noch nicht reife Stachelbeeren putzt man von Stielen und Blüthen rein, kocht sie in Wasser, bis sie weich sind, schüttet sie alsdann in einen blechernen Durchschlag und reibt sie, wenn das Wasser abgelaufen ist, durch denselben so, daß nur Schalen und Kerne zurück bleiben. Nun wiegt man das Mark, nimmt halb so viel gestoßenen Zucker dem Gewichte nach hinzu und läßt Beides unter beständigem Umrühren auf dem Feuer etwas einkochen.

73) Weinbeeren, eingemachte.

Noch nicht völlig reife Weinbeeren werden aufgeritzt, die Kerne herausgenommen und in heißem Wasser blanchirt. Alsdann siedet man eben so viel an Gewicht Zucker, als man Beeren hat, bis zum Faden und läßt dieselben einige Mal mit aufkochen; hierauf schüttet man Alles in eine Schüssel. Den andern Tag gießt man den Saft wieder ab, thut die Beeren in ein Einmacheglas, den Saft aber siedet man bis zum Breitlauf und schüttet ihn, wenn er erkaltet ist, über die Beeren.

74) Aepfel-Crême.

Crême nennt man diejenigen Zusammensetzungen, welche aus Rahm, Eiern, Zucker, etwas Mehl, Gewürz oder irgend einer schmackhaften Substanz, vermittelst des Feuers vereinigt werden. Sie sind nicht nur sehr angenehm von Geschmack, sondern auch nahrhaft, leicht verdaulich und nur dann schädlich, wenn sie im Uebermaß genossen werden.

Man schäle eine Mandel Aepfel, schneide sie in Stücken und werfe sie sogleich in Wasser, wodurch sie schön weiß bleiben. Koche solche weich und reibe das Mark durch einen Durchschlag, setze demselben die auf Zucker abgeriebene Schale nebst dem Safte einer Citrone und einem halben Pfunde gestoßenen Zucker bei, und lasse Alles unter beständigem Rühren etwas einkochen. Dann schlägt man von 8 Eiweißen Schnee, rührt es schnell darunter, thut es in eine Assiette, bestreut den Crême mit Zucker und Zimmt und garnirt ihn mit kleinen Rosinen und Makaronen.

75) Apfelsinen-Crême.

Die erste Schale von 2 Apfelsinen wird auf Zucker abgerieben, mit einem Messer abgeschabt und nebst ½ Pfd. Zucker zu einem Quart Rahm in einem Kessel auf das Feuer gestellt.

Während dessen schlägt man in einen Steintopf, in welchem man eine Tasse Rahm von obigem zurückgelassen und 2 Loth Kartoffelmehl dazu gethan hat, 8 Eigelbe und 2 ganze Eier, zerschlägt solche mit dem Schlagbeschen, und bevor der Rahm noch anfängt zu steigen, gießt man die Eier unter beständigem Schlagen dazu und setzt dasselbe so lange fort, bis der Crème kocht. Dann hebt man den Kessel vom Feuer, schlägt oder rührt ihn noch so lange, bis er nicht mehr heiß ist, passirt den Crème durch ein Sieb in die Assietten und wenn er völlig erkaltet ist, garnirt man ihn mit Zuckerwerk.

76) Blanc Manger.

Man stoße $^1/_2$ Pfd. frisch geschälte süße und 2 Loth bittere Mandeln mit etwas Rahm recht fein. Stoße und schneide 3 Loth Hausenblase klein, koche dieselbe mit 2 Pfd. Wasser (ein Maß) bis auf den vierten Theil ein; dann gießt man ein Maß Rahm, worin $^1/_2$ Pfd. Zucker aufgelöst ist, darunter, nebst den gestoßenen Mandeln. Lasse nun Alles kochend heiß werden, seihe es durch eine Serviette in Glasschalen und lasse es an einem kühlen Orte geliren.

77) Brot-Crème.

2 Pfd. auf dem Reibeisen geriebenes schwarzes Brot röstet man mit etwas Butter und kocht es nachher mit einem Quart rothen Wein, $^1/_2$ Pfd. Zucker, etwas Zimmt, Nelken und Citronenschalen bei gelindem Feuer weich, reibt es durch ein Haarsieb in Assietten und überstreut den Crème mit Zucker, gehackten Mandeln und Citronat.

78) Champagner-Crème.

$^3/_4$ Pfd. gestoßener Zucker wird erst mit 12 Eiern in einem Kessel zerschlagen, dann thut man die auf Zucker abgeriebene Schale von einer Citrone nebst einer Flasche Champagner-Wein dazu und läßt ihn unter beständigem Schlagen gelinde aufkochen. Dieser Creme muß recht dick und schaumig sein, und kann sowohl in Assietten, als auch in Tassen-Bechern servirt werden.

79) Chokolade-Crême.

Man zerschlage 6 Eier in einem Steintopfe, thue 2 Loth Kartoffelmehl und etwas Rahm darunter, den übrigen Rahm von einem Quart setze man auf das Feuer, versüße ihn mit ½ Pfd. feiner, geriebener Chokolade und ¼ Pfd. Zucker, rühre die Eier darunter und lasse den Crême unter beständigem Schlagen noch eine Zeitlang kochen, gieße ihn dann etwas abgekühlt durch ein Haarsieb in Compotschalen und lasse ihn erkalten.

80) Chokolade-Crême auf andere Art.

Man reibe 12 Loth Vanille-Chokolade auf dem Reibeisen und lasse sie nebst 6 Loth Zucker in einem Maß Milch aufkochen. Wenn sie wieder abgekühlt ist, werden 6 Eidottern und 2 ganze Eier in einem Topfe zerquirlt und Alles wohl unter einander geschlagen. Alsdann gieße man die Masse durch ein Sieb in die Assiette, setze diese in ein Kasserol mit kochendem Wasser, so daß dieses zur Hälfte an der Assiette in die Höhe steht, setze einen Deckel auf das Kasserol, lege glühende Kohlen darauf, lasse es so ¼ Stunde langsam kochen und dann im Keller abkühlen.

81) Citronen-Crême.

Man reibe die Schale von 3 Citronen auf Zucker ab, thue das Abgeschabte unter 1 Quart kochenden Rahm, schütte geschlagene 8 Eigelbe und 2 ganze Eier nebst ½ Pfd. Zucker dazu; dann rühre man den geschlagenen Schnee von 8 Eiern darunter fülle den Crême in Tassen-Becher und servire ihn kalt.

82) Englischer Crême.

Man stoße 4 Loth geschälte Pistazien und 4 Loth klein geschnittene Orangeschalen mit etwas Rahm ganz fein, thue sie nebst ½ Pfd. Zucker unter 1 Quart Rahm, so wie das zu Schaum Geschlagene von 8 Eigelben und 2 ganzen Eiern, nebst einem Zusatze von Orangeblüthwasser, lasse es unter stetem Umrühren kochen und fülle es durch ein Sieb in eine Assiette. Setze dieses auf heiße Asche, so daß der Crême am Boden bräunlich bäckt, besiebe ihn dann mit Zucker und halte eine glühende Kohlenschaufel dicht darüber, damit er eine hochgelbe Haut bekomme.

83) Eier-Crême.

Man lasse $^1/_2$ Pfd. Zucker mit einer Tasse Wasser kochen, schlage 15 Eier in einen Topf, thue etwas Milch und die auf Zucker abgeriebene Schale einer Citrone dazu und schlage die Eier schaumig; dann gieße man solche unter den Zucker und setze das Schlagen überm Feuer so lange fort, bis es ein dicker Crême geworden ist. Nun drücke man den Saft von 2 Citronen dazu, rühre die Masse durch ein Sieb und lasse sie erkalten.

84) Eierkäse.

12 Eigelbe und 4 ganze Eier rühre man in einem Kessel unter einander, gieße 1 Quart Rahm und 2 Quart Milch darüber, thue etwas Salz, den Saft von einer Citrone und 4 Loth Zucker hinzu, bedecke es mit einem Deckel und setze es auf gelindes Kohlenfeuer, damit die Eier und Milch zusammentreten. Dann schütte man Alles auf ein Haarsieb, damit das Wasser von den Molken ablaufen möge und lege den zurückgebliebenen Käse auf eine Schüssel.

Nun rührt man einige Löffel voll Mehl (4 Loth) mit etwas Milch klar, schlägt 5 Eidottern hinzu, thut $^1/_2$ Pfund Zucker, $^1/_4$ Pfd. gewaschene kleine Rosinen, die auf Zucker abgeriebene Schale von einer Citrone und etwas gestoßenen Zimmt dazu, gieße 1 Quart Milch darüber, rühre es dann auf dem Feuer bis zum Kochen ab, gieße es durch ein Sieb über den Käse und lasse so Beides abkühlen, bevor es aufgetragen wird.

85) Gebackene Milch.

Man koche von 3 Maß Milch, $^1/_2$ Pfd. Zucker, etwas ganzen Zimmt den dritten Theil ein, dann zerquirle man in einem Topfe 6 Eigelbe und 4 ganze Eier, gieße die Milch dazu, rühre

Alles unter einander und schütte es in eine tiefe Schüssel, setze diese auf ein Kasserol mit kochendem Wasser, lege einen Deckel auf die Schüssel und belege ihn mit glühenden Kohlen, damit die Milch backen kann. Die Hitze von oben darf aber nicht zu stark sein, damit keine Blasen entstehen.

86) Gebackener Citronen-Crême.

8 Eigelbe und 1/2 Pfd. gestoßenen Zucker werden gut unter einander gerührt; dann 2 Eßlöffel voll geschmolzene Butter, die auf Zucker abgeriebene Schale von 2 und der ausgepreßte Saft von 6 Citronen dazu gethan. Nach diesem schlägt man das Weiße von 4 Eiern zu gutem Schnee, rührt solchen unter die Masse, füllt sie auf eine mit Butter bestrichene Schüssel und läßt sie langsam backen. Um den Crême gegen das Braunwerden zu schützen, muß er in dem Backofen mit einem Bogen Papier bedeckt werden.

87) Gestürzter Crême.

Zwei Loth geklopfte und kleingeschnittene Hausenblase wird mit einem Pfunde Wasser über Nacht stehen gelassen und dieselbe dann bis zur Hälfte der Flüssigkeit eingekocht. Nun schlägt man ein Quart süßen Rahm in einer Schüssel zu Schaum und schüttet ihn auf ein Haarsieb, welches über einer Schüssel steht, in welche das noch Flüssige ablaufen kann. Unterdessen wird ein Stengel klein geschnittene Vanille in einer Tasse voll Rahm ausgekocht und nebst 8 zerquirlten Eidottern und 12 Loth Zucker zu dem Hausenblasendecoct gethan, auf das Feuer gesetzt und ein Paar Minuten lang umgerührt, bis die Eier dicklich sind, alsdann nimmt man sie weg, rührt sie durch ein Haarsieb und läßt sie erkalten. Nachdem rührt man den geschlagenen Rahm langsam darunter, füllt ihn in eine beliebige Form und läßt ihn einige Stunden stehen. Vor dem Serviren hält man die Form in kochendes Wasser, legt eine Schüssel auf die Oberfläche der Form, stürzt Beides um, und nimmt die Form weg.

88) Grillirter Rahm.

Man nehme 1 Quart dicken (sauern) Rahm, schlage ihn in einer Schüssel mit einer hölzernen Ruthe schaumig und thue ihn auf ein Haarsieb, damit das Dünne ablaufen kann. Dann reibe man die Schale von einer Citrone auf Zucker ab, vermische das Abgeschabte mit 8 Loth Staubzucker und rühre solchen behutsam unter den Rahm. Alsdann fülle man ihn in Tassen, so daß auf jede ein spitzes Häufchen zu stehen kommt.

Nun schlage man das Weiße von 2 Eiern zu einem steifen Schnee und rühre 8 Loth Staubzucker und 2 Tropfen Orangeblüthöl darunter. Man streicht den Rahm in den Tassen mit dieser Masse glatt, bestreut sie mit klarem Zucker, hält eine glühende Kohlenschaufel darüber, damit sie etwas braun werde und servirt sie hernach.

89) Italienischer Crême.

Man schlage ein Maß guten Rahm mit 4 Eiern, $^1/_4$ Pfd. feingesiebtem Zucker und einem Löffel voll Orangeblüth-Wasser recht dick, thue es in eine tiefe Schüssel, stelle sie auf heiße Asche, bedecke sie mit einem Deckel, auf welchen man glühende Kohlen legt und lasse sie so backen. Bevor man den Crême servirt, muß er wieder kalt geworden sein.

90) Johannisbeer-Crême.

Man befreit ein Maß Johannisbeeren von den Stielen, thut sie in eine Kasserole, gießt so viel Wasser darüber, daß sie davon bedeckt werden und läßt sie kochen. Ist dieses geschehen, so rührt man sie durch ein Haarsieb, setzt ein Glas Malaga-Wein, $^1/_2$ Pfd. gestoßenen Zucker, 2 Loth Butter, ein wenig Orangeblüth-Wasser, Zimmt und 8 Eidottern hinzu. Man rührt Alles über dem Feuer so lange, bis es dicklich geworden ist, schlägt es nochmals durch ein Sieb in eine Assiette und läßt es erkalten.

91) Jungfern-Crême.

1 Quart mit 8 Loth Zucker versüßten Rahm lasse man bis zum dritten Theil einkochen, thue alsdann das zu Schnee ge-

schlagene Eiweiß, 6 gestoßene bittere Makaronen, die auf Zucker abgeriebene Schale von einer Citrone darunter, und rühre ihn auf gelindem Feuer so lange, bis er anfängt, sich zu verdünnen. Dann rühre man ihn durch ein Sieb in eine Assiette und lasse ihn erkalten.

92) Kaffee-Crême.

Man bereite von 6 Loth gebranntem gemahlenen Kaffee nur 3 Tassen voll Kaffee, vermische ihn mit 1/2 Quart Rahm, 1/4 Pfd. Zucker und 4 Eiern, schlage ihn über dem Feuer bis zum Kochen und passire ihn durch ein Sieb in die Assiette.

93) Kartoffel-Crême.

Man verdünne 1/2 Pfd. Kartoffelmehl mit Milch und gieße es in ein Maß mit 1/4 Pfd. Zucker versüßter kochender Milch, rühre es wohl unter einander und schütte es in eine tiefe Schüssel, worin man den Brei erkalten läßt. Dann stürzt man ihn auf eine Schüssel und macht von recht gutem Rahm, etwas Wein, Orangeblüthwasser und gestoßenem Zucker eine Sauce darüber. Diese Sauce wird bloß geschlagen und der Schaum, ohne gekocht zu sein, über den Crême gegossen.

94) Kirsch-Crême.

1 Pfd. gute Kirschen kerne man aus, stoße die Kerne mit 8 Stück bittern Mandeln im Mörser klein, gieße eine halbe Flasche Rheinwein darüber, lasse es auf dem Feuer einmal aufkochen, gieße es durch ein Haarsieb über die ausgekernten Kirschen und koche diese damit weich. Alsdann reibe man sie durch ein Haarsieb, thue dieses in einen Kessel, schlage und rühre 3 ganze Eier, 10 Eigelbe, 1/2 Pfd. Zucker, worauf das Gelbe von einer Citrone abgerieben wurde, presse den Saft derselben dazu und schlage es auf gelindem Feuer zu einem steifen Schnee, gieße es dann in die Assiette und lasse es erkalten.

95. Leichter Crême.

Zu 1 Maß Rahm und 1 Maß Milch thue man $^1/_2$ Pfund Zucker und koche den dritten Theil davon ein. Dann schlage man von 4 Eiweißen einen steifen Schnee, rühre ihn unter die Milch, setze sie wieder auf das Feuer und lasse sie unter beständigem Umrühren 5 bis 6 Mal aufwallen, gieße ein wenig Orangeblüthwasser dazu und servire es auf die Teller.

96) Makaronen-Crême.

Das Gelbe von 12 Eiern und $^1/_4$ Pfd. gestoßene Makaronen rühre man zu einem Quart Rahm, versüße es mit 12 Loth Zucker und rühre es auf dem Feuer bis zum Kochen ab und wenn es wieder abgekühlt ist, schlägt man das Weiße von den Eiern zu Schnee; dann wird der Crême darunter gerührt, in die Assiette gefüllt und mit Makaronen garnirt.

97) Mandel-Crême.

Man schäle $^1/_2$ Pfd. süße und 2 Loth abgebrühte bittere Mandeln, stoße sie mit etwas Milch in einem Mörser recht fein, dann reibt man die Schale einer Citrone auf $^1/_2$ Pfd. Zucker ab, thut denselben nebst den gestoßenen Mandeln und 6 Loth Kartoffelmehl in einen Kessel, schlägt dann das Weiße von 16 Eiern dazu, so wie 2 Nösel Milch; nachdem schlägt man es mit dem Schlagbeschen so lange, bis es kocht und rührt es dann durch ein Sieb in die Assiette.

98) Milch-Bubberte.

Man kocht 2 Maß Milch ab und läßt sie wieder kalt werden, dann gießt man nach Belieben Buttermilch dazu, rührt es etliche Mal gut um, stellt es an einen kühlen Ort und läßt es so bis zum andern Tage stehen. Dann sticht man den Bubbert mit einem Löffel aus, legt ihn in eine Schüssel, gießt süßen Rahm darüber und bestreut ihn mit Zucker und Zimmt.

99) Most-Crême.

Zu 1 Quart Most schlage man 12 Eigelbe und 4 ganze Eier in einen Kessel, versüße ihn mit $^1/_2$ Pfd. Zucker, auf welchem die Schale von einer Apfelsine oder Citrone abgerieben wurde, stelle ihn über Kohlenfeuer und schlage ihn so lange, bis er gekocht hat, rühre ihn dann durch ein Sieb in die Assiette und wenn er völlig erkaltet ist, so garnire man ihn mit grünen und blauen Weinbeeren.

100) Natürlicher Crême.

Man versüße 1 Quart süßen Rahm mit fein gesiebtem Zucker schlage ihn mit dem Schlagbeschen in einer Porzellan-Terrine zu Schaum, nehme denselben mit einem Schaumlöffel immer ab und bringe ihn auf ein Haarsieb zu liegen, unter welches eine Schüssel gesetzt wurde, damit das davon abtröpfelnde Flüssige aufgefangen werde. Dieses gießt man immer wieder dem zu schlagenden Rahm bei, bis Alles zu Schaum gebildet ist. Diesen Schaum nun wendet man noch einmal um, damit er recht abtropfen möge und dressirt ihn pyramidenförmig auf einer Schüssel oder einem Teller und stellt ihn, bis er servirt wird, in den Keller oder auf Eis. Dann garnirt man ihn mit Baisées, Makaronen oder Biscuit.

101) Orangeblüthen-Crême.

Man vermische 1 Quart süßen Rahm mit feingesiebtem Zucker, setze einen Löffel voll Orangeblüthenwasser zu und verfahre wie bei Nr. 100, dem natürlichen Crême, angegeben wurde.

102) Pistazien-Crême.

Man stoße $^1/_4$ Pfd. geschälte, schöne, grüne Pistazien mit etwas Milch recht fein, thue sie dann zu einem Maß Rahm, versüße ihn mit 12 Loth Zucker und setze das zerschlagene Eiweiß von 6 Eiern dazu, bringe es über Kohlenfeuer und schlage es so lange, bis es dicklich geworden ist; dann reibt man es durch ein Haarsieb in die Assiette und läßt es erkalten.

103) Plissons.

Ein Nösel Rahm und 3 Nösel Milch thut man in einen flachen Kessel und läßt sie über Feuer siedend heiß werden; dann stellt man sie zurück, damit sich auf der Masse eine Haut bilden möge, welche man mit dem Schaumlöffel abnimmt und in eine Schale legt. Man muß die Milch so lange warm erhalten, bis sich keine Haut mehr bilden will und man die Schale beinahe voll hat. Dann lasse man die sich davon abgesonderte Milch ablaufen, bestreue die Plissons mit Zucker undhalte eine glühende Kohlenschaufel darüber, damit eine sie gelblich-braune Farbe bekommen.

104) Portugisischer Crême.

Man zerschlage das Gelbe von 8 Eiern mit einem Maß Rahm in einem Kessel, setze die abgeschälte Schale von einer Citrone, ein Stück Zimmt und 12 Loth Zucker dazu, lasse es unter beständigem Umrühren kochen, passire es durch ein Haarsieb, damit die Citronenschale und der Zimmt zurück bleibe und fülle es dann in die Compotschale.

105) Rosen-Crême.

Das Weiße von 8 Eiern zerschlage man mit einem Maß Rahm, setze diesem 2 Loth in einer Tasse Milch aufgelöstes Kartoffelmehl zu, versüße es mit $1/2$ Pfd. Zucker und lasse es unter beständigem Schlagen aufkochen, Wenn der Crême abgekühlt ist, so rühre man 2 Tropfen Rosenöl und etwas aufgelöste Cochenille darunter und passire den Crême durch ein Sieb in die Assiette.

106) Schneeberg.

Man setze ein Kasserol mit Milch über Feuer und lasse sie sieden; in selbige wird der von 18 Eiweißen steif geschlagene Schnee löffelweis ausgestochen, so schnell als möglich gesotten und zum Ablaufen mit dem Schaumlöffel in ein Sieb gethan. Dann nimmt man 1 Maß süßen Rahm, 2 Loth gestoßene bittere Mandeln, $1/2$ Pfd. Zucker, 1 Schote klein geschnittene, mit Zucker gestoßene Vanille, und setzt es zum Kochen übers Feuer. Während deß schlägt man 18 Eidottern in einen Topf, zerquirlt diese mit etwas zugesetztem Rahm und wenn der im Kessel befindliche Rahm dem Kochen nahe ist, so rührt man das zerquirlte Eigelb dazu und läßt Alles unter beständigem Schlagen noch einmal aufkochen. Hernach thut man eine Lage von dem Schnee auf eine Schüssel und gießt von dem Crême etwas darüber, dann trage man wieder Schnee auf und Crême darüber und formire abwechselnd so einen Berg, den man zum Erkalten in den Keller setzt.

107) Siebkäse.

Man nimmt süße Käse-Matten (Sauermilch-Klumpen) reibt sie durch ein Haarsieb, verdünnt sie mit gutem süßen oder auch sauerem Rahm und versüßt die Masse nach Belieben mit Zucker und Zimmt.

108) Stachelbeer-Crême.

Man reinige vier Nösel Stachelbeeren von Stielen und Putzen, thue sie in kochendes Wasser und lasse sie einige Minuten zugedeckt stehen. Dann nehme man sie heraus und koche sie mit einem Quart Wein zu Brei, reibe diesen durch ein Haarsieb in einen Kessel, versüße ihn mit 1/2 Pfd. Zucker und der auf Zucker abgeriebenen Schale von einer Citrone, drücke den Saft von derselben auch dazu, schlage nun 10 Eigelbe darunter und rühre Alles auf dem Feuer so lange ab, bis es dicklich geworden ist. Alsdann thue man den Crême in eine Assiette, bestreue denselben mit klarem Zucker und halte eine glühende Kohlenschaufel darüber, damit er eine Kruste bekommt und servire ihn kalt.

109) Vanille-Crême.

Eine Schote Vanille schneide man klein und stoße sie mit etwas Zucker gröblich, thue sie nebst 1/2 Pfd. Zucker zu einem Quart Rahm und setze ihn zum Sieden in einem Kessel über Feuer. Man schlage nun 6 Eigelbe und 2 ganze Eier in einen

Topf, setze eine Tasse von dem Rahm und 1 Loth Kartoffelmehl dazu und zerquirle es gut. Wenn der Rahm am Kochen ist, werden die Eier dazu gegossen und Alles so lange geschlagen, bis der Crême gekocht hat; dann rührt man ihn durch ein Sieb in die Compot-Schale und läßt ihn erkalten.

110) Wein-Crême.

Man rühre 2 Loth Kartoffelmehl mit einem Glas Wein und dem Gelben von 16 Eiern ab, reibe die gelbe Schale von einer Citrone auf Zucker ab, thue das Abgeschabte nebst $^1/_2$ Pfd. Zucker zu einer Flasche Wein in den Kessel, gieße das zerquirlte Ei darunter und setze den Kessel über Kohlen-Feuer. Nun schlage man das Ganze mit dem Schlagbeschen so lange, bis es zum Kochen kommt und passire den Crême etwas abgekühlt durch ein Sieb in eine Assiette.

111) Zimmt-Crême.

2 Loth holländischen Zimmt koche man in einem Quart Milch einige Minuten lang, dann rühre man 8 in einem Topfe zerquirlte Eidottern, darunter 1 Loth Kartoffelmehl mit ein wenig Milch verdünnt, befindlich, dazu, und passire den Crême etwas erkaltet durch ein Sieb in die Assiette.

Achter Abschnitt.

Von den Gefrornen.

A. Apparat zur Bereitung von Eis in den Haushaltungen.

Von Fumet.

Aus Anlaß einer von der Soc. de l'Encourag. gestellten Preisaufgabe hat **Fumet**, Fabrikant wohlschmeckender Eismischungen in Paris, einen Apparat erfunden, mittelst dessen die Haushaltungen ihren Bedarf an Eis sich selbst bereiten können. Dieser Apparat, welcher zwar den Preis der Soc. de l'Encourag. nicht erhielt, aber doch zur Anwendung von ihr empfohlen wird, besteht in einem Gefäß von Weisblech, welches das Wasser, oder das Gemisch desselben mit Zucker, Gewürzen rc., welches zum Gefrieren gebracht werden soll, aufnimmt und einem blechernen Eimer, in welchen dieses Gefäß gestellt und worin es mit einer Kältemischung umgeben wird. Die Kältemischung, welche Fumet anwendet, besteht aus 1,2 Theilen gepulvertem Glaubersalz und 0,8 Th. Salzsäure. (Die Blechgefäße dürften von dieser Mischung wohl bald zerfressen werden.) Auf 1 Th. starr zu machendes Wasser bedarf man, vorausgesetzt, daß man an einem kühlen Ort operirt und das Wasser vorher möglichst abgekühlt wurde, 2 Th. dieser Mischung. Sie wird natürlich in dem Eimer selbst bereitet und zwar in 2 Portionen, indem man nach etwa 20 Minuten die erste Portion herausnimmt und durch die zweite ersetzt. Nach etwa 40 Minuten ist das Eis fertig. Wenn das Wasser mit Zucker rc. versetzt ist, sind zum Gefrieren 3 Th. der Kältemischung nöthig, die dann in 3 Portionen angewendet wird, so daß das Eis in etwa 3/4 Stunde fertig ist. Die gebrauchte Kältemischung kann noch zum Abkühlen von Trinkwasser, Wein rc. benutzt werden.

(Bulletin de la soc. d'Encourag. 1849 Août p. 361.)

Der Fumet'sche Eisbereitungsapparat hat nach dem Bulletin de la soc. d'Encourag. 1850, p. 327, allgemeine Anwendung gefunden. Er hat eine verschiedene Einrichtung, je nachdem blos Wasser zum Gefrieren gebracht oder eine wohlschmeckende Eismischung bereitet werden soll. Für erstern Zweck besteht er aus einem Eimer A und einem hineingesetzten Gefäß B, welches das in Eis zu verwandelnde Wasser enthält und sich mittelst eines angelötheten Blechreifens auf dem Rande des Eimers stützt. Das Gefäß B ist zur Vergrößerung der Oberfläche im Querdurchschnitt ringförmig. Durch die in A enthaltene Kältemischung wird, wenn dieselbe neu ist, das Wasser in B in Zeit von ungefähr 15 Minuten zum Gefrieren gebracht; war die Kältemischung schon zu einer Operation gebraucht, so bedarf es dazu 30—45 Minuten. Um wohlschmeckende Eismischungen herzustellen, wird das Gefäß B durch einen übergreifenden Deckel mit Handhabe geschlossen und während der Operation in eine alternirend drehende Bewegung gesetzt, indem man dabei an der Handhabe anfaßt, welche mittelst des an dem Deckel befestigten Zapfens, der in ein in dem Blechrande befindliches Loch eingreift, die Bewegung auf das Gefäß überträgt. Die gefrierende Masse wird von Zeit zu Zeit umgerührt und die Kältemischung in A alle 15—20 Minuten erneuert. In Zeit von etwa 45 Minuten ist das Gefrorne fertig. Als Kältemischung wird, wie oben angeführt, eine Mischung von gepulvertem Glaubersalz und Salzsäure benutzt, welche Ingredienzen der größeren Bequemlichkeit wegen abgemessen werden; auf 1 Maß des Salzpulvers nimmt man 1/2 Maß Salzsäure.

Als Kältemischung für den Eisapparat von Goubaud empfiehlt die Redact. des Kunst- und Gewerbebl. des polytechn. Vereins für Baiern (Jahrg. 1850, S. 326) ein Gemisch von gleichen Gewichtstheilen salpetersauern Ammoniaks und Wasser (letzteres je kälter, desto besser; etwa von + 10—12° R.). Innerhalb 10 Minuten erhält man mit diesem Apparate (den man vom Mechanikus Fritz in München für 10 Fl. rhein. beziehen kann) in einem geheizten Zimmer oder während eines warmen Sommertags ein Pfund des härtesten Eises. Das salpetersaure Ammoniak kann durch Abdampfen der Lösung jedesmal wieder gewonnen werden.

B. Von den Gefäßen zu dem Gefrornen und der Bearbeitung desselben.

Um Gefrornes oder Eis zu bereiten, welches bekanntlich in Henkelgläsern, Tassen oder in Gefrierschälchen von Porzellan servirt wird, hat man folgende Gefäße nöthig:

1) Einen Eimer von beliebigem Holze, 16 Zoll hoch, 12 Zoll

im Durchmesser, oben mit eisernem Bügel und unten über dem Boden mit einem Zapfenloche versehen, um das von dem Eise entstehende Wasser dadurch ablaufen zu lassen.

2) Eine von Zinn gegossene runde Gefrierbüchse, 10—12 Zoll hoch, 5—6 Zoll im Durchmesser. Der Deckel muß wenigstens $1^1/_2$ Zoll an der Büchse hinunter gehen, gut schließen und mit einem Griffe versehen sein, den man mit der Hand fassen und so die Büchse im Eise drehen kann.

3) Einen Eisspatel. Dieser ist ein Löffel oder Schaufelchen von festem Holze oder auch von Kupfer, mit gradem 18 bis 20 Zoll langem Stiele. Unten ist der Spatel 3 Zoll breit, 4 Zoll hoch, hat einen Zoll im Durchmesser (wenn er von Holz gefertigt ist) und ist auf der einen Seite flacher, auf der andern aber ovaler. Er hat den Zweck, die angefrorne Masse abzustoßen, wenn sie sich in der Gefrierbüchse angesetzt hat.

Bei dem Einsetzen der Gefrierbüchse ist folgendes Verfahren zu beobachten: Man legt auf den Boden des Eimers eine hinlänglich breite, ganz egale Eisscholle, setzt die Büchse darauf, bringt eine Hand hoch in kleine Stücke geschlagenes Eis um dieselbe, streut zwei Hände voll Salz darüber und stampft es vermittelst eines Holzes fest zusammen. Dann wiederholt man eine gleiche Schicht Eis und Salz, die man ebenfalls fest stampft, und fährt so fort, bis der Eimer ganz angefüllt ist. Nun wird der Deckel der Büchse mit einem Tuche ringsum rein abgewischt, damit bei Oeffnung desselben kein Salz in die Büchse falle. Ist dies geschehen, so wird die zu dem Gefrornen angefertigte Masse in die Büchse gegossen, mit dem Deckel wohl verschlossen und das Gefriergefäß 5 Minuten lang in dem Eise gedreht. Dann öffnet man den Deckel, macht mit dem Spatel das am Rande und auf dem Boden der Büchse Angesetzte los, verschließt die Büchse wieder und wiederholt diese Manipulation alle 5 Minuten so lange, bis die ganze Masse in der Büchse gleichförmig so steif gefroren ist, daß sie das Ansehen geschlagener Butter bekommen hat. Jetzt läßt man das Gefrorne ruhig stehen, bis es servirt werden soll. Man kann es auch in beliebige Blechformen drücken und schlägt um dieselben eine in heißes Wasser getauchte, wieder ausgerungene Serviette, damit die Masse beim Auftragen leicht aus den Formen gehe.

Das in dem Eimer entstehende Wasser muß von Zeit zu Zeit durch das Zapfenloch abgelassen und der leere Raum des Eimers wieder mit Eis und Salz ersetzt werden.

Obgleich man Gefrornes oder Eise von allen aromatischen Früchten, Gewürzen, Liqueurs, Sämereien 2c. herstellen kann, so wollen wir doch hier nur der vorzüglichsten und schmackhaftesten Arten von Gefrornen gedenken.

Zu dem Gefrornen hat man zweierlei Grundstoffe; entweder Rahm mit Ei vermischt, oder den Saft von irgend einer Frucht. Nach dieser Ordnung sind auch die nachfolgenden Vorschriften aufgeführt, so daß jede Gattung für sich allein dargestellt wird; denn es ist sehr zu tadeln, wenn man Säfte von Obst mit Milch zu vermischen sucht, indem dieselben in Verbindung mit Wein den angenehmsten Geschmack gewähren.

Bei allen Arten von Rahm-Gefrornem ist zu beachten, daß man immer zwei Theile Milch mehr haben muß, als man Rahm zu verbrauchen gedenkt. Wenn die Milch vom Abend bis zum andern Morgen gestanden hat, wird der dritte Theil davon abgeschöpft; die übrige dünne Milch kann zum häuslichen Gebrauche benutzt werden.

Besondere Vorsicht ist darauf zu verwenden, daß man die Crêmes zu dem Gefrornen nicht anbrennen läßt, welches leicht geschehen kann, wenn man bei Abkochung derselben, nicht auch zuweilen mit der Schlagruthe am Rande oder an den Seiten des Kessels herum rührt.

C. Rahm- oder Milch-Gefrornes.

1) Ambra-Gefrornes.

Man nehme 6 Eier, 1 Quart Rahm, 3/4 Pfd. Zucker und nur so viel gestoßenen Ambra, daß er nicht vorschmeckt, und schlage es in einem Kessel mit der Drathruthe über Kohlenfeuer bis es kocht. Dann nimmt man es vom Feuer, schlägt es noch so lange, bis es abgekühlt ist, um das Zusammenlaufen zu verhindern, rührt es durch ein Haarsieb in eine Schüssel, schüttet es völlig erkaltet in die Gefrierbüchse und bearbeitet es wie bereits oben angegeben.

2) Anis-Gefrornes.

Das Weiße von 8 Eiern schlage man in einem Kesselchen, setze nach und nach 1 Quart Rahm nebst 3/4 Pfd. Zucker hinzu, und lasse es unter beständigem Umrühren kochen. Dann nimmt man es vom Feuer, schlägt es noch so lange, bis es abgekühlt ist, thut so viel Anis-Liqueur hinzu, daß er fein vorschmeckt und rührt es durch ein Sieb.

3) Bittere Mandeln-Gefrornes.

1/4 Pfd. geschälte bittere Mandeln werden mit etwas Rahm fein gestoßen, zu den in einem Kessel zerschlagenen 5 Eiern und einem Quart Rahm nebst 1 Pfd. Zucker gethan. Man läßt es kochen und rührt es dann durch ein Sieb.

4) Kaffee-Gefrornes.

1 Quart siedende Milch gieße man über 1/4 Pfd. frisch gebrannte Kaffeebohnen, lasse solche eine Stunde bei gelinder Wärme ziehen und durch eine Serviette laufen, damit die Bohnen zurück bleiben. Nun thue man das Weiße von 8 Eiern in einen Kessel, schlage es und gieße die Milch nach und nach hinein, füge 3/4 Pfd. Zucker dazu, lasse es einmal aufsieden und schlage es wieder kalt.

5) Chokolade-Gefrornes.

Man schlage 5 Eier in einem Kessel schaumig, thue 1 Quart Sahne, 1/2 Pfd. Zucker und 1/2 Pfd. geriebene Chokolade dazu, schlage es auf dem Feuer, bis es kocht, und dann wieder, bis es kalt ist u. s. w.

6) Citronen-Gefrornes.

Die gelbe Schale von Citronen reibe man auf 3/4 Pfund Zucker ab, schlage 5 Eier in einem Kessel, thue den Zucker nebst 1 Quart Sahne dazu, lasse es während des Schlagens kochen und wieder erkalten. Dann passire man es durch ein Sieb in eine Schüssel.

7) Chaudeau-Gefrornes.

Das Gelbe von 16 Eiern, 1/2 Pfd. gestoßenen Zucker und Vanille, 1 Nösel Wasser und 1/2 Nösel Wein wird über Kohlenfeuer so lange geschlagen, bis es so dick, wie Biscuitmasse, geworden ist. Dann schlägt man es noch so lange, bis es wieder kalt ist, schüttet es in die Eisbüchse und setzt diese in Eis, worin sie 2 bis 3 Stunden ruhig stehen bleiben muß, bis der Inhalt steif geworden ist. Bei dem Serviren wird die Büchse eine Minute lang in kochendes Wasser gehalten, dann abgewischt und umgestürzt.

8) Geschlagenen Rahm-Gefrornes mit Vanille.

Man stoße ein Stängelchen Vanille mit 1/2 Pfund Zucker, siebe sie durch ein Haarsieb und rühre sie unter ein Maß guten dicken Rahm, schlage diesen mit einem hinzugesetzten Eiweiß vermittelst eines Schlagbeschens zu Schaum, thue den erzeugten Schaum mit dem Schaumlöffel auf ein Haarsieb, unter welches man eine Schüssel gestellt hat, damit das, was abtropft, immer wieder zu dem Uebrigen genommen werden kann. Fahre so lange mit Schlagen fort, bis der Rahm sämmtlich zu Schaum oder Schnee geworden ist. Fülle es dann in eine blecherne Pyramiden- oder andere Form, oder auch nur in die Eisbüchse und setze sie eine Stunde lang in das Eis, so ist es fest. Will man es serviren, so taucht man die Form in heißes Wasser, trocknet sie schnell ab, und stürzt sie um.

9) Glasirtes oder gebackenes Gefrornes.

Man mache ein Chokolade- oder Vanille-Gefrornes auf die gewöhnliche Art an, lasse es recht fest frieren, doch versäume man nicht, es auch immer mit dem Eislöffel recht durchzuarbeiten, damit es geschmeidig bleibt und nicht eisig wird. (Dieses Verfahren ist bei jeder Sorte von Gefrornem zu beobachten.) Alsdann schlage man von dem Weißen von 8 Eiern Schnee, rühre ½ Pfd. feingesiebten Raffinadzucker darunter; servire das Gefrorne rund und glatt auf kleine Dessert-Teller, thue von dem Schnee so viel darauf, daß es ringsum klein fingerstark bedeckt ist, besiebe es gut mit Zucker, und halte eine stark glühende Kohlenschaufel darüber, damit die Glasur bäckt, welches schnell erfolgt.

10) Haselnuß-Gefrornes.

Die Haselnüsse werden aufgeschlagen, ¼ Pfd. derselben abgebrüht und geschält, dann stößt man sie mit ein wenig Milch recht fein. Nun zerschlage man das Weiße von 8 Eiern in einem Kessel, gieße 1 Quart Rahm dazu, thue die gestoßenen Nüsse nebst ¾ Pfd. Zucker darunter, setze den Kessel über Kohlenfeuer, und lasse es unter beständigem Schlagen aufkochen; man nimmt darauf den Kessel vom Feuer, schlägt es wieder kalt, rührt es durch ein Sieb in eine Schüssel und schüttet es dann in die Gefrierbüchse zur weitern Bearbeitung.

11) Krebs-Gefrornes.

20 Stück große Krebse werden mit ein wenig Salz in Wasser gekocht, dann schneidet man ihnen den Kopf ab, thut den bittern Magen heraus, und stößt sie in einem Mörser klein. Man nimmt nun 6 Loth Butter, 2 Tassen voll Wasser und lasse Beides mit den gestoßenen Krebsen so lange kochen, bis das Wasser

zur Hälfte eingekocht ist, drücke es dann durch eine Serviette in einen Suppenteller, und lasse es so lange stehen, bis es geronnen ist. Nun schlage man das Gelbe von 6 Eiern und ein ganzes Ei in einen Kessel, rühre nach und nach 1 Quart Rahm hinein, thue die Krebsbutter nebst $^{3}/_{4}$ Pfund Zucker dazu, lasse es unter stetem Schlagen kochen und schlagend wieder erkalten. Dann rührt man es durch ein Sieb und läßt es gefrieren.

12) Liqueur-Gefrornes.

Man schlage 5 Eier in dem Kessel, gieße 1 Quart Rahm dazu, versüße ihn mit $^{3}/_{4}$ Pfd. Zucker, lasse ihn unter beständigem Schlagen mit der Ruthe kochen und ebenfalls wieder erkalten. Rühre es dann durch ein Sieb, thue es in die Gefrierbüchse und mische soviel von einer beliebigen Sorte feinen Liqueur darunter, daß er vorschmecke.

Anmerkung. Der Zusatz von ganzen Eiern bei Anfertigung des Crêmes ist nur dann anzuwenden, wenn man farbigen Liqueur zugießen will; im entgegengesetzten Falle aber, nimmt man zu dem oben angegebenen Quantum von Rahm, statt der 5 ganzen Eier, 8 Eiweiße.

13) Maronen-Gefrornes.

Die gerösteten, geschälten und wieder kalt gewordenen Maronen stoße man mit etwas Milch recht fein, thue sie dann zu einem Quart Rahm nebst $^{3}/_{4}$ Pfd. Zucker, 4 Eigelben und zwei ganzen Eiern, schlage solches bis es kocht, dann lasse man es während des Schlagens abkühlen, rühre es durch ein Sieb, thue es in die Büchse und lasse es gefrieren.

14) Maraschino-Gefrornes.

Man kocht den Crême hierzu, statt ganze Eier zu nehmen, mit Eiweiß, wie bei Nr. 12. beschrieben ist, und schüttet so viel Maraschino-Liqueur unter den Crême in die Eisbüchse, daß er gut vorschmeckt.

15) Orangen-Gefrornes.

5 Eier zerschlage man in einem Quart Rahm, reibe die gelbe Schale von 2 Orangen oder Apfelsinen auf 3/4 Pfd. Zucker ab und thue solchen unter den Rahm, lasse ihn während des Schlagens kochen, rühre ihn erkaltet durch ein Sieb, und lasse ihn dann gefrieren.

16) Parmesan-Gefrornes.

Man schlage 4 Eigelbe und 2 ganze Eier zu einem Quart Rahm, setze demselben 3/4 Pfd. Zucker, 1/4 Pfd. auf dem Reibeisen klargeriebenen Parmesankäse hinzu, lasse es unter beständigem Schlagen kochen und rühre es abgekühlt durch ein Sieb 2c.

17) Pistazien-Gefrornes.

Man stoße 1/4 Pfd. abgebrühte und geschälte Pistazien mit etwas Milch, recht fein, thue sie in den Kessel zu einem Quart Rahm, setze 3/4 Pfd. Zucker und das Weiße von 5 Eiern dazu und schlage es beständig, bis es kocht. Wieder abgekühlt, rühre man es durch ein Sieb u. s. w.

18) Rosen-Gefrornes.

Das Gelbe von 6 Eiern und ein ganzes Ei schlage man in einem Quart Rahm, setze 3/4 Pfd. Zucker und etwas Carmin oder aufgelöste Cochenille zu, damit es schön roth werde, und lasse es unter beständigem Schlagen kochen. Erkaltet rühre man es durch ein Sieb und mische dann einen oder höchstens zwei Tropfen Rosenöl darunter, damit es nicht zu grellschmeckend wird.

19) Saure Sahne-Gefrornes.

Man schlägt ein Quart dicke Sahne nebst 2 Eiweißen schaumig, rührt dann 1/2 Pfd. feingesiebten Zucker und 1/2 Loth feingestoßenen holländischen Zimmt darunter; thut Alles in die Eisbüchse und bearbeitet es, wie jedes andere Gefrorne.

20) Thee-Gefrornes.

Man zerschlage 2 ganze Eier und 6 Dottern, gieße 1 Quart Rahm und 2 Loth feinen Thee dazu, versüße ihn mit $^3/_4$ Pfd. Zucker, und lasse dies unter beständigem Schlagen ein Mal aufwallen. Dann nimmt man den Kessel vom Feuer und läßt es unter beständigem Rühren abkühlen, gießt es durch ein Sieb in eine Schüssel, schüttet es völlig erkaltet in die Gefrierbüchse, setzt dieselbe in den Eis-Eimer ein und beginnt das Drehen derselben, wie Anfangs dieser Rubrik bemerkt ist.

21) Trüffel-Gefrornes.

Man koche die Trüffeln in Wasser recht weich, schäle und stoße dieselben mit etwas Milch ganz fein. Schlage das Weiße von 6 Eiern in dem Kessel mit der Ruthe ein wenig, bevor der Rahm hinzu kommt. Dann thue man die Trüffeln, $^1/_2$ Pfund Zucker und 1 Quart Rahm hinzu, lasse es unter beständigem Schlagen kochen und schlagend abkühlen; hierauf rühre man es durch ein Sieb in eine Schüssel und verwahre es bis zum Einsetzen des Eises.

22) Vanille-Gefrornes.

Man schlage 6 Dottern und 2 ganze Eier in dem Kessel mit dem Schlagrüthchen ein wenig, gieße ein Quart Rahm dazu, ferner $^3/_4$ Pfund Zucker und 2 Schoten in kleine Stückchen geschnittene Vanille, lasse Alles unter beständigem Schlagen aufkochen, nehme es dann vom Feuer und rühre mit der Ruthe noch so lange, bis es nur noch lauwarm ist. Dann rühre man es durch ein Sieb in eine Schüssel und verwahre es bis zum Einsetzen.

23) Zucker-Gefrornes.

Man thue die Dottern von 8 Eiern in den Kessel nebst einem Quart Rahm und $^1/_2$ Pfd. Zucker, lasse es unter beständigem Schlagen aufkochen und dann abkühlen. Ferner nimmt man ¼ Pfd. Zucker mit etwas wenigem Wasser in ein kleines Zuckerpfännchen, setzt es auf Kohlenfeuer und läßt es kochen, bis der Zucker braun ist. Dann gießt man eine Tasse Wasser zu, damit sich der Zucker darin auflöse, schüttet ihn nun unter den Crême und rührt das Ganze durch ein Sieb in eine Schüssel.

Dieses ist ein sehr angenehm schmeckendes Eis.

D) Gefrornes von Früchten und Säften.

24) Aepfel-Gefrornes.

Man schäle und koche 8 Stück in kleine Stücken geschnittene gute Aepfel, reibe solche mit einem Kochlöffel durch ein Haarsieb in eine Schüssel, thue die auf Zucker abgeriebene Citronenschale nebst einem Stutzglas voll weißem Wein dazu, versüße es mit geläutertem Zucker nach Belieben, fülle es in die Büchse und lasse es durch fleißiges Drehen im Eiskübel gefrieren.

Da jedes Saft-Gefrorne geistiger ist, als die von Rahm und Eiern gefertigten, so erfordern sie auch einen höhern Grad von Kälte und mehr Zeit zum Gefrieren, als jene. Den Grad der Kälte kann man dadurch verstärken, wenn man beim Einsetzen der Büchse in den Gefrierkübel das Eis recht stark einsalzt, oder, was noch besser ist und die Kälte bedeutender verstärkt, gestoßenen Salpeter oder Soda dazwischen streut.

25) Ananas-Gefrornes.

Die Ananas reibe man auf einem Reibeisen in eine Schüssel, spüle mit einem Glas Forster-Wein das Reibeisen ab, drücke den Saft von einer Apfelsine dazu, versüße es mit geläutertem Zucker und lasse das Ganze durch ein Sieb in eine andere Schüssel laufen. Auf das Zurückgebliebene im Siebe schüttet man ganz langsam etwas kochendes Wasser, damit von dem Geschmacke der Ananas nichts verloren gehe. Auch drückt man noch den Saft von zwei Citronen dazu, vermischt Alles wohl, und wenn man es süß genug befindet, schüttet man die Mischung in die Eisbüchse und bearbeitet sie dann weiter.

Um auch zu jeder andern Zeit, wo man keine Ananas bekommen kann, dieses so sehr beliebte Gefrorne darstellen zu können, bedient man sich der Ananas-Marmelade, welche man wie folgt zubereitet: Die Ananas werden gewogen, auf einem Reibeisen gerieben, am Gewicht mit ebenso viel gestoßenen Raffinadzucker vermischt und unter beständigem Rühren mit einem kleinen Kochlöffel einmal aufgekocht. Man füllt nun dieselbe in kleine Büchsen und verwahrt sie gut zugebunden auf.

26) Apfelsinen-Gefrornes.

Man reibe die gelbe Schale von einer Apfelsine auf Zucker ab, schabe solchen mit dem Messer in eine Schüssel, drücke den Saft derselben sowohl, als auch den von einer Citrone dazu, gieße eine halbe Flasche weißen Wein darunter, damit sich der Zucker auflöse, versüße es mit geläutertem Zucker (ein Pfund), gieße noch so viel Wasser zu, daß das Ganze ein Quart beträgt, und schütte es durch ein Sieb in die Eisbüchse zur weitern Bearbeitung.

Durch die Verschiedenheit der Säfte, welche bald mehr oder weniger Säure enthalten, läßt sich nicht immer ein genaues Gewicht des Zuckers angeben. Als Regel ist jedoch anzunehmen: daß man auf ein Quart Flüssigkeit immer ein Pfd. Zucker rechnen kann, welcher der Füssigkeit zugemischt werden muß. Auch wird eine feine Zunge leicht errathen, ob dem gemischten Safte irgend noch etwas Fehlendes beizusetzen ist oder nicht.

27) Aprikosen-Gefrornes.

8 Stück Aprikosen schneide man in Stücken, zerquetsche sie mit einer Rührkeule und reibe sie durch ein Sieb in eine Schüssel; verdünne das Mark durch den Saft von zwei ausgepreßten Apfelsinen oder Citronen, setze eine halbe Flasche Frankenwein hinzu, und versüße es mit einem Pfunde abgesottenen Zucker.

28) Berberisbeer-Gefrornes.

Man stoße ein Maß Berberisbeeren, verdünne sie mit etwas Wasser und Wein, versüße den durch ein Sieb gelaufenen Saft mit geläutertem Zucker und fülle es in die Eisbüchse.

29) Bier-Gefrornes.

In einem Seidel Lagerbier lasse man ein frischgeröstetes Stück schwarzes Brot erweichen, drücke es dann aus, setze dem Biere die auf Zucker abgeriebene Schale von einer Citrone, so wie deren ausgepreßten Saft nebst einem Glas Wein zu, versüße es mit geläutertem Zucker und schütte es durch ein Sieb in die Eisbüchse.

30) Birn-Gefrornes.

12 Stück Beurré-Blanche, oder Eisenbart zerreibe man auf dem Reibeisen in einer Schüssel, gieße eine halbe Flasche weißen Wein dazu, versüße solches mit gekochtem Zucker und etwas Wasser, seihe Alles durch ein Haarsieb und fülle es in die Eisbüchse.

31) Bischof-Gefrornes.

Zu einer Flasche gut angefertigtem Bischof setze man die auf Zucker abgeriebene Schale von einer Apfelsine, noch 1/2 Pfd. abgesottenen Zucker und etwas Wasser.

32) Chokolade-Gefrornes.

Ein halbes Pfd. geriebene Vanille-Chokolade koche man mit einem Nösel Wasser auf, schütte sie durch ein Sieb in eine Schüssel, gieße ein Nösel Wein dazu, und versüße es mit geläutertem Zucker.

33) Citronen-Gefrornes.

Man reibe 4 Citronen auf Zucker ab, schabe das Abgeriebene mit dem Messer in eine Schüssel, drücke den Saft der 4 Citronen dazu nebst einer halben Flasche weißen Wein, versüße es mit einem Pfund abgekochten Zucker, mit noch so viel Wasser, daß es ein Quart Flüssigkeit wird und lasse es durch ein Sieb in die Eisbüchse laufen.

34) Erdbeer-Gefrornes.

Man zerquetsche mit einer Rührkeule 3 bis 4 Nösel schöne Wald-Erdbeeren und drücke das Mark durch ein Haarsieb in eine Schüssel, drücke den Saft von 2 Citronen dazu, verdünne es mit einer halben Flasche Wein und versüße es mit geläutertem Zucker.

35) Hagebutten-Gefrornes.

Unter ½ Pfd. Hagebutten oder Rosenäpfel-Marmelade drücke man den Saft von einer Citrone, mische ein Nösel Wein darunter und versüße es noch mit geläutertem Zucker.

36) Himbeer-Gefrornes.

Man zerquetsche 4 Nösel Himbeeren, reibe sie durch ein Sieb, schabe die von einer Citrone auf Zucker abgeriebene Schale, nebst dem von zwei Citronen ausgedrückten Saft dazu, verdünne es mit einem Stutzglas rothen Wein und etwas Wasser, versüße das Ganze mit gekochtem Zucker und schütte es durch ein Sieb in die Eisbüchse zur weitern Bearbeitung.

37) Johannisbeer-Gefrornes.

Die reifen Johannisbeeren werden durch ein Sieb gedrückt, die auf Zucker abgeriebene Schale von einer Citrone nebst einer halben Flasche rothen Wein hinzugesetzt, dann mit geläutertem Zucker versüßt und mit Wasser verdünnt. Wenn man keine frischen Beeren anwenden will, so nimmt man Johannisbeer-Marmelade oder Saft.

38) Kirsch-Gefrornes.

Man stoße 2 Loth bittere Mandeln mit etwas Wasser recht fein, thue dieselben in eine Schüssel, gieße eine halbe Flasche

Kirschsaft, ein Stutzglas rothen Wein und ein Nösel Wasser hinzu, versüße es noch mit geläutertem Zucker und schütte es durch ein Sieb in die Eisbüchse.

39) Mandeln-Gefrornes.

Drei Viertelpfund geschälte süße und 4 Loth desgleichen bittere Mandeln werden mit Wasser recht fein gestoßen oder in einem Reibesteine gerieben. Man verdünnt dieselben mit einem Quart Wasser, in welchem man 1 Pfund Zucker aufgelöst hat, ringet Alles durch eine Serviette, setzt der ausgepreßten Mandel-Milch für einen Groschen Orangeblüthöl zu, und läßt es gefrieren.

40) Melonen-Gefrornes.

Man schäle und reinige eine recht reife Melone von Kernen und Fasern, schneide sie in Stückchen und zerreibe sie in einem Reibasche mit der Rührkeule zu Mark; rühre dasselbe mit einem Kochlöffel durch ein Haarsieb in eine Schüssel, schabe das von 2 Citronen auf Zucker abgeriebene Gelbe nebst dem ausgepreßten Safte derselben dazu, verdünne es mit einer halben Flasche Franz-Wein und versüße es mit geläutertem Zucker.

41) Pfirschen-Gefrornes.

12 Stück geschälte Pfirschen schneide man in Stücken und reibe das Mark durch ein Haarsieb in eine Schüssel. Die Kerne derselben schlage man auf, und stoße die Mandeln mit etwas Wasser recht fein, verdünne solche mit einer Tasse Wasser und drücke die Milch durch eine Serviette zu dem Mark, setze demselben eine halbe Flasche Forster Traminer nebst noch ein wenig Wasser zu, und versüße es mit geläutertem Zucker.

42) Punsch-Gefrornes.

Man reibe die gelbe Schale von zwei Citronen und einer grünen Pommeranze auf Zucker ab, schabe dieses in eine Schüssel und presse den Saft von 4 Citronen dazu, gieße 1 Nösel Wasser und ein Stutzglas weißen Wein dazu, versüße es mit geläutertem Zucker, schütte Alles durch ein Sieb in die Gefrierbüchse und bearbeite es weiter, bis die Masse steif gefroren ist, welcher man nun noch ein Stutzglas voll Arac oder feinem Rum beimischt.

43) Quitten-Gefrornes.

Von 12 Stück Quitten reibe man mit einem Tuche das Wollige ab, schäle und schneide sie in Stücken und koche sie mit einem Quart Wasser weich. Dann schütte man dieselben in ein Sieb, damit der Saft davon in eine Schüssel ablaufe, thue zu solchem die auf Zucker abgeriebene Schale von 2 Citronen, so wie den ausgepreßten Saft derselben, ferner ein Stutzglas voll Malagawein, und versüße es mit geläutertem Zucker. Das zurückgebliebene Mark der Quitten reibt man durch ein Sieb und macht Marmelade davon.

44) Sapajeau-Gefrornes.

Man reibe das Gelbe von 2 Apfelsinen auf Zucker ab, drücke den Saft derselben nebst dem von 2 Citronen durch ein Sieb, gieße eine Flasche weißen Wein in einen Kessel, setze den ausgepreßten Saft, die auf Zucker abgeriebene Schale und 1 Pfd. gestoßenen Zucker dazu. Ferner schlage man 8 frische Eier in einen Topf, zerquirle dieselben und gieße sie unter den Wein in den Kessel, welchen man nun auf Kohlenfeuer setzt und mit einer Drathruthe so lange tüchtig schlägt, bis das zu Schaum Geschlagene anfängt zu steigen. Nun wird der Kessel vom Feuer genommen, noch eine Zeitlang geschlagen, und gänzlich abgekühlt in die Eisbüchse zur weitern Bearbeitung geschüttet.

45) Sellerie-Gefrornes.

Drei schöne große Sellerieworzeln werden abgeputzt, gewaschen und in Wasser ganz weich gekocht. Dann reibt man sie erst auf dem Reibeisen zu Mark, rührt dasselbe durch ein Sieb in eine Schüssel, drückt den Saft von 2 Citronen dazu, verdünnt es mit einer halben Flasche Wein und versüßt es mit geläutertem Zucker.

46) Senf-Gefrornes.

Man presse den Saft von 4 Citronen zu einer halben Flasche Wein, rühre so viel feinen Kräuter-Senf darunter, daß er gut vorschmeckt, und versüße solches mit geläutertem Zucker.

47) Trüffel-Gefrornes mit Wein.

Man kocht die Trüffeln recht weich, schält sie ab und stößt sie in dem Mörser ganz fein, reibt sie mit Wasser verdünnt durch ein Haarsieb, setzt den Saft von einer Citrone nebst einer halben Flasche Muskatwein hinzu, versüßt es mit geläutertem Zucker und läßt es gefrieren.

48) Veilchen-Gefrornes.

Man vermische Veilchensaft mit einer halben Flasche weißen Wein, setze demselben 1 Pfund abgesottenen Zucker, in welchem 1 Loth florentinische Violenwurzel und etwas Indigo, beides gestoßen, mit aufgekocht wurde, hinzu, und seihe Alles durch ein Sieb in die Eisbüchse zur weitern Bearbeitung.

49) Zimmt-Gefrornes.

Man siede 1 Pfd. Zucker, in welchem 2 Loth holländischer Zimmt befindlich, mit einem Nösel Wasser auf, gieße ein Nösel Roussillon und den Saft von 2 Citronen dazu und verdünne es noch mit einem Nösel Wasser.

50) Zwetschen-Gefrornes.

Ein Pfund Pflaumenmus verdünne man mit einer halben Flasche Rothwein, versüße es mit 3/4 Pfund Zucker, in welchem 1 Loth Zimmt mit aufgekocht wurde, setze die auf Zucker abgeriebene Schale von einer Citrone hinzu und verdünne es noch mit etwas Wasser. Dann läßt man es durch ein Sieb in die Eisbüchse laufen, und bearbeitet es weiter.

Anhang.

A. Chokolade-Fabrikation.

1) Ueber das Rösten des Kaffee, des Cacao 2c., vom Apotheker Dausse.

Man hat es bis jetzt im Allgemeinen dem Augenmaße überlassen, die Grenze, bis zu welcher Kaffee, Cacao 2c. geröstet werden muß, zu bestimmen. Der Verfasser schlägt vor, um leicht ein Product von constanter Beschaffenheit zu erhalten, einen bestimmten Gewichtsverlust als Maßstab anzunehmen. Der Gewichtsverlust, unter welchem ein durch Hitze modificirtes Vegetabil die geforderten Eigenschaften annimmt, läßt sich für jedes einzelne feststellen. Es wird daher nur darauf ankommen, Apparate herzustellen, welche die Wägungen so bequem zulassen, daß sie practisch ausführbar werden. Der Brennapparat des Verf. (von ihm Pontetorrefacteur genannt) unterscheidet sich von dem gewöhnlichem durch 3 Stücke, die ihm hinzugefügt werden, diese bestehen nämlich in Folgendem: 1) Der Ofen bekommt von einer Seite einen Eisenblechschieber (Register), der sich zwischen den Kohlen und der Brenntrommel ein- und ausschieben läßt, und zum Reguliren der Hitze dient. Man braucht daher nicht, wie sonst die Trommel vom Feuer abzunehmen, wenn die Hitze einmal so stark geworden ist. 2) Die Brenntrommel ist ebenso lang, als breit. In der Mitte ist ein gebogenes Stück Eisenblech so befestigt, daß es beim Umdrehen der Welle die in der Trommel enthaltenen Körner von der Mitte stets nach den beiden Enden hintreibt. Die Körner laufen daher immer auf der Innenfläche der Trommel fort und man braucht nicht zu schütteln, um bei ungleichförmiger Einwirkung des Feuers in der Länge der Trommel die Hitze gleichförmig auf den Inhalt zu vertheilen. 3) An dem Ofen, dem Register gegenüber, ist ein aufrechter Eisenstab befestigt, der oben an seiner Spitze einen Wagebalken trägt. Dieser Wagebalken trägt nur an einer Seite eine Art Wageschale, nämlich eine Eisenplatte, die ebenso schwer ist, als die Brenntrommel nebst ihrem Träger am andern Arme der Wage. Die Zapfen der Brenntrommel liegen nämlich in den beiden Enden eines eisernen Bügels, der selbst sogleich an dem letztern Arme des Wagebalkens befestigt ist. Die Wage kann mittelst einer verschiebbaren Gabel festgestellt werden, so daß man die Trommel sogleich drehen kann, und wieder freigelassen werden, wenn man wägen will. Auf die Platte braucht man dann nur noch das Gewicht zu setzen, bis zu dem eine gewisse Menge Substanz durch Brennen vermindert werden soll.

Behandlung der Cacao. Das Rösten der Cacao hat blos den Zweck, die Schale vom Kerne zu lösen, um denselben leicht davon befreien zu können und den Kern so weit zu trocknen, daß er sich leicht zerreiben läßt. Steigt die Hitze höher, als es für diesen Zweck erforderlich ist, so wird das Fett des Kerns leicht soweit verändert, daß es seinen angenehmen Geschmack verliert. Die Versuche haben nun gelehrt, daß man Caracas-Cacao bis zu einem Verluste von 70—75 Grammen, und Maragnan-Cacao um 80—85 Grammen vom Kilogramm austrocknen muß. Die Hitze soll hierbei überhaupt nicht so weit gehen, daß der Cacao nicht eigentlich geröstet, sondern nur daß er getrocknet wird.

Rösten des Kaffees. Alle Kaffeesorten, die eine grüne Farbe haben, Martinique, Guadeloupe, Porto-Rico, Rio, Haiti ꝛc., so wie alle Sorten der Antillen oder des Continents von Amerika, sollen von 500 Grm. trocknen Bohnen 90 Grm. verlieren. Sind sie sehr frisch oder feucht, so muß dieser Verlust für dieselbe Menge Bohnen auf 100 Grm. steigen. Das Mittel aus beiden (95 Grm) Verlust paßt fast für alle Fälle.

Die gelben Kaffeesorten: Bourbon, Malabar, der von den afrikanischen Küsten ꝛc., sind weniger wasserhaltig und zarter, sie müssen daher auch weniger geröstet werden. Sehr trockene Bohnen der Art sollen 80 Grm., feuchte 90 Grm., im Mittel sollen sie 85 Grm. von 500 Grm. verlieren.

Moccakaffee und Javakaffee müssen nicht weniger als 75 und höchstens 80 Grm. von 500 Grm. verlieren.

Rösten der Eicheln. Gute, von den Schalen befreite trockene Cotyledonen von Eicheln werden bis zu einem Verluste von 140 Grm. von 800 Grm. geröstet. Sie haben dann eine dunkelbraune Farbe und lassen sich am besten durch Stoßen im Mörser in Pulver verwandeln.

Rösten von Kastanien. Die trocknen geschälten Früchte, so wie sie aus dem südlichen Frankreich kommen, zerschneidet man in mehre Stücke, röstet sie bis zu einem Verluste von 100 Grm. von 500 Grm., und stößt sie im Mörser zu Pulver.

Rösten der Cichorie. Man zerschlägt die trockene Wurzel zuerst in einigermaßen gleich große Stücke und röstet sie dann bis zu einem Verluste von 140 Grm. von 500 Grm. Sie lassen sich dann auf großen Mühlen leicht pulvern; das Pulver ist gelblichbraun.

Rösten von Gerste und Hafer. Der Verlust durch Rösten muß hier bis zu 90—95 Grm. von 500 Grm. der Früchte gebracht werden, um ein Pulver von solchen Eigenschaften zu bekommen, daß es als Kaffeesurrogat dienen kann.

(Aus Journ. de Pharm. durch Pharm. Centralblatt. 1850. S. 670 und 687.)

2) Maschinen zum Rösten, Zerreiben und Mengen von Cacao und andern Nahrungsmitteln 2c. Von Hermann in Paris.

Hierzu Fig. 5—11.

Auf der letzten Industrieausstellung in Paris hatte der Genannte 9 verschiedene Maschinen der bezeichneten Art ausgestellt, welche vor den bisher gebräuchlichen derartigen Vorrichtungen sich in vieler Hinsicht auszeichnen. Wir beschreiben hiervon folgende:

1) **Apparat zum Brennen der Cacaobohnen.** Er besteht aus einem an beiden Enden geschlossenen Blechcylinder, durch welchen eine Blechröhre hindurchgeht, welche als Rotationsaxe dient und an beiden Enden in Lagern läuft. Letztere sind in der Mitte der zwei entgegengesetzten Seiten eines beweglichen eisernen Rahmens befestigt, in dessen Innerm also der Cylinder sich mittelst einer an einem Ende der Röhre befestigten Kurbel drehen läßt. Die Cacaobohnen werden durch eine am Umfange des Cylinders angebrachte Thür in den letztern geschüttet und nun der Rahmen sammt dem Cylinder auf zwei horizontalen Barren fortbewegt, welche einen Theil eines kleinen cylindrischen Ofens ausmachen, in dessen Blechthüren ein halbkreisförmiger Ausschnitt angebracht ist, welcher die als Axe des Cylinders dienende Blechröhre durchläßt. Sind diese Thüren geschlossen, so kann man ohne Unbequemlichkeit die außerhalb des Ofens befindliche Kurbel mit der Hand drehen. Rechtwinklich gegen die innere Wandfläche des Cylinders ist parallel zur Axe ein Blechstreifen befestigt, welcher bewirkt, daß bei jeder Umdrehung die Bohnen ihre gegenseitige Lage ändern und mit dieser Wand an allen Punkten ihrer Umfläche in Berührung kommen. Die Verbrennung des paßlichen Brennmaterials geht auf einem Roste vor sich, welcher den untern Theil des Ofens einnimmt.

Um den Dämpfen, welche sich beim Rösten des Cacao entwickeln, Ausgang zu verschaffen, ist die vom Cylinder umschlossene Röhre mit Löchern versehen, durch welche die Dämpfe durch eine Oeffnung in der Rückwand des Ofens abgeleitet werden.

Die verbrannte Luft zieht durch einen blechernen Schornstein ab, welcher sich über der Mitte des Ofengewölbes erhebt.

Nach vollbrachter Röstung zieht man den Cylinder und seinen Rahmen aus dem Ofen, vor welchem ein besonders zur Unterstützung derselben dienendes Lagergerüst angebracht ist.

2) **Apparat zum Zermalmen und Sieben des Cacao.** Er besteht aus einem Rumpfe oder Trichter, dessen eine Wand

unten in eine cylindrische gußeiserne Schale ausläuft, welche mit kleinen vierseitigen Pyramiden besetzt ist, zwischen welche ähnliche Pyramiden eingreifen, welche am Umfange eines um seine Axe beweglichen Cylinders befestigt sind, der unter dem Aufgebetrichter liegt. Die Erzeugungslinien des Cylinders und der Schale sind unter sich parallel und der Zwischenraum zwischen beiden vermindert sich allmälig nach dem untersten Theile des Trichters hin, so daß die in denselben gebrachten gerösteten Cacaobohnen durch die Stacheln des Cylinders gefaßt und bis zum verlangten Grade zermalmt werden, wenn man denselben mittelst seiner Kurbel dreht.

Die erwähnten Maschinentheile stehen über einem Kasten von Holz, in dessen Innerm ein geneigtes Rättersieb aus Metalldrath angebracht ist, welches durch ein Klinkrad an der Axe des Cylinders stoßweise bewegt wird. Unter dem ersten Siebe befindet sich ein zweites geneigtes Sieb, welches in der ihm angewiesenen Lage verbleibt und auf welches die Theile der gemahlenen Bohnen fallen, die beim Austritt aus der cylindrischen Schale durch einen Luftstrom über das bewegliche Sieb hinweggeführt werden. Dieser Luftstrom wird durch einen vierflügeligen Ventilator erzeugt, welcher auf der einen Seite des Kastens über dem Fuße dieses Siebes angebracht ist, und seine Bewegung von der Cylinderaxe durch einen Riemen ohne Ende empfängt.

3) Läufermühle zum Mengen und Mahlen. Fig. 5, Verticaldurchschnitt. Fig. 6, Horizontaldurchschnitt. Sie besteht aus zwei ellipsoidischen Läufersteinen aus Granit A A, welche mit Metallfuttern B (Fig. 5) ausgerüstet sind, die zur Aufnahme der an der horizontalen Welle C angebrachten Zapfen dienen. Beide Steine sind gleichweit von der verticalen Welle D entfernt. Diese geht frei durch eine längliche Oeffnung in der Verstärkung a (Fig. 5 und 7) der Axe C, welche D bei seiner Rotationsbewegung mit fortnimmt. Die Steine laufen in einem ringförmigen Troge E aus Gußeisen oder Granit, in dessen Mitte das

Fußlager der stehenden Welle D eingelassen ist, so daß, wenn diese sich dreht, die Steine mitlaufen, indem sie sich um ihre Axe C drehen und dabei die im Troge befindlichen Substanzen zerbrechen, mahlen und mischen. Um den letztern erwärmen zu können, ist er in einem aus zwei Theilen FF, F'F'' bestehenden Gußeisenmantel so eingesetzt, daß zwischen jenem und diesem an der Seite und am Boden ein Zwischenraum bleibt, in welchen durch den Hahn J Wasserdampf eingeführt wird, sobald dies das Mahlen des Cacaos erheischt. — Die Rakel GG sind mit der Axe verbunden und werden fortwährend gegen die Oberfläche der Mühlsteine angepreßt, um die anhängenden Massen abzuschaben. Ein zweites System krummer Rakel ist mit der stehenden Welle verbunden, um die an den Wänden des Troges hängen gebliebenen Massen wieder abzulösen und unter die Steine zu bringen. — Das Wasser, welches durch die Condensation der zum Erwärmen des Troges dienenden Wasserdämpfe entsteht, fließt durch das in der Mitte des Mantelbodens angesetzte Rohr J ab.

4) Maschine zum Pulverisiren mit verticaler Reibkeule mit doppelter Bewegung. Der Zweck derselben ist das Pulverisiren aller Arten von Substanzen, und da die arbeitenden Theile nach Befinden unter eine Glasglocke gebracht werden können, so ist diese Maschine namentlich zum Zerreiben solcher Substanzen geeignet, deren Staub und Dämpfe nachtheilig auf die Gesundheit dessen wirken, der sie einathmet. Die fragliche Maschine kann durch eine Kurbel in Bewegung gesetzt und damit irgend welche Substanzen verarbeitet werden, ohne daß der Arbeiter durch den Staub oder Dämpfe im Mindesten belästigt wird. Fig. 8 stellt diese Maschine im Verticaldurchschnitte dar. Sie besteht aus einer birnförmigen Reibkeule B, welche oben in einen cylindrischen Metallstiefel ausläuft (siehe Fig. 9) und sich bei der Bewegung der verticalen Welle E in dem horizontalen ringförmigen Troge A bewegt; dieser besteht entweder aus polirtem Granit oder Porzellanbiscuit und sein Boden entspricht im

Querschnitte ganz und gar dem untern Theil der Reibkeule, welche aus demselben Materiale besteht. Durch punktirte Linien ist in Fig. 8 die Glasglocke O angedeutet, welche den Trog oder die Reibschale sammt der Keule verdeckt. Die Welle E geht in dem Halslager C und ruht auf einem in der Zeichnung abgebrochenen Fußlager. Der größern Gleichförmigkeit im Gange halber ist an der stehenden Welle ein Schwungrad befestigt, das aber ebenso wie die horizontale Kurbelwelle und das conische Räderpaar, welches zur Bewegungsübertragung und Umsetzung dient, in unserer Figur weggelassen ist.

Die Verbindung der Reibkeule mit der stehenden Welle erfolgt durch den mittelst der Preßschraube festzustellenden Arm F, dessen äußerstes Ende in einen den Stiel der Reibkeule umfassenden Muff ausläuft. Um den Druck der Reibkeule gegen die zu pulverisirende Materie zu vermehren, ist in der Röhre G eine Spiralfeder angebracht, deren unteres Ende gegen einen Vorsprung am Stiele der Reibkeule drückt. Durch zweckentsprechende Höher- oder Tieferstellung des Armes B läßt sich der Druck der Feder beliebig reguliren. Durch diese Feder wird es zugleich möglich, daß bei zu großem Widerstande eines Theiles der zu pulverisirenden Materialien die Keule sich hebt und um ihre Axe dreht.

Außerdem hat Hermann auch Maschinen construirt, bei welchem von einer stehenden Welle aus mehrere im Kreise herumstehende Reibschalen in Betrieb gesetzt werden, welche von den zuvor beschriebenen nicht wesentlich abweichen.

5) Maschine zum Pulverisiren mit geneigter Reibkeule. Fig. 10 stellt dieselbe im theilweisen Verticaldurchschnitte; Fig. 11 die Keule ebenso für sich dar. Sie besteht aus einem Granitmörser mit sphärischem Boden, der sich nach oben etwas austrichtert, und einer ebenfalls granitnen birnförmigen Reibkeule, deren unterer sphärischer Theil der Form des Mörsers entspricht. Ein kleines gußeisernes Gerüst a, welches sich über dem Marmortische d erhebt, in den der Mörser eingelassen ist,

trägt die beiden Halslager r r der stehenden Welle e; mit dieser ist mittelst des stählernen Armes f die Reibkeule durch die Preßschraube g und die Gegenmutter h verbunden. Der Stiel der Reibkeule bildet die Röhre j, deren oberer Theil den Vollcylinder i umschließt, gegen welchen die Preßschraube wirkt und deren unterer Theil die Springfeder k enthält, auf welche i drückt. Der Fuß der Röhre j ist in eine Höhlung im Kopfe der Keule eingesetzt. Durch die conischen Räder l und m wird die Bewegung von der mit einem Schwungrade ausgerüsteten Kurbelwelle n auf die verticale Welle e übertragen. —

Ueber die Wirkungsweise dieser Maschine braucht etwas Weiteres nicht hinzugefügt werden.

Das von der Société d'Encouragement pour l'ind. nat. zur Prüfung der Hermann'schen Maschinen niedergesetzte chemische und mechanische Comité spricht sich über die Leistung und Zweckmäßigkeit derselben dahin aus, daß sie vorzüglichere Resultate liefern, als alle bisher bekannten Apparate dieser Art.

(Bulletin de la soc. d'Encourag. 1849. Nov. p. 521.)

3) Trommel und Ofen zum Brennen der Cacaobohnen in Chocoladefabriken. Von Devinck in Paris.

Gerade das Brennen der Cacaobohnen ist eine der wichtigsten Operationen bei der Fabrikation der Chokolade. Sind dieselben nicht hinreichend stark gebrannt, so mahlt sich der Cacao nur schwer; sind die Bohnen dagegen zu stark gebrannt, so verliert der Cacao einen Theil seines Aroma und die Chokolade erhält einen wenig angenehmen Geschmack. Devinck's Apparat zum vorliegenden Zwecke gestattet nun die hierbei nöthige genaue Regulirung der Körner auf das Vollkommenste. Die Trommel ist wie gewöhnlich cylindrisch, hat jedoch doppelte Wände, so daß die Bohnen nicht direct mit den dem Feuer ausgesetzten Wandflächen in Berührung kommen. Die Axe ist zum größten Theil hohl, um darin eine Sonde ein- und ausschieben zu können, um eine Probe von den im Brennen begriffenen Bohnen nehmen zu können. Die Trommel kann entweder mittelst einer Kurbel von der Hand oder durch eine Kette ohne Ende mittelst Maschinenkraft bewegt werden. Ist der Brand beendigt, so wird die Trommel auf einer kleinen Eisenbahn aus dem Ofen gezogen und auf sehr bequeme Weise in einen Holzkasten entleert. Die Trommel faßt 25 Kilogr. Bohnen und liegt in einem cylindrisch überwölbten Ofen, an dessen Feuerraume zur Seite ein Thermometer angebracht ist. Um die Hitze recht gleichförmig zu vertheilen, ist zwischen den Rost und die Trommel eine vielfach durchlöcherte gußeiserne Platte eingelegt. Damit beim Entleeren der Trommel der Cacaodampf sich nicht in dem Fabrikraume verbreite, ist an der Vorderseite des Ofens ein Rauchmantel angebracht, aus dem der Dunst in den Ofenschornstein abzieht. Zeichnungen des vorgeschriebenen Brennapparats sind enthalten im Bulletin de la Soc. d'Encourag. 1850. Août. p. 361.

4) Maschine zum Mischen, Pressen und Wägen der Chokolade. Von Devinck in Paris.

Diese Maschine besteht zunächst aus einem Troge, in welchen die in Stücken geschnittenen Brote der Chokoladenmasse geschüttet werden, welche aus einer Maschine hervorgehen, in welcher der Cacao gemahlen und mit Zucker vermengt worden ist. In jenem Troge liegen zwei Wellen übereinander, um welche Klingen in Form von Schraubenflächen herumgewunden sind. Indem diese Wellen rotiren, wird die Chokoladenmasse durchgeknetet und alle Luftblasen aus derselben entfernt. Die untere Schraube ist etwas länger und dient zugleich als Convoyer, indem sie nämlich die durchgeknetete Masse durch eine cylindrische Röhre, deren Querschnitt nach Erforderniß durch einen Schieber verengt werden kann, dem zweiten Haupttheile der Maschine, dem Meßapparate, zuführt. Dieser Meßapparat besteht aus einer Trommel, in deren Umfang 10 kleine an beiden Enden offene Cylinder angebracht sind, deren Axen in den Radien eines Kreises liegen. In diesen Cylindern, welche die Messung der zu einem Täfelchen zu verwendenden Chokoladenmasse unmittelbar ausführen, bewegen sich Kolben, von denen je zwei diametral gegenüberliegende an den Enden einer gemeinschaftlichen Stange befestigt sind, so daß, wenn der eine sich radial auswärts, der andere sich einwärts bewegt. So bilden diese Kolben gewissermaßen bewegliche Böden in den Meßcylindern. Geht nun ein solcher Meßcylinder an der Oeffnung der Röhre, durch welche die geknetete Masse herausgepreßt wird, vorbei, so füllt er sich mit Masse. Dadurch, daß der Ausschub aller Kolben durch einen sehr einfachen Mechanismus regulirt werden kann, ist es leicht, die Menge der von einem Meßcylinder aufzunehmenden Chokoladenmasse zu bestimmen und hierdurch das Wiegen zu ersparen. An der der Aufnahmestelle gegenüberliegenden Stelle der Meßtrommel wird die Masse an den Preßapparat abgeliefert. Dieser besteht aus einer durch glühende Gußeisenstäbe erwärmten Trommel, deren Umfang mit Holz belegt ist. Diese Trommel würgelt die abgemessenen Chokoladenmengen zwischen sich und einem viertelkreisförmigen Mantel, welcher dieselbe in einem gewissen Abstande umgibt und bis unter den Fuß der Trommel reicht. Hier fällt die breiartige Masse in eine Form aus Weißblech und wird einem andern Haupttheile der Maschine übergeben, welcher das Ausbreiten der dick breiartigen, jetzt noch unförmigen Massen in den Tafelformen bezweckt. Dieser Theil der Maschine besteht aus einer horizontalen Kreisscheibe, in deren Umfange 14 länglich viereckige und etwas ausgetrichterte Oeffnungen ausgespart sind, in welchen die Blechformen liegen, und durch ein stirnförmig angeordnetes System von darunter liegenden, um horizontale Axen rotirenden Scheiben mit breiten sägeförmigen Zähnen in hüpfende Bewegung gesetzt werden. Diese Schüttelbewegung hat die gewünschte Ausbreitung und eine noch größere Verdichtung der Chokoladenmasse in den Blechformen zur Folge. Nach einer Umdrehung der die Formen tragenden Scheibe werden die letzteren von einer Kette ohne Ende aufgenommen und in einen Keller hinabgelassen, wo ein Arbeiter sie abnimmt und zur schnellen Abkühlung aufstellt. Gleich nachdem eine gefüllte Form von der Scheibe abgehoben, setzt ein einfacher Mechanismus dafür eine andere leere auf. Ein besonderer Vorzug der beschriebenen Maschine besteht darin, daß die Chokoladenmasse durchaus nicht mit den Händen der Arbeiter in Berührung kommt. Zeichnungen dieser Maschine welche am besten durch Dampfkraft zu betreiben sind, enthält das Bulletin de la Soc. d'Encourag. — Nach Saulnier's Bericht soll dieselbe sehr gut arbeiten und 125 Kilogramm Chokolade pro Stunde formen.

(Bulletin de la Soc. d'Encourag. 1850. Août. p. 353.)

5) Gesundheits-Chokolade.

Man brennt von dem besten Caracas-Cacao in einer Kaffeetrommel 2 Pfd. so lange, bis die Schalen platzen, dann schüttet man sie aus, befreit sie von den Schalen und thut sie in den eingemauerten Chokoladen-Topf, unter welchem sich Kohlenfeuer befindet; denn die Cacao-Masse muß immer warm erhalten werden, sonst läßt sich dieselbe nicht bearbeiten. In dem eisernen Topfe zerrührt man die Cacaobohnen mit einer Kugel, welche sich nach der Größe des Topfes richtet, an der einen Stange befestigt ist, die am obern Ende von einem eisernen Ringe während des Rührens gehalten wird, und in der Wand eingeschraubt ist. Nun reibt man die Masse mit der Keule so lange, bis ein dünner zarter Brei entstanden ist, der, wenn er zwischen die Finger genommen wird, nichts Körniges mehr spüren läßt. Während des Rührens schabt man sowohl die Keule, als auch die Seiten des Topfes mit einem Messer mehrmal ab, weil sonst die daran sitzende gröbliche Masse nicht mit fein gerieben wird. Wenn nun die Cacaobohnen ganz fein gerieben sind, so thut man nach und nach eben so viel fein gesiebten Zucker, als es Cacao war, dazu, und rührt so lange fort, bis der Zucker mit dem Cacao so innig vermischt ist, daß sich derselbe wie ein weicher Teig anfühlen läßt. Die hinzukommenden Gewürze werden zum feinsten Pulver gemacht, und die Vanille wird im Mörser mit Zucker so lange gestoßen, bis sie gleichfalls zu feinem Pulver geworden ist. So verarbeitet, werden sie nun in bestimmten Quantitäten dem Teige zugesetzt.

6) Vanille-Chokolade.

2 Pfd. geschälte Cacao-Bohnen werden ganz fein gerieben, dann 2 Pfd. gesiebter Zucker, 1 Loth Vanille und 1 Loth feiner Zimmt darunter gerührt, in die Chokoladenform abgewogen und bis zum Glanz geklopft.

7) Gewürz-Chokolade.

2 Pfd. geröstete und geschälte Cacaobohnen, 2 Pfd. Zucker, 2 Loth Zimmt, 1 Loth Nelken, 1/2 Loth Cardamomen. Die Anfertigung wie bei Nr. 1.

8) Chokolade von Isländischem Moos.

Diese ist die Erfindung des Chokoladen-Fabrikanten Genthon in Wien. Man vermischt gleiche Theile fein geriebener Cacao-Masse und Zucker, und versetzt das Gemenge, statt der üblichen Gewürze, mit 3 Quentchen gepulvertem Moosschleim und 6 Quentchen aufs Feinste gepulvertem Salep, auf 1 Pfd. der zu fertigenden Chokolade; arbeitet das Ganze wohl durch und füllt es in Chokoladenformen.

Den trocknen, zu pulvernden Moosschleim bereitet man, indem man 4 Pfd. isländischen Mooses mit 24 Pfd. Wasser 5 Mal aufkocht, den erhaltenen Absud sauber durchseihet, und so lange abdampft, bis eine trockene feste Masse erscheint. Diese Chokolade ist die gesündeste, die es geben kann, und wird von Aerzten vielen Kranken verordnet.

9) Kennzeichen einer unverfälschten Chokolade.

Die ächte Chokolade erkennt man an der Farbe der Tafeln, welche hellbraun und etwas röthlich sein muß, je blasser diese

Farbe ist, desto weniger taugt die Chokolade. Die Oberfläche muß glatt und glänzend sein, und wenn der Glanz bei der bloßen Berührung weggeht, so ist es ein Zeichen der Verfälschung. Wenn man die Tafel zerbricht, so muß der Bruch glatt und nicht körnig sein; sie muß auf der Zunge schmelzen und keinen widrigen Geschmack haben. Endlich darf sie nicht über 3 bis 4 Monate alt sein, keinen schimmlichen Geruch haben oder von Würmern zerfressen sein, welchem letztern die alte Chokolade, zu der viel Zucker genommen und, wie es häufig geschieht, um recht wohlfeil verkaufen zu können, viel Kartoffelmehl und fettige Substanzen zugesetzt wird, unterworfen ist.

Die Verfälscher und Chokoladenpfuscher verarbeiten den wohlfeilsten und schlechtesten Cacao mit dem größten Theile seiner Schalen, ferner nehmen sie statt des fein gesiebten Zuckers Cassonade und Farinzucker, anstatt der Vanille Peru-Balsam, ja sie haben ihre Kunst in der Chokoladenmacherei so weit gebraucht, daß sie aus gebranntem Reismehl, Kartoffelmehl und selbst von dem gewöhnlichen Mehle mit einem Zusatze irgend einer fettigen Substanz ihre Chokoladenmasse so vermehren können, daß sie ihr gewonnenes Product wohlfeiler verkaufen können.

B. Von den Tafel-Aufsätzen.

Diese sind bei großen Tafeln und auch bei Ausstellungen eine fast nothwendige Zierde, und müssen mit möglichster Genauigkeit und Symmetrie dargestellt werden, wenn sie Effect machen sollen. Die Stoffe, aus welchen man sie verfertigt, sind verschieden, und man ist bei Anfertigung der Aufsätze, welche nicht zum Essen bestimmt sind, an keine Masse gebunden, sondern man muß blos das Ansehen derselben im Auge behalten. Anders verhält es sich mit den aus Backwerk verfertigten Aufsätzen, welche, nächst einer möglich geschmackvollen Gestalt, auch von einer festen und wohlschmeckenden Masse sein müssen.

Um die Verfertigung derselben möglichst begreiflich zu machen, habe ich die Zeichnung einiger Aufsätze beigefügt, welche das Zusammensetzen der einzeln Theile erleichtern soll und mein bei den Aufsätzen gewöhnliches Verfahren dargestellt.

Statt der sonst üblichen mit Folie überzogenen Aufsätze, hat man jetzt die mit papiernen Goldspitzen belegten. Doch sind in der neuern Zeit die Aufsätze der Conditoren durch andere von Porcellan und geschliffenem Glase etwas verdrängt worden.

Die Figur 12 stellt eine mit Spähnen verzierte Torte vor. Nachdem sie glasirt worden ist, werden auf derselben 6 Stäbchen von gebackenem Marcipan pyramidenförmig aufgestellt und mit Caramel befestigt. Die Stäbchen sind unten etwas breit und laufen nach oben spitz zu. Sind die Stäbe befestigt, so werden glasirte Oblatenspähne von allen Farben an dieselben mit Caramel befestigt und pyramidenförmig aufgestellt. Die untern Spähne müssen größer, als die übrigen sein, welche sich nach der Spitze zu allmälig verkleinern. Oben an der Spitze wird eine kleine Figur oder Frucht von Traganth befestigt. Auch können die Spähne vor dem Zusammensetzen mit Spritzguß garnirt werden, was dem Aufsatze ein freundliches Ansehen gibt.

Fig. 18 ist eine Torte, welche von Brod- oder Biscuit-Tortenmasse in mehreren blechernen Ringen gebacken und pyramidenförmig aufeinander gesetzt wird. Es versteht sich hierbei wohl von selbst, daß die untern Ringe größer sind und sich nach oben allmälig verkleinern. Die Ringe werden vor dem Zusammensetzen glasirt und bespritzt, oder auf eine sonst beliebige Weise verziert.

Der Bienenkorb Fig. 13 wird aus einzelnen Ringen zusammengesetzt, welche man von Linzer Tortenmasse ausrollt oder auch von Macaronenmasse macht und glatt durch die Spritze treibt. Oben, wo sich die Ringe verkleinern und eine Kuppel bilden, müssen erstere in einander passen und werden mit Caramel zusammengefügt. Die Macaronenmasse, die man dazu nimmt, muß etwas fest sein, und Zucker und Mandeln in gleichen Theilen enthalten. Die 3 untern Ringe werden etwas ausgeschnitten, um die Oeffnung des Bienenkorbes darzustellen. Der Bienenkorb wird blaßgelb glasirt und getrocknet. Das Geflechte wird mit einigen Pinselstrichen mit dunkelgelber Farbe dargestellt. Die Bienen werden von Traganth gemacht und auf dünnen Silberdrath befestigt. Die Flügel der Bienen werden von gelbem Seidenpapier ausgeschnitten. Die Ringe müssen alle genau von gleicher Größe und Form sein. Vergl. Abschnitt II, Nr. 15.

Die unter Fig. 14 zusammengesetzten Verzierungen werden alle von Linzer Torten- oder angewirkter Sandmasse gemacht, dann gebacken und etwas bespritzt. Man braucht sie zum Ausputz der Baum- oder Stangenkuchen. Die obere Oeffnung des Stangenkuchens wird mit einem runden Stücke von obiger Masse bedeckt, dann 4 von den kleinern Schnörkeln in der Form eines Kreuzes zusammengesetzt und mit Caramel darauf befestigt. Man setzt auch glasirte Oblatenspähne dazwischen. Um einen Baumkuchen auf diese Weise auszuputzen, sind 12 von den kleinen und 8 von den größern Schnörkeln erforderlich.

Der mit Fig. 15 bezeichnete Aufsatz ist von gebackenem Marcipan, viereckig und auf allen 4 Seiten gleich. Die Verzierungen werden mit Spritzglasur gemacht.

Fig. 16 ist eine auf einer Linzer Torte stehende Palme. Der Fuß und der Stamm werden von etwas fester Marcipanmasse gemacht, getrocknet und gebacken, und in der Mitte des Stammes ist ein starker Draht angebracht, um ihm einigen Halt zu geben. Die Blätter und die kleinen Schilder, womit man den Stamm der Palme belegt, werden von der bei den Mandelspähnen angezeigten Masse auf ein mit Wachs bestrichenes Blech gestrichen und rasch gebacken. Die Blätter werden warm über ein rundes Holz gebogen und mit Caramel an den Stamm befestigt. Die kleinen Schilder werden ebenfalls mit Caramel an den Stamm fest gemacht. Die Torte, auf welche die Palme zu stehen kommt, muß von einer festen Masse sein. Man macht dazu gewöhnlich Scheiben von Tortenmasse, welche mit eingemachten Früchten gefüllt und auf einander gelegt werden.

Fig. 17 stellt eine auf einem Kissen liegende Krone vor. Sie besteht aus 9 Schenkeln, welche von gebackenem Marcipan sind und vor dem Backen gut getrocknet werden. Der untere Ring ist ebenfalls von Marcipan. Die Schenkel werden mit Caramel an den Ring befestigt und symmetrisch zusammengefügt. Vor dem Zusammensetzen werden die Schenkel auf beiden Seiten bespritzt. Die Perlen werden von Baisermasse gemacht, mit einer Spritze rund auf Papier gesetzt und getrocknet. Man befestigt sie auf der nach oben stehenden Seite der Schenkel mit Caramel. Der Ring der Krone wird mit Spritzguß verziert und mit roth und blau gefärbtem Caramel, welcher rund und rautenförmig geschnitten wird, belegt. Den Reichsapfel auf der Krone macht man von Traganth und vergoldet ihn. Das Kissen wird in einer großen viereckigen Kapsel von Brot- oder Biscuit-Tortenmasse gebacken, dann roth glasirt und bespritzt.

Um Wasserfälle von Zucker darzustellen, wird die Wasserfläche von Caramel gemacht, welchen man bläulich färbt und ein wenig Apfel-Gelée dazu thut, und das Fallen des Wassers durch Faden von Zucker nachahmt, welche man ebenfalls von gefärbtem Caramel macht.

Sehr schöne Tafelaufsätze bilden auch verschiedene im zweiten Abschnitt beschriebene Torten, z. B. der unter Nr. 11 beschriebene Baumkuchen, vorausgesetzt, daß er schön bereitet ist und recht lange Zacken angesetzt hat, die unter Nr. 61 beschriebene Pyramide von Mandelmasse und verschiedene andere.

Taf. I.

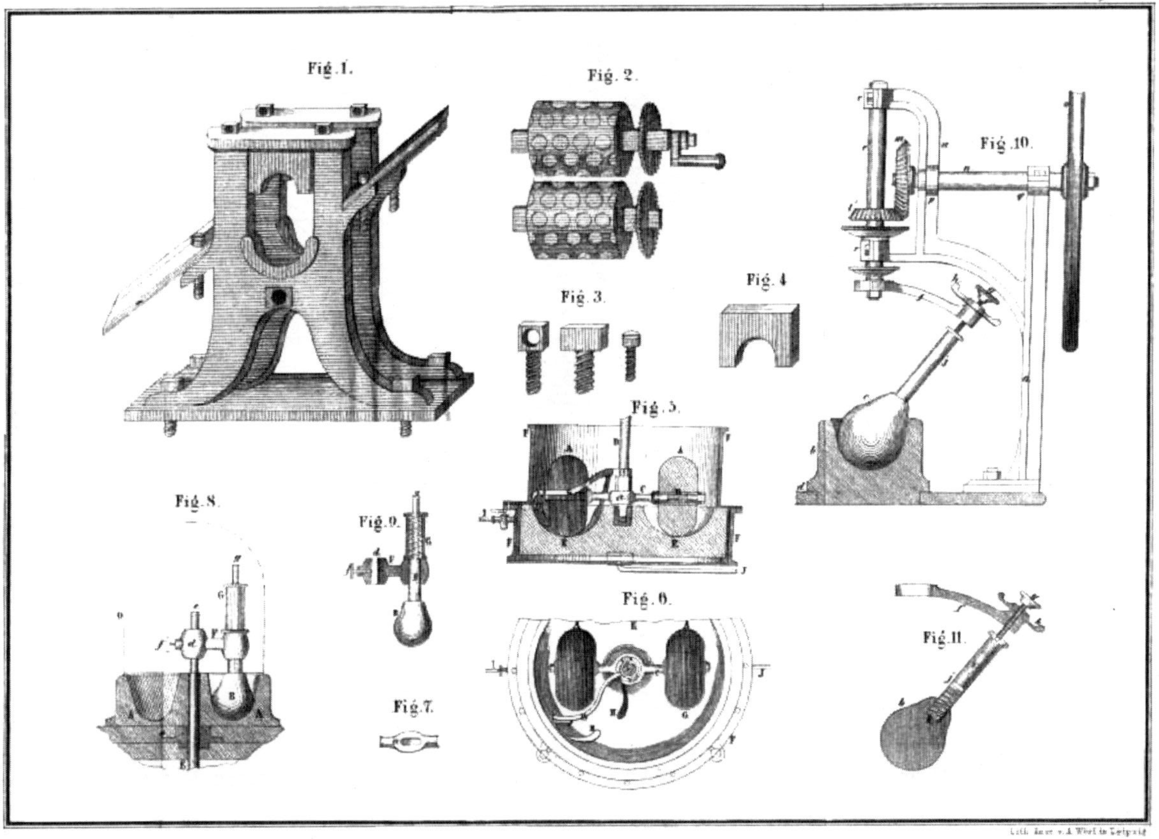

Taf. II.

Fig. 12.

Fig. 13.

Fig. 14.

Fig. 15.

Fig. 16.

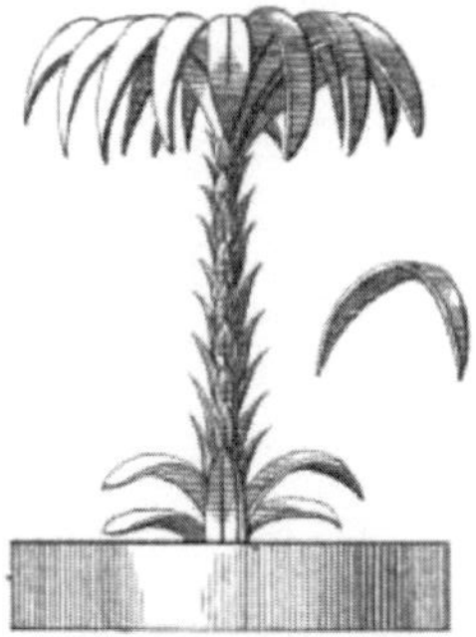

Fig. 17.

Fig. 18.

Lith. Anst. v. A. Wolf in Leipzig.